賀茂真淵攷

原 雅子 著

和泉書院

賀茂真淵画像

（浜松市立賀茂真淵記念館蔵）

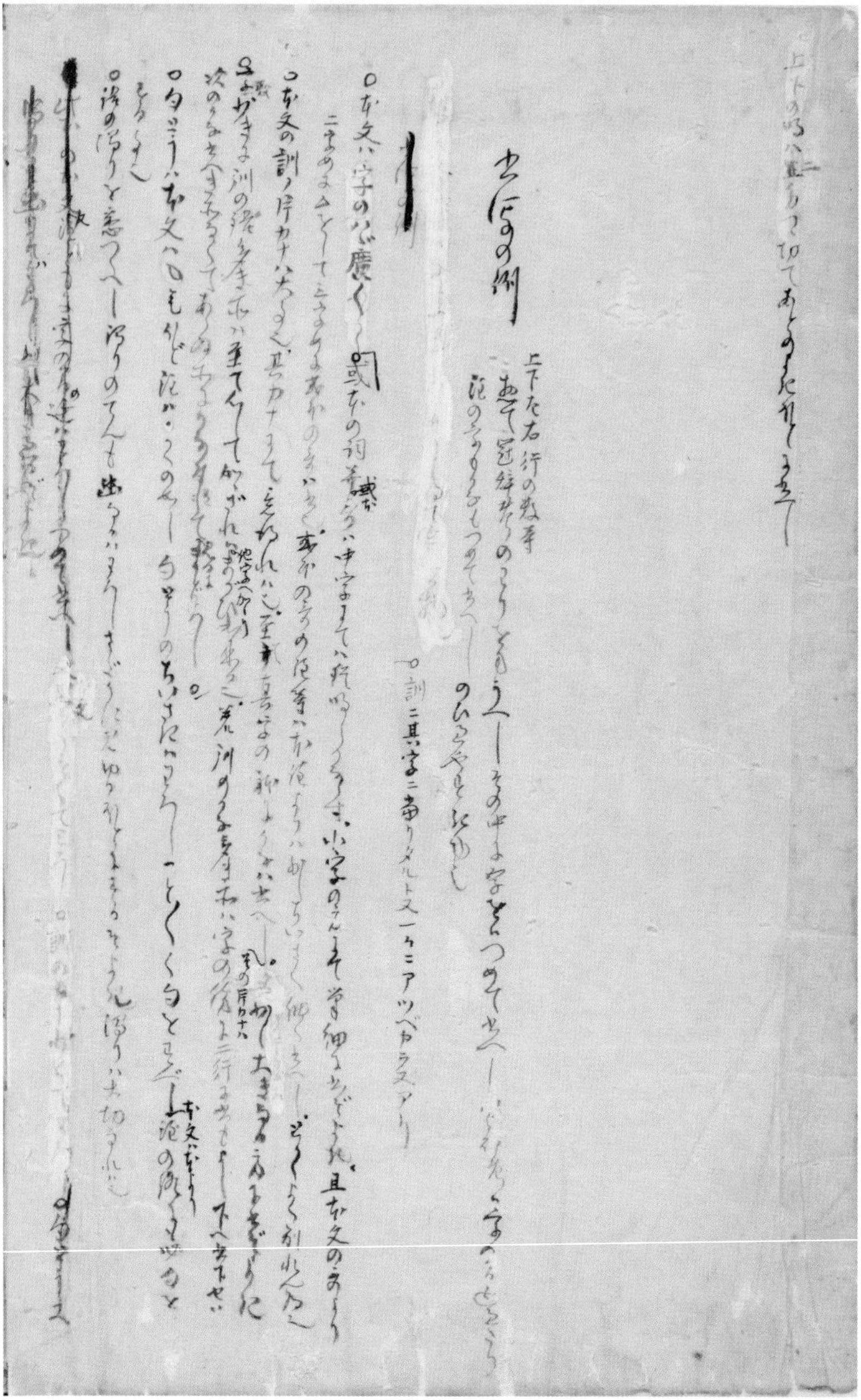

真淵自筆『萬葉考』草稿　表紙見返しと巻頭（天理大学附属天理図書館蔵）

万葉集巻一之考

雑歌 行幸・王臣の遊宴・旅・この外くさぐさの事どもを載しかば、くさぐさの歌といふ。

泊瀬朝倉宮御宇天皇代 大泊瀬稚武天皇と申すは、後の諡に雄略天皇と申す。すべて此一二の巻には、かく其宮所を挙て、其御代の歌を載たり。古本には小書にて下に書り。

○天皇御製歌 天皇は儀制令義解に須明楽美御徳とあれば、御を濁りぬ。○御製歌は、保美宇多と訓べし。天皇の御事をば、古事記に始めて大御代・大御食・大御歌など書て、古へ訓にもさる事多かり。

籠毛與 五言。籠は神代紀に依て加多万と訓り。毛は之に通へり。與は嘆息す辞。顕宗紀に、置目よ、於岐毎暑與阿甫彌能於岐毎とよみましゝに對へて、古への助辞のさまをしれ。この類ひ下にあり。

美籠母乳 六言。母乳は持し。美は真に通ひて物をほむる語、集中に三熊野と真熊野と、古事記に美延斯奴延斯、推古紀に麻蘇餓豫蘇餓能古羅破などもいへり。すべて麻と美と通はしていふも同じ。

布久思毛與 五言。布久思は今も田舎人の野菜などほる串を、ふぐせといふに同じくて、竹または鉄しても作れる。語は掘串を略けるなり。和名抄に鍬土具也加奈久之とあるも此類ひなり。○毛與の辞は上に同じ。

美夫君志持 六言。此美も上に同じ。夫の字を書しは、みぶくしと續けよむまにまに、ふと言便にて濁るを知せしなり。もじに對へて上のみかたまのかも、此の句も濁れり。荷田東麻呂大人の考に、

此岳尓 など幸し時も、そこの少女をめし、吉野三輪

○泊瀬は大和国城上郡、朝倉宮と名づけられし地は新撰姓氏録にあり。○後の雄略天皇也。

おほよそ歌の言便よく唱ふる言便よくして、口でしる(?)の詞のままに、設けずの言のみなるは、古語と唱へとのまゝちかく、これら類多しおもしろし。

此初めの四句を今本に、こもよみこもちふくしもよみぶくしもちと訓るは、古言の様にあらず。ゆゑに今改めつ。辞を後の世には風ふみ、風ふやくしは、あはれく(?)して、しかもえて、然べし。○毛与ての辞と、又其の語を略しての例、下にあまた見えたり。

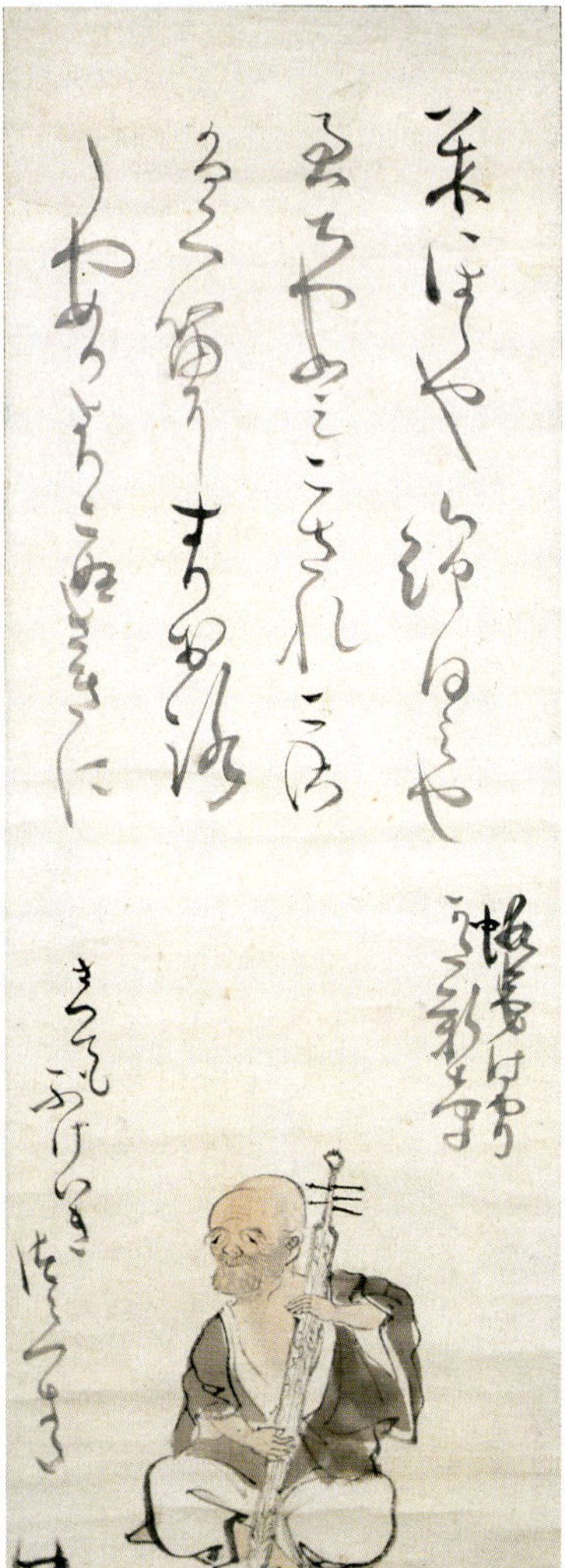

上田秋成自画像
（天理大学附属天理図書館蔵）

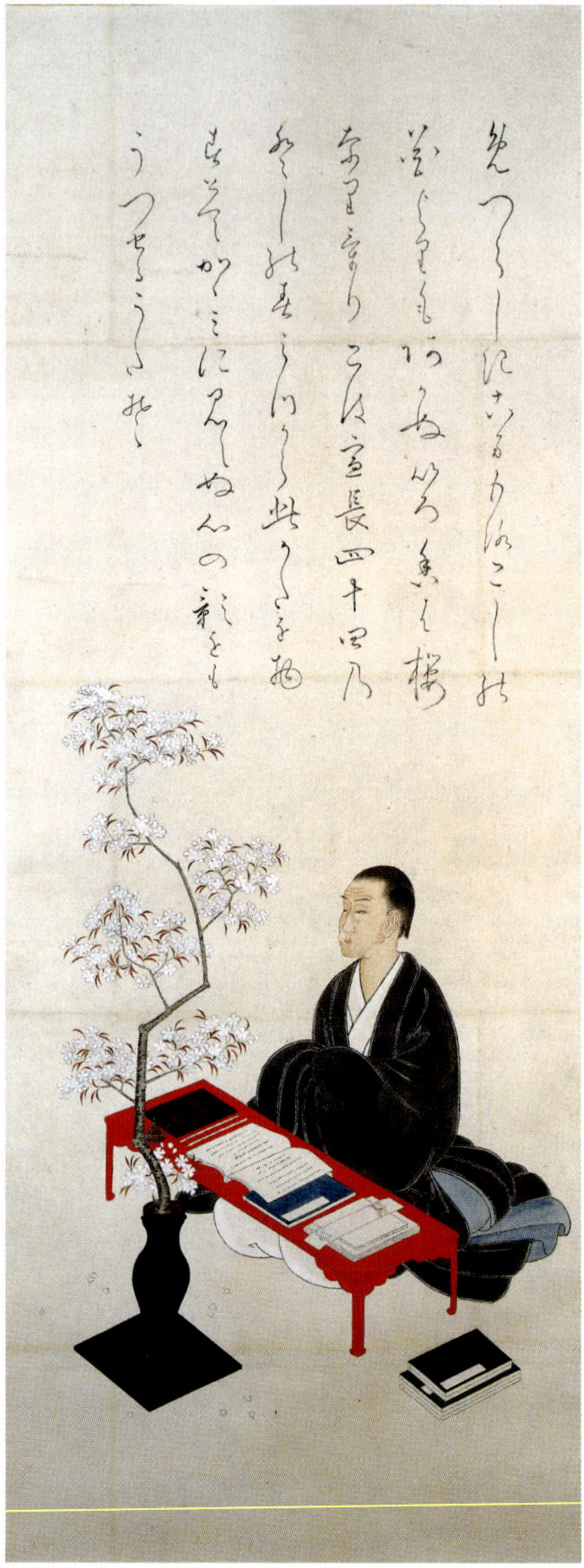

本居宣長四十四歳自画自賛像
（本居宣長記念館蔵）

序　文

江戸時代は鎖国下にありつつも文明開化の様相を呈する。顕著な舶載書物の導入は諸階層を刺激し漢学歌学など歴史文学に対し核内部から啐啄同時的に新基軸を展開し新ジャンルを展開し活気溢れる時代となった。江戸時代に開花した国学は体制外、被支配階級の思想の主張者たる賀茂真淵が注目され「むしろ彼の思想は、単なる方法論を越えて、より根本的に老荘思考によって構成されていたと考えるべきであろう」（中野三敏『戯作研究』中央公論社一九八一年）といわれる。真淵の徹し切れぬ前近代性、真淵の新しい世界観古代の直き心の回復を指摘されるも、逐一の内実はいかなるものであるのだろうか。

真淵（一六九七〜一七六九）は歌道、学問等重い重い鉄の扉を自分の手で押し開けて弟子へ、近代、現代へ繋ぐ役割を果たす。その事実と意味を『賀茂真淵攷』としてわたくしは論じていくものである。無から有は生まれぬ（日野龍夫常語）の通り、中世ではほぼ手附かずのまま放置されてきた萬葉集に江戸初期の契沖は萬葉注釈『萬葉代匠記』を著わし、新たな息吹を吹込んだ画期的な文献学研究は顕著である。聖典としての『古今集』から遡り古代の古典文学への興味を喚起しその心を甦らせる刺激を後代の真淵は受容し変容していく。

わが国の文学を多岐に渡り研究してきた中村幸彦は近世十賢に、（3）契沖（8）賀茂真淵、と次の如く挙げ

（1）松永貞徳（2）西山宗因（3）契沖（4）井原西鶴（5）伊藤仁斎

（6）松尾芭蕉（7）新井白石（8）賀茂真淵（9）大田南畝（10）杉田玄白

同じく島津忠夫も（4）契沖（8）賀茂真淵を挙げている（岡崎久司恵贈『かがみ　特輯号』第三十四号　大東急記念文庫　二〇〇〇年）。国学の契沖、真淵が符合し偶然でない必然性の潜む意味を探求するに当たり気の締る感慨があ

る。

真淵の『古今集』の注釈『續萬葉論』よりわたくしの研究は出発している。日本近世文学会の初発表（一九八一年十一月）において、発表後すぐに契沖の情の意味の質問（野間光辰）があり、あと真淵研究の継続を鼓舞（中村幸彦）され、再度立たれて研究現状を述べ御助言（中村幸彦）を下さった。わたくしの研究の原点であり、遅滞し逡巡するもあの日のお姿お声は脳裡に刻まれ深く心に銘記していることを記しておきたい。

聖典としての『古今集』の「古今伝授」の秘伝、相伝を机上で知るも、後水尾天皇の猶子八条宮智仁親王の息九代良法尚親王が一六五六年に入寺された曼殊院に伝わる秘伝の、わが目で見た実態は、厳しく禁を守り伝えており、その点は正倉院御物を髣髴とさせる。近年の歌学秘伝に関する研究の進捗は大きく、それは天皇の側近のみに伝授していく（三輪正胤『歌学秘伝の研究』風間書房　一九九四年）という。真淵埒外の問題でなく、当時の時代に遡及し真淵の研究を考えて行くために爰に対峙する伝授の一端を煩雑ながら述べる。

「古今和歌集伝受書」に、勅封された桐箱に古今伝授鍵が収まる。一ノ鑰、二ノ鑰、三ノ鑰は花押のある和紙に包まれる。以前、伝授の箱を開けるには天皇の許しが必要であった。その一端を挙げると

一古今二字之序一枚、一一首十躰口伝三枚、一当集御製伝二枚、一ナヨ竹二枚、

一金札伝三枚、一好哉哥伝一枚、一俳諧相伝一枚、一案文平頼数相伝目録一枚、一道場図一枚、一供物覚一枚、一月中伝一枚、一かさゝきのわたせる橋一枚

古今相伝箱書目奮之分一冊、古今秘聴抄一冊古今和歌集注一冊合二冊、古今秘注抄一冊天文四年十一月廿七日一冊合二冊、古今灌頂巻一冊古今ノ松一冊古今集抜書一冊和歌秘密抄一冊和歌秘事一冊古今序聞書一冊合六冊、注古今和歌集一冊片仮名古今一冊合二冊、聞書上下二冊、和歌師資相承血脈譜一葉奮目録ナリ別ニ帙ニ包ム以下巻物、古今集釈之義一巻、第廿三一巻、第十七巻一巻、第十六巻一巻、第廿一巻、聞書二冊、古注上一冊或

聞書中一冊、古今集聞書三冊であり、今なお勅封は御門跡の手になり職員は非常に緊張し手袋でのみ移動曝書に臨んでいる。

一神官の真淵が江戸の世に禁忌を一挙に乗越えられるわけはない。荒唐無稽、牽強附会とされた秘伝伝授とはその別世界を真淵の孫弟子の秋成は見ることになる。江戸初期貞徳が秘伝を公開し咎めを受けた例はある。行きつ戻りつしながら江戸時代特有の自由さが幅を広げていくことは評価してよい。刻苦と身を削る尽力をし和歌国学に身を捧げた真淵は過去にない実績を江戸の地に大華を咲かせる。真淵は古典文学の訓詁注釈をなす。同時に不即不離に併せ内包する自国の考え、こころを国学とする。武家、高家、女性、神官、商人、医者など弟子にわが国の古典を会読や講義を通し学問の形成拡大を図る。弟子三百人といわれる縣居門の領袖として門戸の拡大普及を為す。さらに真淵の大きな特徴の一つとして『萬葉集』の草木鳥獣（魚）など自然への共感に向かい情をとく。さらには縣門四天王のひとり加藤宇万伎（師真淵から信頼され宣長とともに国学を継承するように依頼された人物）、宇万伎の弟子の上田秋成が国学を学び（宇万伎が真淵学を秋成に橋渡しをする）、文学の読本ジャンルに文学者として成功を収める。また真淵は宣長と松阪で一面の後、書簡の遣り取りにより本居宣長を国学者として育て彼に『古事記伝』を完成させるという大挙をなす。

ちなみに江戸に上った真淵は神田明神の神主柴崎家で仮寓する。江戸の地における学問の出発は貴重である。体制の精神支柱は朱子学であり御家人や武士への教育は湯島聖堂で実施され明神からの眼下にあたる。武士たちが二本の刀をさし参集して行く湯島聖堂とは徒歩で互いに行き交う位置にあり儒学生達を見る、対峙する国学からの真淵の目があったのではなかったかと推察する（しかるに生誕浜松の地で儒医渡辺蒙庵に漢学は学んでいる）。荷田春満の八代将軍吉宗への出仕、養子在満の吉宗の子の第二子田安宗武への出仕から有職故実公開を禁じての閉門などがあり真淵が宗武への出仕を得る。儒学を排する真淵に『萬葉集』への想いがある。真淵は「草木鳥獣みな同じ」と晩年、『国意考』の中で生きとし生けるものへの共感は情となり迸り出る。

契沖の著書に学んだ堀景山は『不尽言』に

> 詩（詩経）は三百篇あれども、一々皆な人の「思無レ邪」より発出したるものにて、人の実情のすぐにあらはれたるもの也とのたまへることなるべし。（中略）
>
> 萬葉集時代の和歌は、詩経の詩に能く似たるもの、殊勝なるもの也。

と言う。中国と日本最古の両詩集に「思無レ邪」の思想の論を立てる景山に若い宣長が京都で学びわが国の文学にも思想として導入する。真淵が『萬葉集』に「まごころ、まこと」（「萬葉集大考」）の言葉を精神として引出し、『萬葉集』注釈に活写する転機を与えたといえる。

「文学研究は、あくまで、言語を通じて作品の「こころ」をさらには、それらを通じて作者の「こころ」を解釈してゆくのが本筋でなくてはならない」（佐竹昭広「萬葉集訓詁」）と記されてきた。

まさしく真淵の心に合致する。『萬葉集』の「漕ぎとよむ」から改訓され「漕ぐなり」が「楫音に耳を澄ます作者のこころを語る」とされ『佐竹昭広集』五巻を通じて解説（編集委員今西祐一郎、出雲路修、大谷雅夫、谷川恵一、上野英二）が施された（岩波書店　二〇〇九～二〇一一年）。

真淵に関しては佐竹論文の第一巻に

> 萬葉の歌は簡勁直截「ふつつかなる如くしてよく見ればみやびたり」（真淵「萬葉集大考」）と尊重されるのである。

と一言記された。真淵の特徴が突かれている。宣長との邂逅が記されるも、第一巻の佐竹論に真淵の思考が重なるところをわたくしは感じる。たとえば真淵の「こころ」が『萬葉考』巻一の四八番に反映し人口に膾炙された真淵の詠みがある。

東（ヒムカシノ）。野炎（ノニカギロヒノ）。立所見而（タツミエテ）。反見為者（カヘリミスレバ）。月西渡（ツキカタブキヌ）。

暁東を見放れば、明る光かぎろひぬるに、又西をかへり見れば、落ちたる月有といふ也、いと広き野に旅ねしたる暁のさまおもひはかるべし、

これを越える詠みは今のところ出ていない。萬葉仮字の寛永版本に真淵が訓詁学をなした結果の文学の香の高い美しさを感じる。佐竹論の「こぐなり」の訓詁に共通する美しく匂う花を感じさせる。おそらく、一瞬で転換し得る禅の悟りのような飛躍飛翔による言葉の転換があると考えられる。凡人が為し得ない文学性と緻密性と感覚性の持ち主が中世まで埋れてきた『萬葉集』作者の心を蘇らせているように思える。

しかるに真淵論が立ち難い一点として時代の子としての真淵がいる。真淵より身分の高い御家人狛諸成が真淵の後の訓詁を継続実施し複雑化した例なども一因と考えられる。デジタル化した資料を手元に置き一々検証して行くことが可能ならば真淵の訓詁も進捗するであろう。

真淵の萬葉学が自家薬籠中の物として生きるにはどれほど身を削る思いで真淵は学問に勤しんだのだろうか。江戸時代中期、儒者荻生徂徠、服部南郭の蘐園派、つまり古文辞学派が日本の文学の潮流に影響して国学の誕生に大きく作用したという文学史の合流を見落とせない。蘐園学派が日本の古典文学注釈に精神まで影響を与えるところを解明している（日野龍夫『徂徠学派　儒学から文学へ』筑摩書房　一九七五年）。

東海寺（臨済宗大徳寺派、東京都品川区）に南郭が眠っており真淵が体現するかたちで南郭を慕いその地を決定したことは重要な証といえる。しかし老荘もすべてひっくるめ大跳躍の結果、真淵の著述がわが国の古典文学のこころに沿い和文の文学として蘇らせた転換への尽力展開を開示した真淵評価の論としたい。

賀茂真淵攷——目次

凡例

一　原則として、通行字体を使用する。但し原著者の意識、固有名詞等から旧字体使用もある。引用文中の仮名遣いはもとのままとした。

二　萬葉歌について、真淵『萬葉考』に関しては番号を（　）に示し、現行萬葉歌の番号を〈　〉内に記した。

三　本書で引用した本文は主に左記に拠った。ただし、句読点や清濁など、私に表記を改めた場合もある。

『賀茂真淵全集』（弘文館）、『賀茂真淵全集』（吉川弘文館）、『賀茂真淵全集』（續群書類従完成會）

『契沖全集』（岩波書店）

『本居宣長全集』（筑摩書房）

『上田秋成全集』（国書刊行会）、『上田秋成全集』（中央公論社）

『建部綾足全集』（国書刊行会）

I

賀茂真淵の『古今集』注釈

——内閣文庫本『續萬葉論』の位置——

一

国学者が古典を対象とした「注釈」の中に、不即不離にある「国学」がいかなる様相を呈しているのか。解く鍵はやはり注釈の中にある、と考えられる。しかし、注釈の一つ一つの性格が明らかにされていない現状では、注釈の詳細な検討なしには、この問に答えることはできない。

賀茂真淵研究の実態を見るに、真淵の知名度と、数多い著作の内実の把握とは未だかけ離れているように考えられる。

そこで、本章においては、真淵の『古今集』の注釈である『續萬葉論』を取り上げ探っていきたい。

『續萬葉論』は現在、活字本として、『賀茂真淵全集』第一（弘文館　一九〇三年〈國學院大學蔵本を本とし、萩野由之蔵本・井上頼国蔵本『古今生弓抄』をもって異同を校している〉）、及び『賀茂真淵全集』巻六（吉川弘文館　一九二九年〈無窮会蔵本を本とし、旧全集所収本をもって校異を加えている〉）所収のものが流布している（本章においては後者を用いる）。

流布本は真淵説にくわえて、「諸成案るに」「諸成思ふに」など、狛（こま）諸成の追補が三十一箇所以上に及ぶのをその特色とする。

従来の『續萬葉論』の研究は、流布本を基になされてきた。しかし流布本を基にする限り、肝心なところが推定でしか言えないという限界が残っているのである。井上豊『賀茂真淵の業績と門流』（風間書房　一九六六年）は『續萬葉論』の研究においても際立っているが、これにも流布本を基に研究する結果の限界が多々窺われるのである。主な例を二三、次に掲げてみる。

例えば著者に関して、繰り返し「著者は真淵に疑なく」と強調し「諸成は単に追補を加え整理を試みたに過ぎない。」とするが、このような反復強調が、実はなお不安を残していることをおのずと物語る。

又、訂正・追補に関して

本文の注は、狛諸成が追補を加え、整理を行っているが、真淵の注の早いころからの書入れをもとにして漸次増補訂正を加えたものらしく　（七四頁）

と「加えたものらしく」推定されてはいるが、真淵の再考による訂正と、諸成の追補との区別が明確ではない。

又、頭書についても

頭書は、諸成の加筆か。

諸成あたりの書入れらしい。　（七三番歌注の説明のある八五頁の例である）

と推定されている（実際は真淵自身の再考による加筆、書入れである）。

以上のように、流布本による限り、このような推量の上に立たざるを得ないのである。

ところが、これらの問題を氷解してくれる一本が、国立公文書館内閣文庫に存在する。内閣文庫本は、真淵の説のみで貫かれ、諸成の追補を含まない。現在のところ、歌注については真淵自筆本は見当たらないが、次の点から、真淵自筆本に最も近いと考えられる。即ち、

①内閣文庫本の第一冊目、仮名序注『古今集序考』（外題）の奥書に、「明和元年十一月賀茂真淵志るす」の識語

をもつこと(1)

②本文注『續萬葉論』(外題)の第三冊目の秋歌上の巻頭に、青字筆で「遠州浜松処士鴨真淵著」との加筆があること。

③第六冊目見返しに「真淵本表紙に云相摸人二階へ登るをづしへのぼるといへり…」とメモらしい紙片が貼附されていること。

以上、「真淵志るす」「鴨真淵著」「真淵本表紙に云」などとあるところから、真淵自筆本に近い位置のものと推定される。

ここで、内閣文庫本の書誌を記す。

写本。袋綴装。八冊本。薄茶色地に刷毛目模様の表紙(但し五冊目は薄茶色地表紙。異筆)。縦二三・一糎、横一六・六糎。題簽なく、左上にうちつけ書きにて外題を記す。外題は第一冊目仮名序注「古今集序考」、第二～八冊本文注「續萬葉論」である。内題は「續萬葉論初名古今和歌集徴記」「古今和歌集徴」など。これについては後述する。一冊目「古今集序考」の見返しに「續萬葉論」と記された紙片(縦七・八糎、横四・〇糎)が貼附されている。頭書、朱・青筆の書入れは本文注と同筆。序文の注は「古今集序考」のみ(流布本系は「序考」及び「別考」の二伝を有する)。注末に「考別にあり」と記されていることより、「別考」は予定されていたか、欠本になったか、と考えられる(2)。一冊目の「古今集序考」を除き、二冊目からの本文歌注は、四角の枠で囲ったり、棒線、×印で説を否定したり、再考、三考のあとを示している。この点からも真淵稿本の極めて忠実な写しと考えられる。

次に、内閣文庫本と流布本の前後関係をはっきりさせたい。

第一例として、内閣文庫本の一つの注釈内の中心となる注や頭書、書入れに、漢数字で飛び飛びに番号を附し順序を指示する場合がある。そして同じ歌の流布本における注釈は、内閣文庫本の指示順通りに清記されているのである。天理図書館蔵、真淵自筆の草稿本『萬葉考』にも漢数字で飛び飛びに番号を附し、記述の順序を指示する例が見られるが、内閣文庫本もそれと同じ草稿本の形式である。

第二例として、内閣文庫本二一番詞書注の枠で囲った部分（消スという指定）の行間に、朱筆で「淵今按に古の世、この宣命の辞及び祝文・願文など、皆、其労をいひ功をのべ」と書入れがあり、その頭書に「朱書ハ消ニアラズ」とある。流布本を見ると、内閣文庫本の枠で囲われた説は採らないが、行間の朱書の方は頭書の指示通り、消さずにそのまま生かしているのである。

第三例として、秋下「千早ぶる神代もきかず竜田川唐紅に水くくるとは」（二九四）の注は、真淵と真淵以前の注釈、真淵自身の初案と再考において、最も際立った違いが現われているので掲げておきたい。この注釈は、古注もそうであるが、契沖も「立田川に紅葉のみちてながるるさま、ひとへにから錦をながせるがごとくにして、錦の中より水くぐるとみゆるを」（『古今余材抄』、『契沖全集』第八巻）と、「くぐる（潜）」と注釈し、内閣文庫の真淵初案も契沖説に従う。しかし、真淵は再考に際し、初案を枠で囲って「潜る」説を棒線で消す。ついで行間に書入れをしているが、再びそれをも棒線で消し新たに説を出す。つまり第二考説は不読となる。第三考として頭書に「くくり染（纐纈）」を出した。そして、今日みるごとく、流布本には頭書の三考説のみが清記されているのである。紅葉を纐纈染と見た真淵の新説は、以後現代の諸注に至るまで継承され、人口に膾炙されてきた。真淵がその結論に至るまでの、内閣文庫本に見られる再度の書直しは、紆余曲折の過程を如実に示すものとして注目に値するものである。

以上の例から、内閣文庫本は流布本に先行するものと見なし得る。また、流布本を見る限り不明瞭であった部分を一層明らかにし得る資料であると思われるのである。

二

前章の冒頭における流布本の底本紹介の中に、『續萬葉論』とともに、『古今生弓抄』なる名称が見えていた。この『古今生弓抄』とは何なのか、『續萬葉論』研究の中で、ゆるがせにできないので、まずこの点を本章の問題点として取り上げておきたい。

井上豊はやはり前掲書の中で、『續萬葉論』の成立経過とその異名『古今生弓抄』ということに関して次のように推定している（各項上の算用数字は私に附す）。

①『續萬葉論』については、『国書解題』に「天明四年甲辰夏の頃の作と見えたり」とあり、小山正氏の『賀茂真淵傳』には、「この時真淵は既に没してゐるから、これより以前に相当の年月を要したものであらうと想はれる。或は天明といふのは明和の誤か。後考を要する」としている。しかし『續萬葉論』は狛諸成が追補を加えたものであるから、天明四年は諸成の追補の時期を示すものかも知れない。

②鈴木南陵氏は、本書で「契仲（ママ）曰と真淵按と諸成案とを合せたものであるから、真淵著作でない」としているが、諸成はところどころ追補を加えたに過ぎないから、真淵の著と見て差支えない。

③同氏架蔵本（序注の部分のみ）には『古今生弓抄』と題されていたという（『狛諸成翁』、『国学者研究』）。

④諸成好みの名称であるから、諸成あたりがかりに名づけたのではなかろうか。『續萬葉論』の頭書に、「諸成案に蟋蟀の事は萬葉考又百人一首初学又此集秋の部に既くはしくのちの考有。されどこゝは其鳴さまをもよみたり。猶許して清書の時取捨すべし」とあり、諸成は『續萬葉論』を清書する意図があったらしい。『古今生弓抄』は清書本の題名かもしれない。（七一頁）

井上豊は①で「天明四年は諸成の追補の時期を示すものかも知れない。」と推定された（天明四年は、真淵没後十五年目）。国会図書館本『續萬葉論』の本文注の識語に「天明四辰年狛大人の書写たまへる歟六十二としるされたり」[3]（現在までの調査で、この識語をもつのは国会図書館本のみ）とある。又、後述する『古今生弓抄序』より、天明四年は、諸成が、真淵没後「いくめの大嬢」に贈られていた『續萬葉論』を、真淵の養嗣定雄を通じて入手し書写した時期でもあったろう。井上の言うように「諸成の追補の時期」と考えるのも当たっているかもしれない。②の著者についても井上の推定通り、本来は真淵の著わしたものであることを内閣文庫本が裏附けている。③の『續萬葉論』が『古今生弓抄』なる異名を持ち、④の「諸成あたりの仮の命名か」「清書本の題名か」との推定について考えてみたい。

内閣文庫本（真淵草稿本に近い写し）の内題・外題の段階では「古今生弓抄」なる命名はない。そして無窮会図書館神習文庫に、外題を「古今生弓抄」とする完本がある。内容は流布本『續萬葉論』に一致する。その古今序注・和歌注に先立つ部分に、「古今生弓抄序」と題された諸成による前書きがある。『古今生弓抄』の成立・書名の由来が窺える資料なので以下に記す（㋑㋺㋩…㋦は私に附す）。

〈資料A〉

つぎねふ山背のちぢにさか行、千々の秋のちたり穂の、㋑いなりはふりが家につたへし古今歌集をあげつろひはじめたりしもとだちハ、此はふり東万呂なも、中つ世のくだちゆ、此ふみのつたへごとてふ、かきかぞふ七つ八つ十にあまりて、誰が家のひめぶみ、これがくちづからのつたへとて、もてなやめるつたへごとをのこさずうけ得たるうへに、後の陽成天皇の勅のつたへまで、うけたまはりてあるがまにまに、いにしへのふみら玉ちはふ神のいにしへをかがなべ、わいだむるよりして、上つ代のてぶり、梶のとのつばらつばらにしり得て、中つ世の人等のいへるハよニなまれりとかずかずことわれるを、㋺おなじ世にありし難波の契冲僧、よろづのことのはあつめ、ことわり得、大匠の斧うちふりて、真木さく檜の板戸たつなる大との作りなしたりとみづからもひて、其ふミに名づけ、そがあまれる小木とりて此ふミをことわりたてればとて余材抄とはなづけぬ。まかなもてあらけづりなし得たれど、みつばよつばの殿作りにいたらざりしを、㋩此武蔵のや大江のみとの大城のもとにあそびて、のちはやごとなき御とのにつかんまつれる加茂真淵、久におもひかねて、真十鏡むかしきたかどのつくりなしただして、むかしにかへしつゝ、かがなへおきぬるふみを、㋥真淵が七十の秋のもみぢ葉のちりのまがひにすぎにたりしのち、㋭真淵にふみしまなびてむつべりしいくめの大嬢のがり、なきあとのかたみとておくりたりければ、㋬此ふみたどるべきたどきうしなひしを、加茂定雄におのれかたらひ得て、此ふみをうつしとり得ぬ。㋣されどそは人々の家のつたへ、あるはおのれおのれが考をまじへて、見るもわづらはしく、㋠玉箒手にとれるは、真淵がのちの考なほし、おのがをしへうけぬることをかいつらぬるからに、㋷おのがどちの考をもとりそへて、をそのたくみがひがわざに、こゝの真がなのけづりくずひろひすて、かしこのちりづかともはらひえてしを、おのがむつべる源の喜代等やごとなきみおもひかね、もちづきのたらはしましたるみこころずさみに、みすみなははらせしみことまで、おろおろとりそへにたれば、それにくらべ、これをとりあがちて、そこついはねに宮ばしらふとしり、高まがはらにちき高しりたる、やごとなきうましみとのづくりとなもなりたるにしもあれど、㋦をそのたくみらが、もひさだめしことらぞなまななることならめといへば、喜代等いはく、さばなまよみのかひなかるべければ、こをば生弓抄と名づけなんと。おのれいへらく、しかなり、なまよみのかへるてふことわざによりて、かんつよの手風たねらひ見つつ、いにしへにたちかへるかひならむ、こと玉のさちはふ国の、さきつ世のふるき心しらひ、しり得なんたどきとなさば、たどれる人をみちびくいとしなからであらめや

散位狛少兄　諸成

㋑『古今集』の諸秘伝を春満の整理した所があったが、㋺さらに契沖の『余材抄』をも含め、㋩これらを真淵が継承発展せしめ注釈した。㋥真淵が七十余歳にて没したのち㋭門人「いくめの大嬢」の元へ形見として送られたので㋬この書物を見る手掛を失っていたが、諸成は真淵の養嗣定雄を通じて書写した。㋣しかしこれは諸説が混然として煩わしく、㋠さらに真淵の再考や諸成が教えを受けたところをも書き列ねた上に、㋷諸成たちの説をも追補した。㋦謙譲の意を込めて「なまよみのかひ」がなければという意で、『生弓抄』と命名したというのである。流布本成立の経過が窺える。

井上氏は④で、「『古今生弓抄』が清書本の題名かもしれない。」と述べられた。右〈資料A〉によれば、既に書写し追補の時点で、『生弓抄』と命名されており、「猶許して清書の時取捨すべし」（一〇二〇番歌注）と清書本を意図しつつも完成してはいない。氏が言われるように、さらに清書本を想定し、その題名を『生弓抄』と考えるまでもないのである。

即ち、『生弓抄』は、真淵著『續萬葉論』に対して諸成が増訂を加えた一本の書名であった。つまり、こんにち所謂流布本『續萬葉論』は、実は『古今生弓抄』と呼ばれるべきものなのである。

三

ここで〈資料A〉「『古今生弓抄序』中の、㋭「真淵にふみしまなびてむつべりしいくめの大嬢のがり、なきあとのかたみとておくりたりければ」に注目したい。『續萬葉論』が真淵の形見として、何故「いくめの大嬢」の元へ贈られたのであろうか。

まず、「真淵にふみしまなびてむつべりしいくめの大嬢」とは誰なのか。『縣居門人録』（『賀茂真淵全集』巻十二

吉川弘文館）に

土井伊予守殿室　久米子
同年寄　清瀬
同同　外山
松平主殿頭殿三田やしき　智元尼

と見える冒頭の人物、三河国西尾城城主土井伊予守利信の室「久米子」である。[4]

宝暦九年と推定される、真淵が久米子の侍女で年寄の「外山」に宛てた（すなわち実際は久米子に宛てた）興味深い書簡がある。縣居門人として名前を列ねる右の女性がその書簡の中で顔をのぞかせる。

〈資料B〉

御しめしに、お前（久米子ノコト）平らかにおはしますを承り悦び侍り。されどみた（智元尼ノコト）に、御なやみおはしまして、御心くるしく供なども常のさまにおはしまさずとか。さこそはおはしまさめ。いかによろしう聞え奉りて、御心ち、なやませ給はぬ様にし給へかし。よう御ふみなども給はせられぬとか。御ねもごろにこそ承れ。大かたは御ふみなども君たちして給はるべき事にこそ侍れ。かならず、さる御事は御心入給はぬこそよけれ。とみ永氏もわづらひて、近々は、いさゝかよきかたならんとよ。こゝにはえしり侍らず。又は、いろいろの事のみ多く侍れば、え問ひまつることもえなん。よく聞え給はらんかし。清瀬の君ことなう、いそぎ給ふよし、うれしうなん。よくたのみまいる。まもるも三田へまいるに、いとまなくて御もとへも参り侍らぬとかよ。さこそは候はめ。（中略）一、頃日の古今集の問の事も、まもるの参りがてならば、ちかくくはしう書て奉るべし。人にかゝせ候へば書ちがへも有べし。又はこゝのひめ君の御いはひのをりなれば、哀傷をばのぞき侍りし也。たゞの時にはそれも入たるぞよく候を、その日奉りしは心つき侍らでなん。

外山さま　　　　　　　　　　あがたぬし

（近藤信『国学文献集解』中央公論社　一九四四年）

この書簡で注意したいのは、「こ、のひめの君の御いはひのをりなれば、（古今集の）哀傷をばのぞき侍りし也」である。

「ここの姫君」とは、真淵が齢五十にして仕えた将軍吉宗の第二子田安宗武の第一子「誠姫（のぶひめ）」。その「御いはひ」とは、宝暦二年三月一日に陸奥守松平（伊達）宗村の嫡子重村に誠姫の入輿が定まったことを指す。が、結婚予定の宝暦九年、誠姫は未だ成婚に及ばずして、五月十二日十九歳で亡くなったのである（『徳川諸家系譜』續群書類従完成會　一九七〇年）。

ここで、誠姫と真淵の関係に触れておく。宝暦元年（真淵五十七歳）の書簡に

古今集序になにはづ浅香山の歌は歌の父母の如くして手習ふ人のはじめにもしける（中略）げに此二歌こそ歌をもとなへ、おぼえ物書んにもほどよかれば、そのよし申つれば田安の御子かたへは皆是を書て奉るべしとの仰にて奉りつ

（『縣居書簡』、『賀茂真淵全集』巻十二　吉川弘文館）

宝暦二年（真淵五十八歳）十二月十八日附、梅谷市左衛門宛書簡に

当秋は御簾中様のぞみ被遊候間、信姫様へ御手本も上候様に是は御前にて御直に被仰附候。

（同前）

宝暦八年、誠姫納采の儀に

十一月十九日、殿の大ひめ君へみちのくの守どのよりむすびの物まゐらせらるるに、おのれも御ふみ御手ならひの事つかうまつれば、大かたなるべからねば、洲浜たてまつまれり。

（田林義信『賀茂真淵歌集の研究』風間書房　一九六六年）

と見える如く、誠姫の手習い以来ずっと教育に当たり、納采の儀に際しては洲浜を奉り、歌を贈っているのである。

その入輿の支度に、次の手紙から分かるように、真淵はその直前まで、『源氏物語』注釈を成し遂げることに忙殺される。

宝暦九年四月二十四日、植田喜平宛書簡に

> 此度、姫君陸奥殿へ御入輿之御支度甚御急にて、近年被仰附候源氏物語注之末少々に到候て出来かね候故、出勤も半御断申。日夜在宿にて考物書物などいたしもの書…

又、同日附、梅谷市左衛門宛書簡にも

> 一先年より蒙仰候源氏之注今少しに及、姫君御入輿之御用故に、いかふ御急にて三月末より御香も半御断申。在宿にて相考先一通り五十四巻の注、此十五日迄に相済□□□いたし書のこしも又は過たるも有之候故直し申候。

このようにして『源氏物語新釈』が作られたのであるが、ところで、この『源氏物語新釈』には

> ささのくま云々の歌、古今集ひるめの歌とて挙られし也。大嘗会の宴にうたふ歌也。委しくは續萬葉論にいふ。
>
> （『源氏物語新釈』、『賀茂真淵全集』第十三巻　續群書類従完成會）

なる一節があり、これによれば『續萬葉論』なる『古今集』注釈が、既に成立していたことが知られるのである。

誠姫が嫁ぐ予定であった重村は伊達松平の筋で、父宗村の室は宗武の妹（吉宗の養女）でもある利根姫であった。そして、重村の弟の利置が土井利信・久米子の養嗣となる。利置が卒してのち、重村の弟で利置の兄に当たる利徳が、同じく土井利信・久米子の養嗣となる。

土井利信は清和源氏の系統で、室久米子は清和源氏の系統・三河松平主殿忠刻の養女である（以上の諸関係『寛政重修諸家譜』續群書類従完成會　一九六七年）。

関係を明確にするために、次の系図を示す。

〈田安家〉

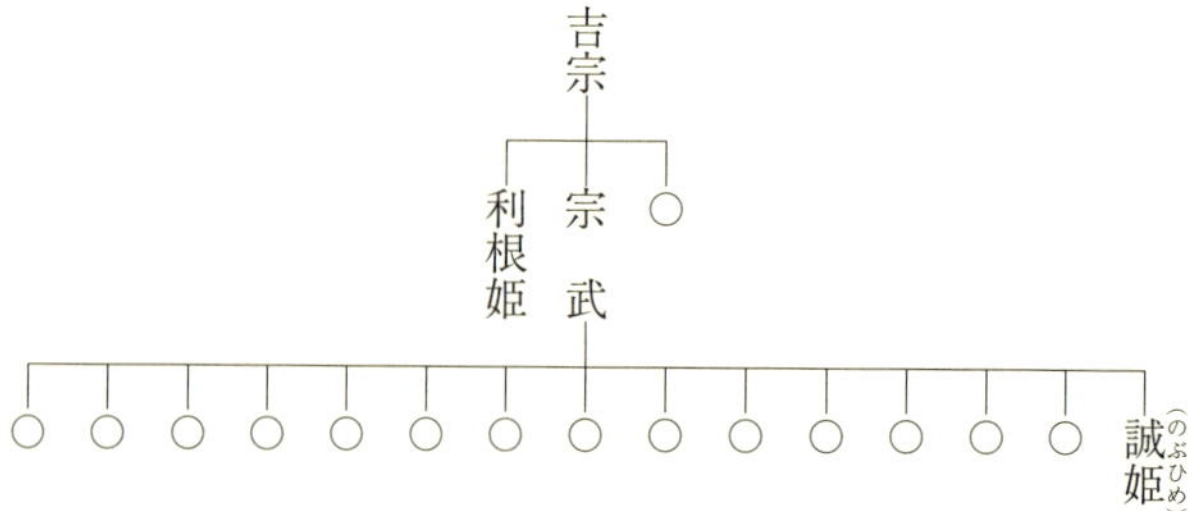
吉宗
利根姫
宗武
誠姫（のぶひめ）

〈土井家〉

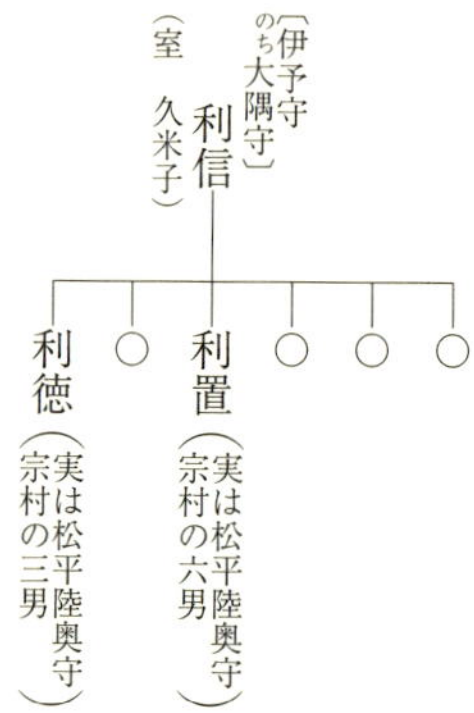
利信〔伊予守 のち大隅守〕
（室　久米子）
利徳（実は松平陸奥守宗村の三男）
利置（実は松平陸奥守宗村の六男）

〈伊達松平家〉

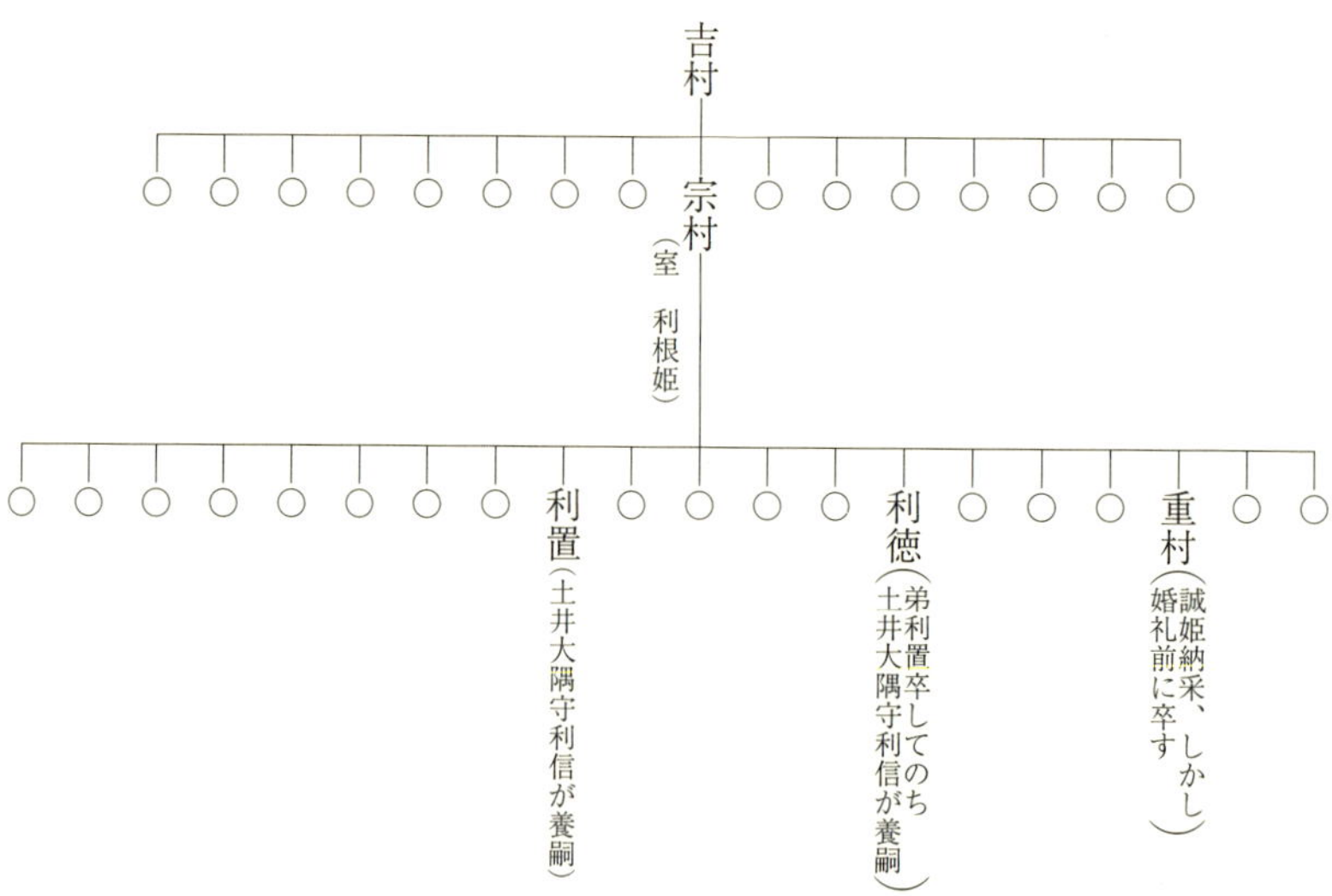
吉村
宗村
（室　利根姫）
利置（土井大隅守利信が養嗣）
利徳（弟利置卒してのち土井大隅守利信が養嗣）
重村（誠姫納采、しかし婚礼前に卒す）

誠姫が嫁ぐ予定であった重村の、弟二人が土井伊予守利信・室久米子の養嗣となった。久米子からして、自分の養嗣の実兄の嫁に、誠姫が当たることになり、深い姻戚関係にある。

この点からも、真淵が誠姫の婚礼の支度に贈った『古今集』注釈（『續萬葉論』）を同じころ久米子方にも教示したのもゆえなきことではなく、又、真淵没後に形見として、重ねて久米子へ贈られたことは、誠姫の形見としても、久米子に贈られることが適わしくもあったからであろう。

真淵のもう一つの『古今集』の注釈『古今集打聴』は、天明五年十月野村遜志の序、上田秋成の附言により成立、目的が明確であり（毛利大膳大夫の奥女中で真淵の門人弁子（ともいこ）が、奥方の命を受け、真淵から『古今集』の講義を明和元年に聞書したものを、遜志〈弁子の義弟〉と親しかった上田秋成が依嘱を受け、寛政元年に上木したもの）、誠姫と関係のあった『古今集』注釈は、久米子の元へ『續萬葉論』が形見として送られていたことからも、こちらの方であったと推測される。

著者とそれをとりまく人々と『續萬葉論』をめぐって人間のはかない喜び、悲しみがそこに秘められていた。現在、我々が『續萬葉論』を見る時、ひとしおの感慨を催させるエピソードではあった。そして、この宝暦八、九年の婚儀をめぐる一連の動向のなかで執筆された『源氏物語新釈』よりも、なお先立って『續萬葉論』が完成していたこと、そして仮名序注の部分のみ後に明和元年にいたって完成されたのであろうことを確かめ得る。

四

『續萬葉論』は、流布本系の諸本においては、内題・外題ともに、『續萬葉論』と記されている（なお、流布本系でも神習文庫本は、内題に「續萬葉論」とあり、外題は「古今生弓抄」であることは既に述べた）。つまり、流布本系の諸本の内題は、現在の資料調査の範囲内ではすべて『續萬葉論』で一貫しているのであるが、やがて述べるように内閣文庫本には、全く異なった書名がみられるのである。

その前に、この書名「續萬葉論」をどのように訓めばよいかについて触れておく。

一般に、諸本とも漢字で「續萬葉論」と記されている。が、西尾市立図書館・岩瀬文庫蔵写本には仮名書きの書名が見られるのである。同本は十三冊本、外題に一冊目序注「志よくまむよふろむ」、本文注二〜八冊「続まむよふ論」、九・十冊「志よくまむよふろむ」、十一冊目「續萬葉論」、十二冊目「續萬葉ろむ」、十三冊目外題欠、となっている。近世の写本ではあり、一応「ショクマンヨウロン」という訓みに従っておいてよいであろう。

内題の問題に戻ると、流布本系に一貫して見られる「續萬葉論」という表示以外に、内閣文庫本の内題には、「續萬葉論」に定着する以前の真淵の思考をあらわす興味ある書名が各巻に示される。それは次の如くである。

巻一　續萬葉論　初名　古今和歌集徵記
巻二　古今和歌集徵
巻三　古今和歌集徵語
巻四　（欠）
巻五　古今和歌抄
巻六　古今和歌集徵語
巻七　古今和歌集徵語（尾題により補う）
巻八　古今和歌集徵語
巻九　古今和歌集徵語
巻十　（不明）

巻十一　古今和歌集論選
巻十二　古今和歌集論選
巻十三　古今和歌集論選
巻十四　古今和歌集論選
巻十五　古今和歌集論選
巻十六　古今和歌集論選
巻十七　古今和歌集論選
巻十八　古今和歌集論選
巻十九　古今和歌集徴論
巻二十　古今和歌集論選

内閣文庫本では、「續萬葉論」と記されているのはただ一箇所冒頭のみである。そして、その注記によれば、元来「古今和歌集徴記」であったという。あるいは巻二以下に見られるさまざまの内題であったのだろう。これらの書名から「續萬葉論」への変更は、誰によるものであろうか。

先章で引用した『源氏物語新釈』の注に、「委しくは續萬葉論にいふ」と既にその名が見えるのであるから、真淵自身によって宝暦九年『源氏物語新釈』の成立以前に、「續萬葉論」と改名されたことはあきらかである。

では何故、『古今集』の注釈に『續萬葉論』なる書名が用いられたのか。

『歌意考』に

次に（『萬葉集』の次に、の意）古今歌集をよくこころえよ、こはもと續萬葉集といひて、それにつげるものなれば、萬葉をしらではそのうつりこし心・ことばをもわき侍らじ

（『賀茂真淵全集』第十九巻　續群書類従完成會）

とあるので、真淵は『古今集』を、『萬葉集』に継ぐものとして「續萬葉集」と考えていたことが分かり、『歌意考』などの言と一致する。更に実際の注釈の中でも、後述のごとく『萬葉集』を規範とする方針が貫かれたが、これらの点が明確に「續萬葉論」なる命名になってあらわれたと見得るのである。

又、次に「續萬葉論」の初名が、「古今和歌集徴記」であったという点にも注意したい。「續萬葉論」「古今和歌集徴記」なる命名は、いかにも経学的であるが、それと同時に、荻生徂徠のライフワークである『論語徴』を連想させる。同じく内題「古今和歌集徴」（巻二）においてはなおさらのことである。なお、徂徠から真淵への影響は先学によって既に指摘されている（今井寛司『徂徠学の基礎的研究』・日野龍夫『徂徠学派』）。

徂徠の『論語徴』（元文五年刊）によれば

古言明らかにして後古義定まり、先王の道得て言ふべきのみ。（中略）其の知らざる所の者は、蓋し闕如たり。故有り、義有り、指摘する所有らば、皆諸を古言に徴す。故に合せて之に命けて、論語徴と曰ふ。

と言う。「古言明らかにして後古義定まり」とするところは真淵の国学に一致するところではある。しかし、丸山真男によって

徂徠学に至つての儒教は完全に政治化された。しかるに規範の政治的なるものへの昇華は他面、人間内面性の開放となり、その自由な展開への道をひらいた。国学はまさにこの後を承けて、一切の儒教的作為の否定者として登場し、徂徠学において私的領域としていはば消極的な自由を享受してゐた内面的心情そのものに己が本来の栖家を見出したのである。

（『日本政治思想史研究』東京大学出版会　一九五二年）

と述べられたように、「国学」は徂徠学における政治性を欠落させ、（和歌の）「注釈」そのものを第一義として継承した。即ち『續萬葉論』においても「歌はさのみ理りをせめていふ道にあらず。おろかなるに似たる感有事也。」

（一四番歌注）と言うように、実は、和歌は（政治・修身に役立つよりも）「内面的心情」そのものを歌うことを目的とすると考えるところに真淵の国学の実態はあったのであった。

歴史的に見るならば、真淵以前には契沖を挙げ得る。契沖は文献的方法に注釈をなしつつ、このような「内面的心情」を内包させていた。また、真淵の後には、宣長に見られるように「心に思ふ事といふも、又則物のあはれをしる心也」（『石上私淑言』）のような「もののあはれ」論が打ち出された。その間にあって、「おろかなるに似たる」「内面的心情」そのものに目を向けたところに真淵の意味があったといえよう。なお、国学が「情」を扱うことによって進んでいった道を、相良亨『本居宣長』（東京大学出版会　一九七八年）において指摘されている。

『續萬葉論』には、その注釈に大炊式（延喜式）・職原抄・禁秘抄などを挙げるところがある。政治の表舞台からはずれた位置にあった田安宗武（将軍吉宗の第二子）に仕えた真淵であってみれば、このような有識的知識で、和学御用としての国学はことたりたのも当然であったろう。が、漢籍的書名である『古今集徴記』『…徴』『…徴語』『…徴論』には、経学世界が強く意識されていたと考えられ、やはり『論語徴』の存在が念頭にあったといえるのである。

又同じく、内題に「古今和歌集論選」（巻十一以下）という書名が見られる。「論選」という名を持った照応すべき適当な漢籍は見い出せないのであるが、これも和学書にはない漢籍的命名ではある。
で、「論選」とはいかなる意味をもつのか。ふつうには、「論　道理ヲツメテセンギスル文体ナリ」（徂徠『訳文筌蹄』）、「論ハコトヲ論弁スルナリ」（伊藤東涯『操觚字訣』）であり、又、『論語序疏』に「論者　撰也、羣賢集定、敬曰ㇾ撰也」と、撰が「さだめる」意に通じるとも言う。つまり、「論＝選」は〈様々に詮議し最も適切な方向に合せ定める〉意になる。「古今和歌集論選」の注釈も、春満や契沖説などを様々に詮議し、自説を出そうとしているのには違いない。「徴」が「チガヒナキ証拠ヲ出シテ、ソノ言タルトコロニ、キツシトアタルヤウニスルヲ徴ト云」

（『操觚字訣』）と、〈的確な証を元にピシッと答を出す〉意味であるのと同様な意味であり、同じ意識による命名であろうと考えられる。

内閣文庫本に見られた様々な内題は、『古今集』注釈史上、特異な命名ではあった。そこには、基本的に経学に態度・方法を学びつつ、一方では経学からはっきり分かれて行く国学の性格が浮かびあがる。草稿本の一部分に化石的に残っている内題が真淵のものの考え方の一端をうかがう資料として、注目に値するものであったのである。そしてそれは流布本にひきつがれる「續萬葉論」にいたっても同様であったと推測を得る。

五

『續萬葉論』の注釈の内容をみると、その基本は、契沖の『古今余材抄』を中心に据え、古注の中では、『顕昭注』、定家の『顕注密勘』、『古今栄雅抄』を三本の柱としている。しかしこれらの柱を建てつつも、どちらかと言えば中世説に関しては否定的であり、中心に据えた『余材抄』をとりわけ重用しているのである。

例えば、一般に中世までの牽強附会説は一切否定する方針であるが、それが最も顕著に出たのが、〈古今伝授〉〈題しらず・読人しらず〉〈左注〉論においてであった。すなわち、〈古今伝授〉は、「此古今伝授といふ事何の書にも見る所なし。若有つらんもしるべからねど凡吾師の塾中に有て、あまねく渉猟すれども徴とすべきほどの書を見ず。（中略）今古今箱伝授といふもの、三四流是を伝へて見るに、多くは古書の徴証もなき事のみなれば一つも信用にたらず。」と一切否定し、〈題しらず・読人しらず〉への中世的附会説については、「題も作者もしれぬをかくしるされし也。是に後世歌の伝とて歌の意をいひ、作者は誰なりと云、みな作り言也。」とし、〈左注〉についても、「いづれも後人の傍注、本文に混同したるなるべし。（中略）左注の或説は吾流にては皆捨とらざる也。」とするのである。

他方、それでは何故、『余材抄』が古注とは違って扱われたのであろうか。

古注と『余材抄』との間に、一線を画する所以は、文献処理の方法にあった。即ち、『余材抄』が先注を引用しつつ証として挙げる文献は、『菅家萬葉集』『古今和歌六帖』が最も頻用されるが、その他煩瑣になるので個々の名は挙げず、ジャンルのみを示すと、勅撰集・私家集・歌合・百首歌・物語・日記・随筆・歴史物語・漢詩・仏典・法律・史書・辞書・歌論書・注釈書・中国の諸文献など、古注と比較を絶して広分野多岐に渡る書物を網羅し尽している観がある。

さらに真淵は契沖を「ふるき言の葉の道の、後の世におひおほどれるをどろをかりわくる事のはじめをなす」（『文意考』）と評し、単なる博引傍証から文献実証へと発展させた先駆者とし、『續萬葉論』において『余材抄』を規範とした所以の多くもここにあった、と思われる。このように真淵は契沖の博引傍証・文献実証主義を継承した。それでは、『續萬葉論』と『余材抄』との相違はどこに存在していたのであろうか。

まず、契沖の注釈の方針は

> 友とせしもとの下河辺のなにがしが、菅家萬葉集、紀氏六帖、これらにある此集の歌のたがへるをかたはらにかきつけおけるを、すてじと思ふより、又物のはしにしるしおけることどもをもすてじとおもふより事はおこりて、玉だすき、こなたかなたをかけたれば、そのあまりの木いつとなく、かの歌の源よりながれて、此詞の海に出づるなめり　（『余材抄』序）

と述べている如く、校異のための証歌を『菅家萬葉集』『古今和歌六帖』に求めて、正しく歌の姿を改め、正しく意味を考えようとするものであった。これに対して真淵は契沖とは異なり、『萬葉集』『日本書紀』『古事記』を徴証とする態度を打ち出した。

真淵は『古今集』序文の注釈の中で

○いにしへはたがひにまことをいひ、たとひ人をうらむるにも直成心もていへれば、人の心なごめり。その意は、古事記の歌、萬葉などを見てしれ。

○序の凡の意は唐文に依て、こゝの六体のみ。皇朝の意にとりなさんとせし故にさる難も出来る也。其上、唐にても体は賦比興の三つを詩の体とこそすれ。こゝにてもいかに六つに別るゝ事あらんや。古事記日本紀萬葉集をよく見ん人自ら知べきなり。

の如く、ほとんど各注毎に、『萬葉集』『日本書紀』『古事記』のいずれかを強調する。中でも『萬葉集』は最も重視され、繰り返し繰り返し引証としているのである。一例を挙げると、『古今集』巻第十九「雑躰」において、最初の長歌の分類名が「短歌」となっているのは古来問題とされていたが、これについても『續萬葉論』においては

淵按これに短歌と有とても、則詞書に長歌とあれば、貫之などの短歌と書ざる事は顕然。其上萬葉集を融通せば、たれかかゝる事をうたがはんや。定家卿もしかり。然るに不破先達之説歟と書給ふ所を或抄にも秘事とせり。又是を貫之等の筆にあらざる事を知給はねば、貫之をたすくるとして、しいていはざるを見て諸抄に短歌の説をそのままおけりとす。（中略）かたがた萬葉をしらぬ人のいへるは通ぜざる也

と、『萬葉集』に通じておくことの必要性がとりわけ強調されるのである。

以上のことから、真淵と契沖の注釈の相違は、端的には契沖が『古今和歌六帖』などを規範としたのに対し、真淵が『萬葉集』などを重視したことが挙げられる。時代的には前後逆転する、注釈引例の転回が、ここに行われた。今日の眼からは、当然の処置と見えるこの一条も、しかしながら、決して機械的操作によって、ここに到達したのではない。

真淵が用例を一挙に「上代」に求めた理由は、仮名序の注釈の中で

> 皇朝の古へ、歌に依てさる事有とはいひ伝へねども、いにしへの歌は真言也。ま言には天地のめでし紀にもあれば理りにおきてしか也。

と述べるように、人間の心の真（まこと）が古（いにしえ）にこそあるのだ、とするところにあった。真淵は仮名序の注釈の中で、まずこの点を繰り返し述べ、特にこの点を強調するのを本意としたのであった。そして、このことを方針として『古今集』全体の注釈をなしたのである。

福井久蔵は、極めて簡明に

> 真淵は契沖や春満の学風を承けて、漢学に徂徠が行った所のものを国文国歌の上に行った。
>
> （『大日本歌学史』不二書房　一九二六年）

と真淵の役割を述べた。本章は、その真淵の役割が、具体的に、『古今集』――日本歌学の聖教ともいうべき『古今集』を相手にして、どのようにされたか、その研究調査のための最も基礎的な報告にとどまる。

なお大日本歌書綜覧によれば、「黒川氏所蔵の續萬葉論は、源利義が、天保四年より同七年に亘りて写ししもの。同じく七冊。始は、古今和歌集徴記と題したる由見えたり。」とある。黒川氏旧蔵本が、内閣文庫本と同じ系統の写本であることは言うまでもないが、現在その所在を確認していない。

注

（1）『古今集仮名序』の注については、静嘉堂文庫松井簡治旧蔵書に、真淵自筆本が二本存在する。その一本は、外題を『古今集序考』とし清書本であり、内閣文庫本『古今集序考』はその忠実な摸写本である。このことからも内閣文庫本の歌注『續萬葉論』も真淵本の忠実な写しであろうという観がする。

（2）静嘉堂文庫の他の一本は、『古今集序注　全』の外題をもつ草稿本（『別考』系本）であるが、内閣文庫本にはこの摸写本は存在しない。

（3）天明四年に狛諸成が六十二歳であることは「佐々木信綱『萬葉五十年』に、狛諸成手拓本萬葉考の紹介として、巻七の奥に「天明五年巳年九月廿一日中書終諸成六十三歳」、巻八の奥に「天明六年……毛呂成六十四齢」」（『賀茂真淵の業績と門流』）とあることから裏附けられる。

（4）「いくめ」と「久米子」が同一人物であることは、以下をもってその証とする。即ち、『賀茂真淵全歌集』にある〈伊久米の君のもとより桜の枝にそへて「よしや花ちるともいかでをしむべき色香をさそへ庭の春風」〉と同歌が『真淵家集』巻三にありその中に〈同じ家の久米子「よしや花……」とて同じく折ておこせたり〉とあり、又、『鴨真淵集』に〈伊予侯　土井との妻君乃来給ひける時庭をはたにつくりて「春さればすゞな花さくあがた見に君さまさんとおもひかけきや」右詞書一ニ二月の末つかた伊久売の君おはしたりけるに云々〉、又、依平編『拾遺』に「伊久米君は三河苅屋城主土井大隅守源利信朝臣室にて松平主殿頭源忠刻朝臣の女也」（『賀茂真淵家集の研究』）と、両様に表わされている。

賀茂真淵の「ますらを」考

一

延享元年（一七四四）十月十六日、賀茂真淵は自亭において歌会を開催し（真淵四十八歳）、その席上

　からの文はなべての人もときくるを
　　誰には問んやまとふるごと

（『賀茂の川水』、『賀茂真淵全集』巻十二　吉川弘文館）

と詠じた。この一首の歌には、漢詩文に対して、「やまとふるごと」は真淵自身が明らかにしなければならないという自負を込めた感慨が披瀝されている。と同時に、この自亭での大歌会の主催は、江戸国学開花の領袖的立場をみずから認識し、対外的にもそれを誇示したものであったといえる。

「やまとふるごと」についての真淵の研究の中で目立つものは、いうまでもなく『萬葉集』研究で、他の分野の研究を遥かに凌ぐ。真淵は生涯にわたり『萬葉集』研究に意を注ぎ（『萬葉集遠江歌考』『萬葉集抜抄歌訓点幷略解』『萬葉解』『萬葉集短歌新採 編』『萬葉新採百首解』『萬葉考』『萬葉集竹取翁歌解』『萬葉集略説』『萬葉集問目』『萬葉集雑考』『萬葉集歌考』『萬葉集中人万呂歌集抄出考』『萬葉集巻一或問 問』『萬葉新採百首 編』など）、萬葉論を展開し成熟させた。

文学の中で、人間性復興が喚起された元禄期に生まれ育った真淵は、享保頃から本格的に古学研究に入る。そし

て、荻生徂徠の古文辞学派から内面的な人情鼓吹の影響を受けた（丸山真男『日本政治思想史研究』東京大学出版会一九五二年、一九八三年改定版）。それのみならず、この期には、同学派の文学面を代表する服部南郭との親密な交際もあった。

このような状況を背景に、『萬葉集』研究から真淵が意図した根幹の「ますらを」の本質をみていきたい。

真淵の「ますらを」の理論附けを、本章でまず押えておく。

真淵は歌学書の中で、「天下」・「（天下を構成する）人間」・「（その人間の感情を詠む）歌」における「ますらを」の理想的なあり方を論じる。

まず、「天下」の場合をみよう。

真淵は、明和二年（一七六五）の『邇飛麻那微』で

そもそも上つ御代御代、その大和国に宮敷ましし時は、顕には建き御威稜をもて、内には寛き和をなして、天の下をまつろへまししからに、いや栄にさかえまし、民もひたふるに上を貴みて、おのれもなほく伝はれりし

（『賀茂真淵全集』第十九巻　續群書類従完成會）

という。「天下」において、顕には「建き御威稜」をもって、内には「寛き和」をなし、両者統一し、「ますらを」国たり得るという理想論が提示されている。

ついで、「（天下を構成する）人間」についてはどうであろうか。

明和元年（一七六四）の『歌意考』（広本）において

人まろ・黒人などのぬしたちのうたは、心にいささかのふし有ものの、したたかにしていきほひすくれて、まことにますらをのさまなり、

（『賀茂真淵全集』第十九巻　續群書類従完成會）

と述べ、さらに人麻呂について

> 柿本朝臣人麻呂は古へならず後ならず一人のすがたにして、荒魂(あらたま)・和魂(にぎたま)いたらぬくまなんなき、そのなが哥、いきほひは雲風にのりてみ空行龍(たつ)の如く、言(ことば)は大うみの原に八百潮(やほしお)のわくが如し、短うたのしらべは葛城のそつ彦真弓をひき鳴(なら)さんなせり、ふかき悲しみをいふときは、ちはやぶるものをも歎しむべし、
>
> （『萬葉集大考』、『賀茂真淵全集』第一巻　續群書類従完成會）

と、勇壮な中に悲歎をも詠じ得る歌人と、真淵はとっている。真淵は『萬葉集』歌人中、人麻呂をことに高く評価し、「荒魂」「和魂」の双方を一元的に統合し、人間は両魂を内包した歌を詠み得た理想的な歌人として取り上げているのである。

この例のみならず、真淵は「荒魂」「和魂」に関心を寄せている。たとえば、『伊勢物語』の、真淵の注釈『勢語諸注参解』の三十七段、「おほむ神けきやう云々」の項に

> 契沖云、神功皇后紀に住吉の明神に和魂(にきみたま)荒魂(あらみたま)あり、和魂は長門国の豊浦に祭られ給ひ荒みたまは住吉にいはれさせ給へり、萬葉集にすみの江のあら人神とよめるに現人神とかけり、
>
> （『賀茂真淵全集』第十六巻　續群書類従完成會）

と、「契沖云」として、「荒魂」「和魂」が出されているものの、『勢語臆断』（『契沖全集』第九巻）にこの説は見当たらない。旧注や、新注の中でも契沖を遡る北村季吟の『伊勢物語拾穂抄』（新典社）にも、同じく両魂についての言及は見当たらない。真淵と同時期の谷川士清も『日本書紀通証』（臨川書店）巻十四「神功皇后」の項で、「荒魂」「和魂」を神のこととして言及しており、従来の説の枠から出ていないことがわかる。

ところが、真淵は神の解釈から転じて、人のこととしての解釈を打ち出す。『縣居雑録』の、「奈」の項で、「和(ニキ)魂(ミタマ)」の語を次のように説明する。

神功紀云和魂服王身而守寿命荒魂為先鋒而導師船（和魂此云珥岐彌多摩　荒魂此云阿羅彌多摩）あらみたまは人の勢気にきみたまは人の和情なる事祝詞の解に今昔物語を引て注せり

（『賀茂真淵全集』巻十一　吉川弘文館）

つまり、真淵は、「荒魂」は人の勢気で先導の役を、「和魂」は人の和情で寿命を守る魂として、両魂の性質、役割を明確に示したのである。真淵の両魂説は人間精神に適用していることが特異であり、契沖以前の諸説とは異なった意味をもつ解釈を打ち出しているところに大きな意義が認められる。さらに『延喜式祝詞解』の真淵注では意味を解く。

今昔物語第二十九ニ、或明法博士カ強盗ノ入タルニ隠レテ後ニ、盗ノ退ク時罵ケレハ、帰リテ殺シケルヲ、評シテ云、善澄才ハ微妙（メデタ）カリテケレトモ、露和魂（ツユニキタマ）無カリケル者ニテ、此ル幼キコトヲ云テ死スル也ト云云、是ニ右ノ紀ノ文ヲ参考スレハ、荒魂ハ人ノ勢気ヲ云、和魂ハ人ノ和熟セル心情ヲ云ト見ユルナリ、

（『賀茂真淵全集』第七巻　續群書類従完成會）

最後に、「（人間の感情の表出としての）歌」についてみよう。『邇飛麻那微』の冒頭に

いにしへの哥は調をもはらとせり、うたふ物なれば也、そのしらべの大よそは、のどにも、あきらにも、さやにも、遠くにも、おのがじゝ得たるまにまになる物の、つらぬくに高く直き心をもてす、且その高き中にみやびあり、なほき中に雄々しき心はある也、

とある。真淵は、「ますらを」に交替し得る語「高く直き心」に「みやび」と「雄々しき心」が内包されるとし、理想としたのである。

つまり、「天下」・「（天下を構成する）人間」・「（その人間の感情を詠じる）歌」において、表にあらわれるものは猛きもの・勢気で、先導の役割を担う「荒魂」と、内には寛き和・人の和情で寿命を守る「和魂」とが、「ますらを」を支える柱と、真淵は考えているのであった。

真淵は、両魂のバランスがとれた天秤の平衡にも似たあり方を首肯しているのであり、さらにいえば、静かに一分の揺れもないことが望ましいと考えたのである。そして、真淵が問題にしたのは、生魂であり、健全な魂であった。つまり、「荒魂」「和魂」が従来は神の解釈であったのを、真淵が人間精神に適用したことが特異な点といえる。

二

宝暦二年（一七五二）、真淵が五十六歳の時に『萬葉新採百首解』の稿は成立し、刊行・流布した（第Ⅱ部「『萬葉新採百首解』私見—真淵の和歌観をさぐる—」参照）。この『萬葉新採百首解』に真淵の「ますらを」観が打出されている。

すなわち、『萬葉集』大伴旅人の歌

大夫跡、念在我哉、水茎之、水城之上尓、泣将拭

ますらをと、おもへるわれや、みづぐきの、

みづきのうへに、なみたのこはむ（巻六・九六八）

の注釈に、『萬葉新採百首解』では

さるたけき心なから、此別には堪ずして泣をこそ、のごはんすらめ、とよまれたるも其ひと〻なり見るが如し、

とある。「ますらをと思へる我」が惜別の悲しみを猛き心ながらも、別れに堪ず涙をぬぐうという人間的な側面を、真淵は「其ひと〻なり見るが如し」と捉えているのである。

この歌に関して、前記注に加えて、『萬葉考』でも

ますらをとおもへるわれをかくばかり

みつれにみつれかたもひをせめ　（巻十三・七一九〈通行本巻四・七一九〉）

を例歌として挙げ

まことに雄々敷もののふの別を惜歌にこそ

と述べている。「雄々しきもののふ」の中に、人間的な惜別の思いを読み取り、その思いのあふれた歌だと解釈しているのである。

つまり、『萬葉新採百首解』から『萬葉考』へと、人間的深まりを強調した、きめの細かい注釈へと、真淵の「ますらを」観を展開していることがわかる。まずは、「ますらを」に内包される、人間的心情の発露に対する真淵の着眼を、ここに把握しておく。

こういった「ますらを」の大きな職務の一つに、天皇あるいは皇族への「従駕」がある。「従駕」については、真淵が寛保三年（一七四三）から延享三年（一七四六）にかけて、田安宗武の命を受けて奉った『萬葉集抜抄歌訓点幷略解』（『賀茂真淵全集』第十七巻　續群書類従完成會）の注釈の中に、すでにその注がみられる。天皇に対する「従駕」であるので、真淵の天皇観を押えておきたい。

『萬葉集』の長歌

やすみしし　我が大君　神ながら　神さびせすと　吉野川　激つ河内に　高殿を　高知りまして　登り立ち　国見をせせば　たたなはる　青垣山　やまつみの　奉る御調と　春へには　花かざし持ち　秋立てば　黄葉かざせり　行き沿ふ　川の神も　大御家に　仕へ奉ると　上つ瀬に　鵜川を立ち　下つ瀬に　小網（さで）さし渡す　山川も　依りて仕ふる　神の御代かも　（巻一・三八）

の注釈をみると

天皇ハ即神ニオハシマシテ、且神スサヒヲセサセ給フトテ、此吉野ニ高殿ヲ作リ、ノホリタ、シテ、国望シ玉へハ、山神ハ青山ニ花ヲカサシ、河伯ハ鵜川ヲタテ、、山川ノ神モヨリツカマツルト也、とあり、天皇に最高敬語を使用し、あたかも真淵自身が天皇に現在接しているかのごとく崇め奉る存在となっている。真淵は天皇すなわち神という現人神の解釈を施しているのである。

真淵の「従駕」の注釈がいかなる特色を有するかを明らかにするにあたり、一般的には天皇讃仰と「従駕」がどのように把握されているかをみておく。

たとえば、奈良時代の研究において、天皇と官人との身分関係は、天皇への讃仰と自己意識の高揚・自負という精神的に安定したものの中での人身隷属関係であり、「従駕」への自負の裏附けになった精神は「ますらを」である（北山茂夫『日本古代政治史の研究』岩波書店　一九五九年）、との指摘がみられる。また、『萬葉集』研究においては、『萬葉集』中、行幸従駕の作が巻一、二、三、六にみられ、天皇讃仰と「従駕」は不即不離にある（土橋寛「国見歌の萬葉における展開―行幸従駕と羇旅の作をめぐって―」、『国語国文』二七巻第一〇号　一九五八年）、と述べられている。両研究の指摘は、天皇讃仰と「従駕」という官人の公的立場からの洞察であるといえる。

しかし、真淵の視点はどこにあったのであろうか。真淵が宗武に出仕（五十歳）する以前に着手していた『萬葉集抜抄歌訓点幷略解』の注釈（真淵四十七～五十三歳）における「従駕」を拾うと、真淵は私的な感情を優先している。

吾妹子乎　去来見乃山乎　高三香裳　日本能不所見　国遠見可聞
我妹子をいざみの山を高みかも
大和の見えぬ国遠みかも
（巻一・四四）

の注釈で

京ニアルワカ妻ヲイサミントオモヒテ遠望スレト見エヌハ、山ノ高クヘタヽル故カ、境ノ遠キ故カ、ト也、男ノ切ナルニヨリテハカナキ心ノ出クルヲ、其マヽニヨメル也、古哥ノハカナキ様ナルハ皆如此、却テ深切ノ情ノ知ラルヽ也、（略）但、ミノ山ハ、従駕ニテ美濃国ヲ経テ来レハ、ミノヽ国ヲイフカ、又伊勢ナトニアル山ノ名カ、オソラクハ美濃ノ中山ナトイフヲ云ナルヘシ

とある。

流経　妻吹風之　寒夜尓　吾勢能君者　独香宿良武

流らふるつま吹く風の寒き夜に
　我が背の君はひとり寝らむ　（巻一・五九）

の注釈で

夫君ノ従駕ニテ旅宿ノワヒシカルヘキヲオモヒヤリタル

という。

夕に逢ひて朝面なみ夕張にか
　日長き妹が廬せりけむ　（巻一・六〇）

の注釈で

従駕ニテイニシ妹ノ月日久シクナルガ、隠レテフ地ニヤ庵リシテアルラン、ト留京ニテオモヒヤリ玉フ也、

と述べている。

つまり、いつ生還できるか、または二度と会えないかもしれない「従駕」していった夫や恋人を想う妻や若い女性の感情や、「従駕」した男から故郷に残した妻や女性へのはかない「深切の情」を吐露した解釈を真淵はなしているのである。「従駕」が有する公的な天皇への讃仰については触れられていない。真淵の視点は、私的で内面的な「深切の情」を重視するところに据えられており、注目できる。

上記の『萬葉集抜抄歌訓点幷略解』からほぼ十年を経て著わされた『萬葉考』における「ますらを」の注釈をみよう。

ところで『萬葉集』そのものの中に、猛々しい勇壮な「ますらを」やめめしい感情を詠じた歌があって、歌の内容に即した「ますらを」やめめしい感情を汲んだ注釈もなされてきたのである。その延長線上にありつつ、次のような注釈が『萬葉考』には見出せるのである（『賀茂真淵全集』第三巻　續群書類従完成會）。

丈夫之．伏居嘆而．造有．四垂柳之．蘰為吾妹．

ますらをの伏し居嘆きて作りたる
しだり柳の縵（かづら）せ我妹

（『萬葉考』巻七・一九二四〈通行本巻十・一九二四〉）

の注釈で

長哥に、丈夫之手結かうらとつゝけしは、冠辞考に見ゆ、此哥のますらをは冠辞にあらす、まき柱ふとき、大丈夫とおもへる吾や、なと云類也、ますらをたけをすらふしゐなけきて妹おもふ余りに、吾造れる蘰をよと也、古へは吾妹と定る女は男の髪あけすめり、後なれと、君ならすして誰かあくへき、とよめる類をおもへ、さて青柳の蘰は四垂柳もてすれはなり、

と、「ますらを」は冠辞ではなく、実質的意味をとり、大丈夫を指すとし、その「ますらをたけを」すらもが伏せて嘆き妹を想う、というのである。

加吉都播多．衣尓須里都気．麻須良雄乃．服曾比猟須流．月者伎尓家里．

かきつはた衣に摺り附けますらをの
着襲ひ狩する月は来にけり

（『萬葉考』巻十七・三九二一）

の注釈で

むらさきなるかきつはたの花して摺る衣着て、をとこたちの競ひつゝ猟する夏は来ると也、ことはおもしろくて、かり場のさまもおもひやらるゝなり、

と述べている（『賀茂真淵全集』第五巻　續群書類従完成會）。

『萬葉考』で強調されている点は、「ますらを」が人情や情趣・風雅を解する男性として、『伊勢物語』の狩衣の男ないしは王朝文学にイメージされる在原業平像に重ね合せられるような情を解する造型の仕方で出されていることにある。

よって、真淵における「ますらを」は、「従駕」する官人としての人間のあり方だけではなく、人間的な情趣や風雅を解する、ひいては「深切の情」を解する人間であった、といえるのである。

三

徂徠学のうちでも儒学を学ばず、私的な側面を象徴する文学を選んだ南郭と真淵が親しかったことは、本章冒頭で触れた。

享保頃から真淵は本格的に古学研究に入るのであるが、折しも南郭によって、『唐詩選』が享保九年（一七二四）、真淵二十七歳の時に和刻されている。「『唐詩選』の役割―都市の繁華と古文辞学派―」（日野龍夫『徂徠学派』筑摩書房　一九七五年）の中で、『唐詩選』が享保から宝暦にかけて漸次流行し、近世人の愛読書の一つになった書物であった、と述べられている。

この『唐詩選国字解』（東洋文庫　平凡社）における南郭注釈の特徴を要約すると

一　人情を深く感じる

・「未練の情」を重んじる
・「悲哀の情」を深く汲む
・「心細い感情」を詠出する

二　「下意」「底意」などを句意から取り強く感情を汲み取る

とするとなろう。一・二はともに、人間のあわれな感情を重視する点で共通している。

具体的に例を挙げると、辺境に出征した兵士の妻の歎きを詠じた「子夜呉歌」（李白）や、夫と離れている妻の悲しみを詠じた「古意」（沈佺期）、「閨怨」（王昌齢）などに、妻の悲哀を汲む解釈がみられる。このことから、南郭の解釈は近世における感情を抑制する道徳観を打ち破るものであったことがわかる。

これらの妻の歎きを詠じた詩と同様に、夫の心境を吐露した詩を挙げると、国境の警備に配属されたまま故郷を思いつつ都へ帰ることもままならないことを詠じた詩に「玉関寄長安李主簿」（岑参）、「幽州」（李益）や「出塞行」（王昌齢）などがある。

そして、「従駕」の注釈に通じるものがある。たとえば

従軍行三首　王昌齢
烽火城西百尺楼
黄昏独坐海風秋
更吹姜笛関山月
無那金閨万里愁

の注釈として

かうした風景を見るさへあるに、此のもの悲しいに、更にいづ方にか姜笛を吹くが聞える。殊に関山月の曲を

吹くゆへ、我はかまはねども、故郷を思ふ情が生じて、どうもならぬ。金閨といふは、妻子どものことを含むなり。

とある。異民族の吹く笛の音に、妻子を残してきた望郷の押え難い切実な感情を訴えた注釈を南郭はしているのである。

もう一例、南郭らしさのよく現われた注釈を挙げる。

従軍行　王昌齢
青海ノ長雲暗シ二雪山ニ一
孤城遥カニ望ム玉門関
黄沙百戦穿ツ二金甲ヲ一
不ンバレ破ラ二楼蘭ヲ一終ニ不ジレ還ラ

の漢詩について、上記東洋文庫の解説・補説（日野龍夫）にすでに記されているように、現代注は「異民族を破らぬうちは国には帰らぬ覚悟」と、勇猛な兵士の気持ちと取っている。

これに対して、南郭は殊に結句に情を汲み

砂漠でたびたび合戦があるゆへ、甲を脱ぐ間もなく、このやうにしていては、いつ故郷へ帰ろうぞ。大方は楼蘭を破りしまはずは、帰らぬであらう。いつといふ限りもなく、大方しぬるであらう。「破らねば帰ることではない」と、気象に見るはよくない

と、結んでいる。近世の束縛された道徳観から人間性の解放を提唱した南郭の文学観をよく現わしているといえる。

ついで、真淵と南郭の文学的関わりはどうであったのだろうか。南郭の『唐詩選国字解』の講義に真淵が出席していた興味深い記録が、上田秋成によってなされている。少し長いが大事な点を含んでいるので当箇所を引用する。

○南郭服子の詩を講ずる席に、真淵も参りて聞、講竟りて後に、席にすゝみて、先生の詩名いにしへよりの巨臂と人申事也、たゞおしむらくは唐の風体を棄て、古に泊り給はぬことをときこゆ、服子あざわらひて、汝はゑせ言いふもの也、詩は初唐の気格高して得がたし、盛唐より中唐の風に擬すべし、晩唐は又野也、何心をもてかく云ぞと、答、今日の講には汾上驚レ秋の詩、北風二吹曰（ママ）（筆者注「曰」は『唐詩選国字解』では「白」）雲一万里渡二河汾一、此二句にては意は尽たり、心緒逢二揺落一、秋声不レ可レ聞、とは上の二句の注解に似たり、四韻六句の局に入て此わづらいとぞ、服子打もたゝで、三十年おそく生れて、汝と同じく学ばざる事よとて、歎息せられしとぞ、

（『膽大小心録　下』、『上田秋成全集』第一　国書刊行会）

これから講義でどのような点が文学のポイントになっていたかがわかる。この時の南郭の漢詩の講義は『唐詩選』所収の、初唐の詩人蘇頲の「汾上驚秋」であった。

聴講していた真淵は、南郭の詩名を称えながらも、惜しむらくは南郭が唐以前の古代の詩風を範としていないことだ、といった。この時の真淵は文中より察するに、南郭よりも三十歳ほど年少であったろうと思われるが、すでに漢詩において唐以前に求め、和歌においては萬葉にその範を求めつつあったといえよう。すでに詩でも和歌でも、古学に対する意識が真淵に芽生えている点、重要である。

四

真淵の『萬葉集』注釈における「ますらを」の精神は、広く弟子の間にも伝播し、変容しつつ展開していく。上田秋成は読本の中で「ますらを」を人物造型していることから、真淵から秋成への展開について見ていきたい。

秋成は、真淵の直弟子の加藤（藤原）宇万伎の弟子であるので、いわば真淵の孫弟子にあたることになる。

よってまずは、真淵と宇万伎との交わりからみていくことにする。

宇万伎の義弟であった河津長夫も真淵の弟子であったが、その長夫が若くして亡くなった時、真淵はその死を痛惜し、長夫の古学・漢学の両才を称え、哀悼の意を込めて和歌を宇万伎に贈った。

『賀茂翁家集』巻之一の巻末に

河津長夫は、すめら御国の書のまなびをわが道びきつるに、もとよりからの書をもよくよみつれば、いと才(ざえ)ことにして、いにしへにかへるこゝろざしふかゝりつるを、わづらひて十月十七日に身まかりぬ、といひおこせたるを聞にいとくちをし、その後とむらひいひかはすついでに、美樹(うまき)がもとへ

わが道もさそはん人をぬば玉の
　よみにおくりてまどふころかな

となん、又長夫が今はの時 ますらをはむなしくなりてちゝ母のなげきをのみや世にのこさまし、といひて、また、われはこころざしとげざるをつぎて名をもあらはしてよ、など美樹にいひおきしとぞ、此歌は憶良の大夫の、ますらをやむなしかべき万世にかたりつくべき名はたゝずして、といふをおもへるなるべし、いとあはれにこそ、また菊の花をおくるとて

白菊は冬だにかくてあるものを
　まだききえにし露のかなしさ

ほかながらなかならずしもかなしきに
　うちのうちこそ思ひやらるれ

（『賀茂真淵全集』第二十一巻　續群書類従完成會）

と記されている。通行本の『萬葉集』巻六・九七八番「士(おのこ)やも空しくあるべき万代に語り継ぐべき名は立てずして」は山上憶良の和歌である。真淵注『萬葉考』巻十五・九七八番歌〈通行本巻六・九七八〉題「山上憶良沉痾(ヤマヒアツシキ)之

時哥」
　士也母　空応有。万代尓。語続可。名者不立不而。

で「士」をヲノコと真淵は仮名を振り、割注で「をのこにしてやの意也、」と意味をとる。現代の塙書房本は『萬葉集』の同歌で「士」をヲノコと読んでいる。

　この歌に類似の和歌が『萬葉集』に存在し、真淵は『萬葉考』巻十九・四一六五番で「右二首、山上ノ憶良ノ臣ガヨメルニ追和哥」の歌の読みを与えている。塙書房本と用字が異なる。塙書房本の底本は「西本願寺本萬葉集」である。本文四一六四番の長歌「大夫」、四一六五番の短歌「大夫」である。ともに「大夫」となっている。真淵本では「丈夫」の用字を当て、「ますらを」の振り仮名をふってある。

　類型歌が『萬葉考』巻十九の長歌四一六四・反歌四一六五が左注「右二首、追和山上憶良臣作哥」の真淵の読みは、歌題「勇士」、長歌の中の「丈夫」、反歌「丈夫者。名乎之立倍之。後代尓。聞継人毛。可多里都具我祢。」の憶良歌を読みを示す。「士」は類歌から「をのこ」にして、「ますらを」。名を後世に残すべき勇士、丈夫を「ますらを」と読替えている。

　『萬葉考』巻十四・三六四番歌〈通行本巻三・三六四〉の「大夫乃。弓上振起。射都流注矢乎。後将見人者。語継金。」の真淵が注を施す中で

　　むかし建男
　巻十九に、大夫は名をし立へし後の世に聞継人もかたり都具我祢、てふ同し意・同し言もて知へし、

とあり、真淵は「大夫」「丈夫」ともに同じ意に取っている。

　右の詞書中に詠まれた長夫の臨終に際しての歌「ますらをはむなしくなりてちち母のなげきをのみや世にのこさ

まし」は、憶良の歌「ますらをやむなしかるべき万世にかたりつくべき名はたたずして」を踏まえている。これは、長夫は自分の亡きあとの二親の嘆きを思うと、義兄に、世に語りつぐべき名をあらわして欲しい、と遺言したというものである。

このことからもわかるように、真淵の「ますらを」観が弟子の宇万伎や長夫たちに伝播し、生活の中にも「ますらを」という語や精神が使われていたことが窺える和歌であった。

真淵と宇万伎に戻ると、『萬葉考』に宇万伎が直接携わっていたことが、『萬葉集大考』の識語に

宝暦のとゝせかみな月に、賀茂真淵がしるしぬ、又此考をすべて彼これ正しなし助なせしは、藤原宇万伎・尾張の黒なり・むらたの春郷なり、

藤原維寧
楫取魚彦　校

とあり、弟子の中でも、宇万伎は有力な弟子の一人であったことがわかる。そして、その宇万伎が自分の弟子の秋成へ、師の真淵自筆の『萬葉考』を貸与している（『萬葉集会説』、『上田秋成全集』第二　国書刊行会）。このことから真淵の「ますらを」観は、側近の弟子のみならず孫弟子へも、伝播し享受されていったことがわかる。

ところで、秋成の『萬葉集』の注釈書である、孤本『萬葉集打聞』（金刀比羅宮図書館蔵）は、題簽が「萬葉集打聞上田秋成　全」、見開きに二行書で「上田秋成講説／萬葉集打聞」とあり、『萬葉集』巻三の四三六番までの注が記された、半紙本三十六丁の一冊本である。『袖中抄』『拾穂抄』などを引用し、説としては「契沖云」を始めとして、中心になる説は「真淵云」「直躬云」である、「宣長云」がそれらに次ぎ、「田中道麻呂云」「本居門人　稲掛ノ太平イヘラク（ママ）」「久老云」「橘経亮云」なども見え、真淵・宣長門下の説を経たことがわかる。先人の説と同時に、それらを踏まえながら「秋成大人云」とした注は、秋成の『萬葉集』に対する見解を述べた資料として貴重である。

同書における「ますらを」に関する秋成の講説は

丈夫哉片恋——将為トヨムベシ　片恋ハセマジト嘆ケドモヤハリ恋シケレバカ、リタル男ニテハナシト己カ身ヲノリタル也

という。

これは巻二相聞歌「ますらをや片恋せむと嘆けども醜のますらをなほ恋ひにけり」（巻二・一一七）〈通行本巻二・一一七〉の略注である。秋成は、「ますらをである自分は片思いの恋はすまいと思うけれども、やはりどうしても恋しさが抑えきれず、こんな筈ではないのにと自責する」男の心情を吐露した注釈をとっているのである。本来、「ますらを」というものは、毅然として片恋などはしないであろうが、人間の心というものはどうしようもないものだと、「深切の情」を読みとっている。

さらに弟子や孫弟子たちに伝播され、小説の主人公に性格造型するものも現われる。読本というジャンルが中国の白話小説のみならず、国学という多大な学問業績に刺激され、建部綾足、秋成などによって、作品制作というかたちで実践がなされた。

綾足は『本朝水滸伝』を著わし、未刊ながら日本小説史上スケールの雄大さをその特徴とした。構想において国学が目指した、古代的ロマンの回復に一致したものといえる。作品全体の随所に真淵の国学が深く浸透している。一例を挙げれば『萬葉集』巻十七・四〇一一番の長歌「放逸せし鷹を思ひ、夢に見て感悦して作る歌一首并短歌」

大君の　遠の朝廷そ　み雪降る　越と名に負へる　天離る　鄙にしあれば　山高み　川とほしろし　野を広み　草こそ繁き（後略）

左注の末尾に「守大伴宿禰家持九月二十六日に作る」とある、この大伴家持の歌全体を典拠に、『本朝水滸伝』巻八の第十六条「大伴家持泰澄逢ふ。幷に家持が放てる鷹を諸兄するもちてかへしたまひ。糧を白山に送らしむ。」

は制作された（別名『よしのものがたり』文化九年刊）。

守大伴宿祢家持卿ハ。おほきみの御言かしこみ。み雪ふる越と名におへる中つ国をなん任られけるに。国の政務に暇あるときハ。布施の海辺に立あたり。あるハ立山の方に獣を猟。あるハ麻都太要の浜に鷹をはなち。また其ひまハ哥にかゝりて風流に心をなごしたまへり。比美の入江も水草枯て浜風寒くなるまゝに。水鴨いとさハに集り聞給ひて。守ますらをの伴をいざなひ。今日は比美の江に鳥狩せばやと。手放れよく馴て遠もやすき。八形尾の大黒とふ鷹に。尾鈴とりつけてかいつくろひ。鷹飼の太波礼麻呂ぞ。馬に立添ひてとりすゑたり。さて多古の島辺にかゝりて。芦鴨をすだきて侍るを見つゝ。太波礼麻呂芦陰に立しぬびて。尾鈴玲瓏にはなちやれバ。水鴨ハ羽きりて飛あがるに。群たる羽風に内驚てや。鷹ハ横さまにひるがへり。風にむかひて空にあがり。二上山を飛越ると見しが。雲がくりつゝかけりうせぬ。守馬をはせてよびかへしたまへどもかへらず。

（後略）　（『建部綾足全集』）

真淵の古代観延長線上にある人物造型の仕方といえよう。また「仙柘枝」の伝説は、『萬葉集』巻三・三八五〜三八七番歌、『懐風藻』にみられるが、滅んでいた作品を、中国の『水滸伝』に加えて、『本朝水滸伝』の冒頭第一条を制作している。しかし、作品の中で国学が小説として完全に消化されたものであったとは言い難い。

国学関係のディテールを、秋成の例で挙げれば、『雨月物語』の「浅茅が宿」の「烈婦の魂」という、いちずな思い込みの執念という人物造型の下敷きに、長年待ち続け「家貧しければ」の状況にあった身を、高橋虫麻呂の『萬葉集』の真間手児奈（巻九・一八〇七〜一八一一番）の伝説にのっとり表現し、あるいは主人公の「ますらを」を造型したことなどが指摘できよう。

田安宗武に出仕した真淵の浪漫的古代観が、町人である秋成というフィルターを通して陰りを帯びて描写された。つまり『萬葉集』の「ますらを」は真淵によって問題にされ、国学の一支柱として伝播し文学制作に刺激を与え、綾足の『本朝水滸伝』『西山物語』や、秋成の『雨月物語』など読本に受容され人物造型化されていったといえる。

真淵以後のますらをの通俗的理解は強い男に収斂する例がある（「その名は朽ちず、華洛まで、立ちのぼった丈夫の、最もはげしい最期である」（『南総里見八犬伝』）、「屈せずして待つがますらをの事なりと言う」（森鷗外訳『即興詩人』）、「近藤勇、土方歳三等の猛夫を取しずめ」（徳富蘆花『黒潮』）。真淵のますらをの独創性は真淵以後の通俗理解と異なるゆえにこそ見えてくるといえるのである。

賀茂真淵の思想「凌雲の志」

一

江戸時代中期は思想・文化・学問が近接な距離をもって交わりながら、それぞれ独自な様相を形成し、大輪の花が咲きほこる魅力的な時期であった。元禄文化と化政文化の狭間にあって、宝暦から天明期にかけて幕府権力の締付けがやや緩む中から開放の精神が漂い、思想と文学が交流し接近した。ほんの一例を挙げれば『徂徠先生答問書』（享保十二年〈一七二七〉）に示されている儒学と文学の目覚しい接近は、この時期ならではのものである。

このような状況下にあって、学問とりわけ国学の新たな胎動については研究が手薄であることは否めない。近世中期、思想と学問は密接に交流し、学問、とりわけ古典注釈と国学思想は不即不離の関係にある。国学は古典注釈という学問に道という精神性を導入した。学問は日本という国家に目を向けはじめた。儒学思想・文学・学問の交流は強められ、学問としての古典注釈が体系化に向けて始動する。その端緒を開いた一人に賀茂真淵がいる。

真淵は元禄十年（一六九七）三月四日に生を受け、明和六年（一七六九）十月三十日に七十三歳の生涯を閉じた。前近代の人は記録の残されている比較的高い地位にあった人物を除いて、松尾芭蕉や与謝蕪村などのように生年月日不明が普通である。真淵の場合は例外的にそれが明確である。幼名の三四は生年の月日に因んでいる。次に引用文の冒頭にも真淵の幼名三四を記す。

一　岡部衛士幼名三四ト云　遠州伊場村岡部邑ノ人ナリ。浜松ノ本陣梅谷市右衛（左）門ノ養子トナリシガ諸侯ノ家臣僕隷ナトニ俯伏スルコトヲキラヒテ養父ト順ナラズシテ彼家ヲ去ル。モト冷泉家ノ門人ナリ。後斎宮ニ学ベリ。賀茂真淵ト云ハ衛士ノコトリ。在満ト真淵二人シテ百人一首古説ヲ作ル。真淵モ六七年前ニ没ス。

（『文会雑記』、『日本随筆全集』第二巻所収　岩波書店）

『文会雑記』の著者湯浅常山は服部南郭に師事し、自分と同様、南郭に敬愛の念をもって師事した真淵への近親感をもっていたかもしれない。真淵の没年は明和六年（一七六九）ゆえ当記事が著わされたのは安永五年（一七七六）、六年の頃となる。ここで「モト冷泉家ノ門人ナリ。」と記されていることは注目される。管見では他に見あたらない記事である。そして、八代将軍徳川吉宗に学問で仕えた「斎宮（羽倉斎宮。荷田春満の別名）」、吉宗の第二子田安宗武と「在満」との学問における関係、さらには在満の推挙により真淵が宗武に仕え得た系譜などが髣髴としてくる。真淵の、要を得た資料である。この記事で「俯伏スルコトヲキラヒテ」「順ナラズシテ」と、真淵の資質の一端も簡単ながら記されている。本章で採り挙げる真淵の隠された思想を生むに至った資質を、くしくも常山は探り得ていると思われる。

真淵の最後についての記録はなく「十月三十日、真淵は養子定雄らに看取られて、七十三歳の人生を閉じました。臨終の記録もなく心残りです。確か近くにいたはずの楫取魚彦（かとりなひこ）らは、いったい何をしていたのでしょう。」（寺田泰政『賀茂真淵の話』賀茂真淵翁遺徳顕彰会　一九九七年）と訝られている。

しかしてゆ老の終にやもひし明和六年かみな月つごもりの日齢七十まり三にしておの家縣居の庵に身まかりぬ
いくる時かけける物らさはなる中に萬葉冠辞の二考は板にゑらしめて広く世に行ハしむはた庵のちにのこれるも
の数をしらす

（国立国会図書館蔵『縣居文歌　上下』）

「おの家縣居の庵に身まかりぬ」と縣居で天寿を全うし、弟子たちによって遺稿は整理、版行された。版行によって、真淵の学問、思想はさらに明らかに世に示された。後述の『国意考』も、真淵没後に版行されたその一つである。

真淵学とはなにか。まず最晩年の真淵の文章をひもといてみよう。真淵が目指したものはなにか。最終的になにを世に伝えたかったのかを探求したい。

真淵七十一歳の厳しい自己内省の言がある。

己三十歳より今七十一歳まで学事不廃候へとも、万事はかゆかぬものなるを歎候事のみ也。

（明和四年十一月十八日　本居宣長宛書簡、『賀茂真淵全集』第二十三巻　續群書類従完成會）

本音を吐露した真摯な告白で正直な感慨であったろうとみえる。現在より遥に悪条件のもとで高齢をおしての学問は、「七十二歳まで眼力気象は不衰と存候へは」と強がりは言うものの、「初夜之燈下に書候所も多く、老眼文字不明も有之候、御推察可被成候」、「今老極、憶事皆失、遅才に成候て遺恨也」（明和六年五月九日　本居宣長宛書簡、『賀茂真淵全集』第二十三巻　續群書類従完成會）というまさしく血の滲む思いの精進である。それだけに、自らの学問への自負心も大きかった。

儒学いたすもの多かれど、皆先人の蹤を追候而、成功之人無之候、いまだ皇朝の学のみ漸ひらけかゝり候へば、此上天下に鳴べきは是也、（明和六年五月九日　本居宣長宛書簡、『賀茂真淵全集』第二十三巻　續群書類従完成會）

儒者はすべて古人の糟粕をなめるに過ぎず何の成果もないが、わが皇朝の学には将来があると言うのである。儒者に対するその批判には容赦がない。

さらには、真淵の国学思考の礎を築くのに大いなる影響を与えた身近な古文辞学派儒者たちへも筆鋒が向く。語気は鋭い。真淵の正直な感慨が書簡中に見てとれるので、少し長いが引用する。但し、前半部は省き後半部のみ引用する。

一、浜松儒学者流は偏固之由御尤也、拙者なと浜松に居候時の意をおもひやられ候也、太宰か説は皆いふにもたらす候、聖学問答とやらんを書候を、復聖学問答といふ物を或人の調ひ候とて見せしを見るに、何人やらん、純をみちにうちたる物也、（略）元来生物右衛門なとも皇朝の意をしらす、己か好む方をたて、不知ことを推ていひしくせにて、純もいへる事、こと毎に誤也、近年浜松逗留中、略其非をいひしかは、皆承引はなくて、陰にてはあしく申せしとの事也、又復聖学問答にからの聖人といふは皆悪人なりといへり、堯を舜がうはひ、禹は舜をうはひ、文王はちうを奪はん志をなし、終に武王かうはひし事明なるを、孔子といふ山人の文・武を本尊として、人をたませしをうけて皆聖人といふ也、正直なる学者己か問に、からにて大政を執し人一人も道を解たる人なし、たゞ浪人もののみいろ〳〵書し事有と思ふはいかゞといふに、正直なる人は一言のいひわけなしといへり、論語の中には己か覚え居て問に、一人もよく弁せる人なし、友節（筆者注・渡辺蒙庵）は一生偏に純を信し、己なとも一度師の如く頼みし人故に論をはせす、生前にはあしとも申さす候へとも元来愚人也、只からの学問はよし、学者にして本意を失ひし人也、倅真滋なとも、かれをのみ信候へは偏固なるへし、父なから遠境なれはせんかたなし、より〳〵御意見可被下候、尤友節中風のよし、さ候はゞあとには誰もなし、連尺の小沢玄沢など其あとを継候や、然れとものひぬ学者にていふにたらず、一国の田舎はさても過ぬへし、我神国の御事はいかにおとろへたりとも、古事記・神代紀、代々の古書有は時を得て開代も有へし、其所なとも元来から学により給ふ故に偏也、今に至ても改め給へかし、先師は道の建立を専ら思ひても是も誤有し也、広大の道には小人の耳に入ことなきものなるをおもひ給へかし、猶追々可得貴意候、頓首々々

七月十八日　真淵

信幸兄

（明和五年七月十八日　斎藤信幸宛書簡、『賀茂真淵全集』第二十三巻　續群書類従完成會）

当書簡は真淵が薫陶を受けてきた荷田春満を始め、渡辺蒙庵、遡って荻生徂徠、太宰春台などの学問への辛らつな批判で構成されており、自ら別書簡にも記す焦燥感と孤独にいら立っているのがつぶさに見て取れる。真淵の屈折した思考は儒学や仏教に対し国学を相対化することから出発し、薫陶を受けた学者をも批判の対象にした。ただし、上記に名が挙がっていないのは服部南郭である。真淵にとって南郭は特別であったとみえ、南郭を敬慕するが故に南郭が永眠している同じ墓所に自己の墓を定めたほどである。

それでは上記の真淵が批判した学者たちに対して、真淵はどのような見解を提示できたのだろうか。真淵独自の見解が確認できれば、真淵の国学の独自性を評価できるものとなろう。ここで、真淵の思想が集約されている「五意考」を比較検討する。『国意考』は主書とされている。真淵にみられる独特の意見を拾うことができれば、真淵の独自性のある意見として取り上げることができる。

真淵没後十一年を経過した天明元年（一七八一）、荻生徂徠の古文辞学派（徂徠学派）の末流学者の一人である公台（野村淡海）は次のように記した。

真淵亦興起於我園復古教者歟

（『読加茂真淵国意考』文化四年）

この言は、今日の国学に関する思想史研究の定説、すなわち真淵の国学は「古典研究に不即不離にある注釈の方法を採り、古文辞を換骨奪胎し、古人の文を模倣することによって古人の心に同化し得るという精神に基づき、古代中国における儒学と同様、日本にも古道があったことを明白にしようとするものであった」（『哲学事典』平凡社一九七一年）ことを先取りしたものである。当時『国意考』がセンセーショナルに喧伝され、『国意考』を冠した批判書を多く生み熟読されていたことを示す好例である。

「真淵には宣長のような詳細な議論はないが、前掲の『国意考』の一節からすれば、社会全体の次元で物を考えており、それゆえに悪の存在に対して楽観的でいられたということは明瞭である。」（日野龍夫『宣長と秋成』筑摩書房　一九八四年）などと、宣長を論じる際に簡単に真淵について触れられる程度に過ぎない。尾藤正英『江戸時代とはなにか　日本史上の近世と近代』（岩波書店　一九九二年）や子安宣邦『本居宣長』（岩波書店　一九九二年）など主要な江戸思想の論考にも真淵を避けているのかと思えるほど記述にのぼってこない。一方で真淵は研究の対象として宣長と対比して「真淵の場合読んでいて非常にわかりにくい」と指摘される（吉川幸次郎『本居宣長』筑摩書房　一九八二年）。まさにその通りであり、真淵研究の進捗を阻む要因である。

たしかに自筆の書入れの多い資料の解読の煩雑さなどからくる全集刊行の遅れ（續群書類従完成會『賀茂真淵全集』は続刊中ながら長く刊行がとだえ、現在中止されている）、真淵自身の立論の方法やある一つのことばについて意味するところが揺曳し不明瞭でなにを意図して書かれたのか判断しかねることが多々あり、明快さに欠けることを指摘せざるを得ない。以上のような欠点を真淵の著述はもつ。

あるいは自筆の自説箇所を消したり書き直したり加えたり、繰り返し再考する烈しい筆致の背後に真淵の複雑な顔が見え隠れもするのである。

真淵が日指した国学とはなにであったのか。究明するには原点に戻るほかあるまい。本章では真淵の国学思想を洗い直し、その本質を探究して行く。

二

真淵の歴史観を、歯に衣を着せずに展開した文がある。江戸中期武家政治が確立する過程と政治権力を握ってきた人々の関係を分析して『国意考』にいう。

ただ今の御世にてたとへむに、先罪報は人を殺せしより大なるはなかるべし。然るに、今より先つ世大きに乱れて、年月みな軍して人を殺せり、其時一人も殺さで有しは、なほ人どもなり、人を少し殺せしは、今の旗本・侍といふ、今少し多く殺せしは、一国のぬしと成ぬ、さてそを限なく殺せしは、いたりてやむごとなき御方（公方）とならせたまひて、世々栄え給へり、是に何のむくひの有にや、人を殺すも虫を殺すも同じこと成を知べし、すべてむくひといひ、あやしきことといふは、狐・狸のなすこと也、凡天が下のものに、おのがじし得たることあれど、皆みえたること成を、ただ狐・狸のみ人をしもたぶらかすわざをえたるなり、（略）もし此後もさる世にあはば、我なほ多くころして富をまし、名を挙むとおもふには、狸もえよりがたし、然るにかく治りてはさることもなければ、はへ・蚊を殺すすらいらぬことよ、といふ様になりて、僧にも狸にもばかさるれ、

地位の獲得と殺人との相関関係を明確に表現した六十九歳の真淵の透徹した眼力は鋭く現実をえぐった。まず、人殺しを「罪報」とし（あるいは異本では「罪深き」とある）、戦争で殺人を犯さなかった者は「なほ人」、少し殺人を犯した者は「旗本・侍」、少し多く殺人を犯した者は「一国の主」、限りなき殺人者は「御方（公方）」という。政治権力の地位確立について、殺人の量に比例して支配力を拡大しひいては最高の地位の獲得に到るという。真淵隠居後とはいえ、体制側にいながら、江戸幕府支配への視点は、当時において憚られる過激な発言であったと推察する。しかるに流布本『国意考』は寛政十二年（一八〇〇）七月の奥書を有し、真淵没後に刊行された。

真淵は客観的な事実を捉え、リアルに歴史を表現した。「歴史の〈現場〉とは、過去の事実と現在の問題意識とをつなぐそのダイナミックな運動にある」（義恵彰夫『知の技法』東京大学出版会　一九九四年）とすれば、真淵は自己の思考をどのような行動に展開していくのだろうか。

真淵は八代将軍徳川吉宗の第二子の田安宗武に五十歳で出仕し、六十四歳の十一月に致仕する。それから五年後六十九歳で、この『国意考』（稿本）を著述した。武家社会の成立が殺人によっていると真淵は述べ、武家社会を一見容認したような書き方をしていながら、人間への不信をあらわにする。真淵は「おのれがおもふに、人は万物のあしきものとかいふべき」あるいは「今鳥獣の目よりは、人こそわろけれ」という人間への絶対的不信、批判のことばを『国意考』で繰り返す。真淵が晩年に到達した思想が言葉になってほとばしり出たように思われる。現状の政権批判を越えて、草木鳥獣と人間とを別箇のものと捉えることはせず、かえってそれを同一視する真淵の思想がみえる。真淵の思考の特異なところであり、『国意考』でもっとも真淵らしさが発揮される言である。

ひるがえって、松本三之介は『国意考』中の「今より先の世大に乱て」から「公方と申て世々さかへり」の箇所を引用し

封建制身分社会の名分論的虚偽性を容赦なくあばき、既成の権威にたいしてはきわめて突き放した見方を可能にしたけれども、既成の規範に代わる新しい規範の定立は、その同じ非規範主義・主情主義のゆえに阻止された。

と腰くだけの定立と受けとめ、さらには

（略）真淵が脳裏に描いた政治のイメージは、ちょうど自然界に四季の変遷があるごとき、治乱の交替推移そのものの中に調和を求めるものにほかならなかった。

（『天皇制国家と政治思想』未来社　一九六九年）

と指摘された。

また、桑野敬仁（のち百川）は「国学・和歌・自然―近世和歌問題の定位―真淵」（『講座日本思想』東京大学出版会一九八三年）において真淵観にふれる。

徳川吉宗の二男田安宗武に仕え復古の学を説いた彼は、『国意考』にも知られるごとく英明な君主の出現に徳

川社会への希望を託し得た楽観の持ち主だったのである。かかる顕著な分岐は一体何に根差すのか。ここで私達は真淵のロマンティックな言語観の基底に存してこれを方向づけている特定の発想を考慮せざるを得ないのだ。やはり『国意考』に明らかだが、彼にとって人間とは本来家名を挙げ他を支配する地位に就こうとするやみがたい欲望を持ち、そのためには敢えて秩序に抗し闘争を辞さぬような生きものである。これは後に見ることになるがたとえば本居宣長とは本質的に異なる感覚なので、まさしく真淵が出自階級から受け取った武士のイデオロギーに外ならない。してみれば、戦乱の終結と生産・交通の急激な発展によって近世社会の実質を次第に大衆が担うようになりつつある当時、もう彼の思想が状況に対応し得なくなる成り行きは時間の問題だった。換言すれば、治者の階級に連なる真淵にとって自然な秩序が、社会の大多数を構成する被治の大衆には決してそう感じられないような史的階級が徐々に訪れようとしていたのだ。

両氏は、治者の階級に連なる真淵は調和を求め支配する地位への野望をもつのが人間だと考えていると主張される。

真淵観を把握しようとする場合、一つの事象、ことばを注釈するのに一面はこのように捉えることができるが、だがまた他面はこのようであろうかと、揺れ動くために規定することがむつかしい。敢えてさまざまの視点から探ってみることがすなわち「偏見こそあらゆる誤謬の主な源泉」（デカルト）に堕すことを救うのではなかろうか。

では、真淵は人間をどのようにみているのか。

『国意考』は冒頭より質問に答える形式で綴られている。儒者で高位の武士と推察される人物からの質問で始まる。真淵の特異とも思われる人間観が眼につくので拾い挙げよう。

・凡天地の際に生とし生るものは、みな虫ならずや、それが中に、人のみいかで貴く、人のみいかなることあるにや、唐にては、萬物の霊とかいひていと人を責めるを、おのれがおもふに、人は萬物のあしきものとかいふ

べき、いかにとなれば、天地日月のかはらぬまゝに、鳥も獣も魚も草も木も、古のごとくならざるはなし、
・今鳥獣の目よりは、人こそわろけれ、かれに似ることなかれ、とをしへぬべきものなり、
・世の中の生るものを、人のみ貴しとおもふはおろか成こと也、天地の父母の目よりは、人も獣も鳥も虫も同じこと成るべし、夫が中に人ばかりさときはなし、
・天の心にいつか人を鳥・獣にことなりといへるや、生とし生けるものは、皆同じこと也、暫く制を立るは人なれば、其制も国により地によりこと成るべきことは、草・木・鳥・獣もこと成が如し、然れば其国の宜（よろしき）に随て出来る制は、天地の父母の教也、
・いかなるつよきものにても、我むかひて殺してむと、かゝれば世の治りの為わろしと、おのれいふ、こは人のこゝろをしらぬものなり、
・心の内に思ふことあれど、時のいきほひにしたがひて過すのみ、

（『賀茂真淵全集』第十九巻　續群書類従完成會）

「草木鳥獣魚虫と人は同じ」という説は真淵独自の見解と思われ、目を引く。真淵は草木鳥獣魚虫に比べ、「人はあしきもの」「人こそわろけれ」と性悪説的な捉え方をする。地位の確立と人をあやめた数とは比例関係にあるとする思想と、波線部の内心の口にし得ない思いとは、真淵の内面における葛藤を表わしている。

真淵は、自然物と人間を同列にして考える。真淵が生きた江戸という強固な身分制度の現世において、真淵は心の内を黙して語り得なかった。真淵は、その思いを胸に秘していたのではなかろうか、と思う。真淵を一言で捉えるならば、何であろうかと、分かりにくい全集を繰り返し繙きながら探り得た、わたくしの答えである。真淵が最晩年に辿り得た人間観は生存していることへの「尊厳」であろうと。

真淵は人間が鳥獣草木と同じと看做し、「天の心」の支配下に在るとした。中国とは異なり国情に応じて、よき

制がついてくるものだと「天の心」の教えを確信した。レヴィ・ストロースは「日本神話」を「天つ神（皇室にゆかりのある神）、国つ神（土着の氏族・部族の神）、八百萬の神（自然神）」（『構造・神話・労働』みすず書房　一九七九年）と大きく三分類し、天つ神を中心とした構造論を分析して説いている。真淵は、この「天つ神」を日本人の精神的支柱として『国意考』の中で力説しているのである。

次節で述べるが、真淵は幕府疲弊のどう仕様もない状況を掌握し、真淵個人の力ではどうにも解決し得ないことを悟っていた。この現状から免れる手段として真淵が想到しえたのは、理想的な夢想の世「かみつよ」への回帰であった。それは天つ神、国つ神、八百万の神々が集う『古事記』「上つ巻」に展開される「かみつよ」であった。

『国意考』に次のごとく述べる。

古の有様をしりてより、おしさかのぼらしめて神代のことをおもふべし、さるを、下れる世に神世の巻のことを言人多きが、そを聞ば、万にかまへて心深く、神代のことを目の前にみるがごとくいひて、且つばらに人のこゝろのおきて成さまにとりなせり、いでや、然いふ人の、いかにしてさは知きや、さもこそふりにしことよく知つらむとおもひて、それがかける物などを見聞ものするに、古へのことは一つも知侍らざる也、然るを、古への人の代をしらで、いとのきて神代のことをば知べきものかは、こはかの唐国の文どもすこし見て、それが下れる世に宋てふ代ありて、いとゞせばき儒の道をまたまた狭く、理りもていひつのれるをうらやみて、ひそかにこゝの神代のことにうつしたるもの也けり、

（『賀茂真淵全集』第十九巻　續群書類従完成會）

真淵の夢想は、現代から過去、過去から「かみつよ」へと移行可能なかぎり遡り得る時間空間の概念を超えたものであった。それは神々を目前にした臨場感あふれる世であった。真淵が精神的支柱として据えたのはタイムカプセルを遥か遠く突き抜け飛翔した世界であった。

三

真淵はなぜ「かみつよ」を夢想したのか。

具体的に、真淵の夢想した「かみつよ」の実体をさぐりつつ見ていきたい。

真淵六十四歳、宝暦十年十一月に願を出し隠居する。致仕後著わした『萬葉集大考』にいう。

おのれしやがて其よゝに在て見聞なしてん、しかありて上つ代のすめらみこと、内には皇神を崇み賜ひ、外には厳き大御稜威をふりおこしまして、まつろはぬ国をたひらげ、ちはやぶる人をやはしまし、天つちに合（かな）ひてとほしろき道をなし給ひ、治めたまひ、内ゆふの狭きことをば、見し直（おほ）しきことなほしおはしましゝかば、あを人ぐさも皇神をゐやまひて、心にきたなきくまをおかず、すべらぎをかしこみて、身におかせる罪もなく、まして臣たちは、海ゆかば水漬かばね、山ゆかば草むす屍、大君のべにこそ死なめ、のどにはあらじ、と言（こと）たてゝ、をゝしき真ごゝろをもてつかへまつれゝば、あがすめらぎの御をす国を、天と長くつちと平らげく聞しをせる故縁をも、つばらに思ひ得つべし、

（『賀茂真淵全集』第一巻　續群書類従完成會）

この言は、武家イデオロギーの呪縛から解き放たれたかに見える精神的自由を確保し得た満足感溢れる真淵のものである。精神的支柱の中心はかみつよのすめらみこと、内における精神性、外における威力の両輪のバランスの基に成立するかみつよにおける理想的な姿を夢想して（第I部「賀茂真淵の「ますらを」考」参照）、『萬葉考』の序文としたのが、この『萬葉集大考』（稿、宝暦十年、六十四歳）である。いにしへに古道が在ったことをすめらみことを核に高らかに宣揚し、且つ『萬葉集』研究の思想的基盤とした画期的な論だった。『萬葉集大考』の時点で既に、桑野敬仁の指摘の、真淵が心底から武家になびき、精神が武士だったという、単純な心底ではなかったようだ。

真淵の晩年の社会状況はどのようであったのだろうか。

真淵四十八歳の時、八代将軍徳川吉宗が一線から引き、九代将軍家重の後見として松平武元が吉宗から老中に抜擢された。九代将軍家重の御代に代わった翌年、武元は老中に就任し、在任は十代将軍家治が没するまでの三十四年間におよんだ。徳川三百年のうち、武元のように三十四年間という長期に渡って実権を握り続けた例は他にない。真淵の晩年は、武元のこの時代と重なっている。田沼意次に実権が移るまでの状況は、剛構造に属する譜代門閥と、柔構造に属する下層有能者の、「両構造部分がつねに完全な調和をしていたわけではなかった。むしろ両者はたえず不協和音を発してきしみあった」（大石慎三郎『江戸時代』中央公論社　一九七七年）という状況にあった。「現実対応力を失いつつ、ひたすら反動化のコースをたどり、やがて亡んでゆくのである。」弾力を喪失したゴムのように、江戸時代の硬直をきたした疲弊化の波はどうしようもないものだった。

このような状況にあって、真淵のイデオロギーは、武家の疲弊感を転換しようとする思いを内包していた。イデオロギーの概念を「世界の意味と世界における人間の地位について、人間ないしその集団が抱くさまざまな確信を統括した全体であり、確信とは、とくに、人間によってそれが実現されるという視点を強調した。理論的契機以外に実践的契機が含まれ、現実を形成する力である」（ヤーコブ・バリオン『イデオロギーとは何か』一九七一年　徳永恂訳　一九七三年　講談社現代新書）とするならば、真淵の精神世界を実現するための行動規範が不可欠となる。このことを真淵がどのように捕らえていたかは推定の域を出ないが、古典注釈の中にそれがにじみ出ていると考えられる。

後の資料になるが愛弟子の本居宣長が『玉勝間』（『本居宣長全集』第一巻）の中で、真淵の出自について述べている。大人（うし）を尊敬する真淵の直弟子として、真淵の出自についてどのような情報をもっていたのか。

あがたゐの大人は、賀茂縣主にて、遠祖は、神魂かみむすびの神の孫、鴨武津身命にて、八咫烏と化て、神武天皇を導き奉り給ひし神なること、姓氏録に見えたるがごとし、（中略）さて、大人は、元禄十年に、此岡部郷に生れ給ひて、わかゝりしほどより、古学にふかく心をよせて、享保十八年に、京にのぼりて、稲荷の荷田宿禰東麻呂大人の教をうけ給ひ、寛延三年に、江戸に下り給ひて、其後田安殿に仕奉り給ふ、かの殿より、葵の文の御衣を賜はり給へる時の歌、あふひてふあやの御衣をも氏人のかづかむものと神やしりけん、明和六年十月晦の日、とし七十三にて、みまかり給ひぬ、武蔵国荏原郡品川の、東海寺の中、少林院の山に葬、こは大人の弟子なる某が、しるしたるまゝに、とりてしるせり、なほ父ぬし母とじなどをも、しるすべきものなるに、もれたるは、又よくしりたらむ人にとひきゝて、しるすべくなん、

文中の「あふひ」の和歌は、宝暦四年（一七五四）真淵五十八歳の宴で宗武を称えたものである。附記すると、詞書は

霜月、殿の四十の御賀の宴に侍りけるに、夜ふけて入られ給ふをり、御衣ぬがせ給ひて真淵にとて賜はせるは、いと多かる人々の中にて、いとおもだたしく侍るも、おもほえずかたじけなさに、こといみをしもしあへぬまゝに

あふひてふ　あやの御衣をも　氏人の
かづかむものと　神やしりけん

とあり、上記の和歌が詠まれた。また同時に

殿の四十の御賀の宴に侍りてよみて奉りける

の詞書に

大君の　まもりとなれる　君なれば
君がよはひは　神ぞしるらむ

の和歌が詠まれた。「君」の上に「大君」、その上に「神」の存在を立てるのは二首の和歌に共通している。葵の御衣をかづく氏人はまさしく神を祭る人であり、これは郷士としての真淵の出自から発想されたものであったと考えられる。歌の意味は、葵の御衣をかづこうとする氏人を神が知ろうか、いや、知る筈もない、というものであった。が、ここに葵に相対化された神があった。

真淵の発想の中には、「葵」徳川家の紋章の上位に「神」を絶対視する意識が隠されているのである。そして、氏人の辞書的意味を見ると、「平時は氏上に率いられて氏神を祭り、農業などの産業に従い、戦時など危急の時に氏上の下に従事した人を指す」（『日本史辞典』岩波書店　一九九九年）のであるから、まさに真淵の心を葵の衣で包み込んだような和歌といえよう。真淵が出仕した徳川家縁戚の田安家への遠慮も勿論、内包されるだろう。が、それを超えて、神につながる出自の誇りを『玉勝間』で紹介されている真淵祖先の「神武天皇を導き奉り給ひし神」の意識が内に見てとれる。

『賀茂真淵翁家伝』（第二十四巻　續群書類完成會）において、真淵の出自について高田与清もほぼ宣長と同様次のごとく述べる。

師重は従五位下賀茂成助が裔、鴨武津之身命の後也。武津之身命は神魂（かみむすび）の孫にて八咫烏と化て神武天皇を導きたてまつりたまひし神なること姓氏録に見えたるがごとし

真淵の出自が天つ神に繋がっているという誇りは、隠居したとはいえ体制に身を置きながら、国学者として『萬葉集』『古事記』などの注釈をなすところに現われるだけではなく、さらに思想書である『国意考』においても明らかである。

只天地に随て、すべらぎは日月也、臣は星也、おみのほしとして日月を守れば、今もみるごと、星の月日をおほふことなし、されば天つ日・月・星の古へより伝ふる如く、此すべら日月も臣の星とむかしより伝へてかは

らず、世の中平らかに治れり、さるをやつこの出て、すべらぎのおとろへ玉ふまにまに、伝へこし臣もおとろへり、此心をおして、神代の巻を言べし、そをおさむには、古の哥もて古への心・詞を知るが上に、はやう挙たる文どもをよくみよかし、

日月はすべらぎ、臣は星で、古えは星が日月を守って世の中が平らに治まったという。真淵はその古えの心によって神典を理解すべきことを説く。そして、江戸幕府体制を越えた復古を目指すのである。

四

真淵が武家化したというよりも、むしろ武家に出仕したことによって、武士に仕える待遇を得たのではあったが、江戸に居れば居る程、引退し齢を重ねれば重ねる程、故郷の遠江国を懐かしんでいる。

浜松に妻子を残して江戸で活躍し高名を馳せ、明和元年（一七六四）七月六十八歳の折、浜町に移り、「縣居（あがたい）」と号し、九月に観月の宴を開いた。江戸での、現実離れした風流な生活が弟子たちに囲まれて優雅に行われていた。

この折の和歌に

　九月十三夜縣居にて

秋の夜の　ほがらほがらと　天の原　てる月影に　かりなきわたる
こほろぎの　鳴くやあがたの　わが宿に　月かげ清し　とふ人もがも
あがたゐの　ちふの露原　かき分けて　月見に来つる　都人かも
こほろぎの　まちよろこべる　長月の　きよき月夜は　ふけずもあらなん
にほどりに　かつしかわせの　にひしぼり　くみつゝをれば　月かたふきぬ

などがある。縣居で開催された宴において全身全霊を注ぎ詠じた和歌である。上記五首とも真淵の、萬葉調の代表的和歌として人口に膾炙したものである。国学の領袖としての真淵の高揚した気分を反映する歌である。

『萬葉集遠江歌考跋』（『賀茂真淵全集』第六巻　續群書類従完成會）中で夏目甕麿（文政三年正月）にいう。

しか江戸には住つきたまひしかど、なほ旅居の仮ずまひなりとやおほしけむ、古郷したはしくのみ思はれて、学の功もやゝ成なむ後にはいかで〳〵と下におほし（マヽ）わたり給ふほどに、三枝（サキクサ）の紋（アヤ）のみけしをはじめ、何くれと殊（コト）なる御恵どもの重なりゆくまゝに、心ならずながら、さてなむ過し給へりとかや、其ゆかりちかき人々の家々に伝へもたる翁の消息文、あるは齡（ヨハヒ）ふかき人の物がたりなどを多くきゝ、あつむるにも、その心ざしのほどはおしはかられぬかし、

真淵の弟子筋は、真淵の江戸住まいは「旅居の仮ずまひ」で故郷を懐旧する真淵の心情を深く慮っている。

また、真淵は随筆『ふゞくろ』（『賀茂真淵全集』巻十二　吉川弘文館）に

○此度はおのれが庭に野べ又はたけなどつくりつれば家居を縣居と名づけ侍り。あがたゐとはゐ中てふに同じ事也。そのよしなどはしに書て月の歌よみ給へ。おもひやりたる歌もよし。

と述べる。賀茂神社の末裔であり農を業とする郷士であった真淵が、故郷の浜松をしのんで家居作りをしたことが分かる。

○おのれ氏は加茂かばねはあがたぬしなればをる所をあがたゐといふ也。あがたとはゐなかの心也。

『賀茂翁家集』の序にも

真淵といえるみ名は、敷智の郡の名より思ひよりてつきたまへりとそ、あがたゐとは、庭を田ゐのさまに作りて、賀茂氏のかばねにもよしあればとて、みづから家の名におほせせられたる也けり、（略）

享和元年十月廿日　　橘　千蔭

賀茂氏の出身であることへの誇示はこの文からも納得し得るし、なによりも、岡部姓を使用せずに賀茂姓を生涯貫いたことからも分かる。

賀茂社がどのような位置にあるかということを記す、後代ではあるが、次の資料がある。

社寺ニテ是迄菊御紋用ヒ来ル者不少候処、今般御改正相成、社ハ伊勢・八幡・上下加茂等、寺ハ泉湧寺・般舟院等之外ハ、一切被差止候旨被仰出候事。

但格別由緒有之社寺ハ、由緒書ヲ以テ可伺出候事。

（『太政官日誌』一八六九年、九二）

賀茂神社が王城を鎮護する神社として、伊勢神宮・八幡宮と並び高い格を有し、王政復古の折に日本国中の神社から三社の一つに選ばれていたのであった。制度化されてからの文章を挙げたが、権威付けられ非常に高い格式をもつ神社であったことを認識させてくれる。真淵の心中にあった誇りを慮り得るのではなかろうか。真淵は、自己の生活のルーツを遡り確認しつつ、風流三昧の生活に身を置いた。『文意考』に言う。

しかいにしへをよくしらば、物なほく事みやびかなる心もうつろひなりなむ、人のこゝろしなほくみやびゆかば、いにしへの安国のたり御代にかへらざらめや、いにしへ今をわかちあへぬからに、古ことしぬばへる人少なきこそうれはしけれ、かみつ世には、文のあやてふこともなく、後の世にぞよろづにうるはしき事はありといふ人有は、上つ代のふみらを見も知らで、おしはかりにいふになむある、よりてくさぐさのすがたをあげしらするが中に、ひとつふたつをこれに書り、そもそもいにしへのふみのあやよ、

（『賀茂真淵全集』第十九巻　續群書類従完成會）

かみつよは泰国で、なおく、みやびで、よろづうるわしく理想の世である、と真淵は考えた。

真淵は思想の中で理想的な日本国、日本人を説き、自己のアイデンティティが理想的な日本人のアイデンティティと合致することを主張し、理想的な在り方を生活の中で身をもって示そうとしたのである。

五

真淵の私生活を振り返ると、幼少から三度も養子に出されたり戻ったりを繰り返している。真淵は浜松本陣梅谷家に養子に入り、結婚し子までなしながら妻子を残したまま浜松を出て江戸で一人住まいをし、和歌・学問に精進する。そして、火事に遭う。

真淵の四大弟子「縣門四天王」の一人、加藤宇万伎は真淵から国学を学んだ。後に下坂した宇万伎の弟子となる上田秋成は宇万伎から真淵国学を学ぶ。真淵の孫弟子ということになる。秋成の生涯は真淵に共通する複雑な私生活の側面があった。

真淵は火事の後田安家に出仕し、生活は秋成と違って一転する。華やかな国学の大人・領袖として江戸の武家、奥方を中心とした弟子たちに囲まれ学問三昧の生活を送ったのである。だが、既出の縣居の「ほがらほがら」の和歌を詠んだ順風満帆の和歌会を開いた前の年、真淵は極度の人生の苦痛を味わっていたことを附加しておきたい。

宝暦十三年九月某日植田七三郎宛書簡（『縣居書簡続編』續群書類従完成會）によると、真淵は身内の悲痛な死に遭遇する。

尚々拙者娘、長病に而本月十一日に物故いたし候。血脉を継度候て、岡部弥平次女をもらひ、養子平三郎にめあわせ、子も生候を、児は二人ともに死、其身も終候事、老後之悲傷、御察可被下候。

真淵六十七歳という高齢で、「血脈を継度候て」、親類筋からの養女お島が病死している。夫平三郎との間にお島は二子を為し幸福な生活を送っていた。しかし、二人の子は疱瘡に罹って死に、またお島も夫と真淵を残して他界した。四年間の幸福な生活から、「老後の悲傷御察可被下候。」と真淵にいわしめた悲痛な生活に暗転した。浜松の親類に宛てた書簡から老齢の真淵が抱いた悲壮な孤独感を窺い知ることができる。

学問的才能に加えて私生活を人並みに享受するといった二物を天から授からなかった真淵は、個人生活面では味わえなかったよろこびを学問および和歌において高い理想を燃えたたせて獲得した。真淵はせめての残りの人生に、夢想した「かみつよ」のような生活の実現を祈ったのではなかろうか。複雑な顔を持った真淵がいることを思い知らされる。

ところで、江戸の政治の疲弊化にあって、大坂では町の塾「懐徳堂」の自由な思想から、秋成や宣長と同世代の中井履軒が「華胥国」という夢の国を仮想して物語を著述している（子安宣邦「中井履軒あるいは近世儒者知識人の存在と知の位相」、『思想』八四八　一九九五年二月）。また「華胥国歌合」（京都大学附属図書館蔵）の序文中に

夢サマスオトハ難波ノヨシアシカナヘテハ秋ノ風ハフケトモ

という和歌がみえ、題は「アシカナヘ」で難波を詠んだ物名歌ながら、夢覚ます秋風に、はかなさも漂う和歌である。当代のこの空気と、真淵の仮想したかみつよという夢は新しい虚構をはらむ母体ともなった。上田秋成も文学の中で疲弊化した浮世草子の世界から脱却して、新趣向の物語に夢を抱いた。本章では真淵の『国意考』の国学思想が秋成の『雨月物語』「白峰」に色濃く反映した思想性を例にあげたい。皇統を奪われた崇徳院の憤りを、尋ねてきた西行が宥める箇所を引く。長文だが儒教、仏教を批判しつつ秋成の国学思想が展開されており、興味ある箇所である。

天皇崩御給ひては。兄弟相譲りて位に昇り給はず。三とせをわたりても猶果べくもあらぬを。菟道の王深く憂給ひて。豈久しく生て天が下を煩しめんやとて。みづから宝算を断せ給ふものから。罷事なくて兄の皇子御位に即せ給ふ。是れ天業を重んじ孝悌をまもり。忠をつくして人欲なし。尭舜の道といふなるべし。本朝に儒教を尊みて専王道の輔とするは。菟道の王。百済の王仁を召て学ばせ給ふをはじめなれば。此兄弟の王

の御心ぞ。即漢土の聖の御心ともいふべし。又周の創。武王一たび怒りて天下の民を安くす。臣として君を弑すといふべからず。仁を賊み義を賊む。一夫の紂を誅するなりといふ事。孟子といふ書にありと人の伝へに聞侍る。されば漢土の書は、経典史策詩文にいたるまで渡さゞるはなきに。かの孟子の書ばかりいまだ日本に来らず。此書を積て来たる船は。必しも暴風にあひて沈没よしをいへり。それをいかなる故ぞととふに。我国は天照すおほん神かみの開闢しろしめし、より。日嗣の大王絶る事なきを。かく口賢しきをしへを伝へなば。末の世に神孫を奪ふて罪なしといふ敵も出べしと。八百よろづの神の悪ませ給ふて。神風を起して船を覆し給ふと聞。されば他国の聖の教も。こゝの国土にふさはしからぬことすくなからず。且詩にもいはざるや。兄弟牆に鬩ぐとも外の侮りを禦げよと。さるを骨肉の愛をわすれ給ひ。あまさへ一院崩御給ひて。殯の宮に肌膚もいまだ寒させたまはぬに。御旗なびかせ弓末ふり立て宝祚をあらそひ給ふは。不孝の罪これより劇しきはあらじ。天下は神器なり。人のわたくしをもて奪ふとも得べからぬことわりなるを。たとへ重仁王の即位は民の仰ぎ望む所なりとも。徳を布和を施し給はで。道ならぬみわざをもて代を乱し給ふ則は。きのふまで君を慕ひしも。けふは忽怨敵となりて。本意をも遂たまはで。いにしへより例なき刑を得給ひて。かゝる鄙の国の土とならせ給ふなり。たゞ〳〵旧き讐をわすれ給ふて。浄土にかへらせ給はんこそ願まほしき叡慮なれと。はゞかることなく奏ける。

（『上田秋成全集』第七巻　中央公論社）

秋成は『雨月物語』「白峰」において、天照大御神以来の皇統の連綿たることについて、西行に語らせる。中国の禅譲とは質的に異なった政治体制であり、そこに日本という国の本質があると述べるのである。ここには、真淵の『国意考』の思想が色濃く反映しており、秋成はそれを自己の文学制作に当てはめて成功した。虚構の世界を通して秋成は類をみない思想小説「白峰」を著述したのである。

真淵思想は時勢を反映し時代の子としての思想であり、それが秋成において享受されていったといってよかろう。

賀茂真淵の心理解釈

――『源氏物語』「若紫」の巻をめぐって――

『源氏物語』の「若紫」の巻は五十四帖中五番目に位置する巻である。ワカムラサキという春の装いの語感に留まらない陰陽を合わせもつ内延、外延的に重要な巻である。すなわち『源氏物語』の主題ともいうべき、光源氏（十八歳）と、父桐壺帝の妻、桐壺更衣亡きあとの義母に当たる藤壺の宮（二十三歳）との不義密通、その懐妊と出産という秘事の展開という陰の部分である。〈もののまぎれ〉と呼ばれる。これに対して藤壺のゆかりとしての藤壺に生き写しの姪の少女若宮（十歳、のちの紫の上）の出現と源氏との邂逅を犬君との雀事件の垣間見という陽の場面をからめて繰り広げられる。

『源氏物語』のほぼ五百人という登場人物の中で、この若宮ほど若草が萌え出るような潑剌とした愛すべき人物造型で出現する例も珍しい。「若紫」という巻名に象徴される若宮は、薄紫でも濃紫でもない色の概念から離脱した、老若という生物をあるいは人を超越した、まさしく「若紫」という美しい語感を担った乙女である。設定は十歳という当時の、女の成人の裳儀をひかえた大人への端境期にある若宮の可憐さと聡明さを源氏が垣間見る犬君との子雀をめぐっての場面に初登場する。

紫式部はこの「若紫」の巻の冒頭では、華やかに陽として若宮にスポットをあて華麗な王朝絵巻を展開するのであるが、藤壺と源氏の密通は隠微に陰の闇の奈落へ、対照的に突き落していく。が、あくまでも後者は陰に鈍色を帯びて、藤壺の懐妊三カ月、男子出産へと、大事は淡々と描写され闇の光を放つ。『源氏物語』の主題は通奏低音として常に奏でられ、われわれの胸の内に鳴り響いてくる。闇の絵巻はまた、後半に紫の上を心底悲しませる三の宮と源氏の結婚、妻三の宮と柏木の密通、即ち〈もののまぎれ〉である。その子を抱き覗き込む源氏の俯瞰の姿と重なり、源氏の若き過ち「わが御つみのほど」（「若紫」の巻）の因果に凍りつく姿を彷彿とさせるものに通じる。

ところで、『源氏物語』の人間の凄絶さを実感させる「若紫」という巻が、当時女性の寿命が二十七歳といわれた状況にあって、十歳の若宮の行く末楽しみな成長を暗示しつつ、時間的空間的に源氏の庇護のもと、妻となる女性の幕開けとして、美しい希望に満ちた、歌語でもあるワカムラサキという響きに合致する。『源氏物語』の「若紫」の巻名の由来と若宮の登場が『伊勢物語』初段「初冠」の

春日野の　若紫の　すりごろも
　しのぶのみだれ　かぎりしられず

の和歌の「若紫」にあり、垣間見の場面を典拠としていることは言うまでもない。さらに『源氏物語』（石田穣二・清水好子校注『源氏物語』新潮日本古典集成・新潮社）「若紫」の巻の原文で

あはれなる人を見つるかな、かかれば、このすきものどもは、かかるありきをのみして、よくさるまじき人をも見つくるなりけり、たまさかに立ち出づるだに、かく思ひのほかなることを見るよ、と、をかしうおぼす。

と、意外なところで美しい女性を見い出すこともあることに「をかしうおぼす」源氏の思いが述べられているのである。

この若宮がのちに紫の上と呼ばれるようになった由来について、近世初期の新注『源氏物語湖月抄』（『北村季吟古注釈集成』新典社）において北村季吟は古注を引用し、次のように述べる。

手につみていつしかもみん

細|いつか吾物にすべきの心也。紫の一本ゆへにむさしのの歌の心也。河海説可然。

哢これより紫上と云名あり。
河此歌紫の名の元始也。此紫の名字先達色色釈せり。いづれも今案の了簡也。
根にかよひけるとは藤壺のゆかりといふ也。古今に紫の一もとゆへにむさしの の草はみながら哀れとぞ見るといふ歌の心也。（下略）

『細流抄』（三条西実隆）『哢花抄』（第二次本　三条西実隆）『河海抄』（四辻善成）など古注の段階を踏んで、紫の上という呼称が『古今集』巻十七・雑歌上・八六七番よみ人しらず歌

紫の　一もとゆへに　むさしのの
草はみながら　哀れとぞ見る

に由来する典拠として俎上に乗せられている。『源氏物語』中、源氏の和歌として

手に摘みて　いつしかも見む　紫の
根にかよひける　野辺の若草

とある。手で摘む若草の比喩として、紫といったのである。

古注から新注へ、季吟、荷田春満、契沖、安藤為章などを経て、賀茂真淵の『源氏物語新釈』がある。後に本居宣長が『源氏物語』の注釈で記す「もののあはれ」論に到る過程で、真淵はどのような視点をもって、『源氏物語新釈』と、新釈なる語を附して命名したのかを内部徴証によってみていきたい。

宝暦五年（一七五五）五十九歳で田安宗武に出仕している折『源氏物語新釈』を執筆中で、同八年（一七五八）六十二歳の時に成立させた。

源　手につみてねにかよひける
紫のいろはねに有物なれば古記　むらさきの一もとゆゑにむさしの丶草はみながらあはれとぞ見ると詠る

に依て藤つぼの御ゆかりの姫君をいつか我得んと也

と、『細流抄』の「いつか吾物にすべきの心也。」から踏み込んで、具体的に真淵は源氏が藤壺への思慕のかなわぬことへの焦燥を若宮に投射し、藤壺のゆかりとして若宮を得ようとする源氏の強固な意志を読み注釈する。

源氏が垣間見によって若宮をはじめて見染める馴れ初めにもどろう。三月、瘧病の加持のため北山を訪れた夕暮れの一場面である。

瘧病（わらわやみ）にわづらひたまひて、よろづにまじなひ加持など参らせたまへど、験なくて、あまたたびおこりたまひければ、ある人、「北山になむ、なにがし寺といふ所に、かしこき行ひ人はべる。去年の夏も世におこりて、人々まじなひわづらひしを、やがてとどむるたぐひ、あまたはべりき。ししこらかしつる時はうたてはべるを、とくこそこころみさせたまはめ」など聞こゆれば、召しにつかはしたるに、「老いかがまりて室の外にもまかでず」と申したれば、「いかがはせむ、いと忍びてものせむ」とのたまひて、御供にむつましき四五人ばかりして、まだ暁におはす。

こうして、寺辺りを逍遥する場面が

日もいと長きに、つれづれなれば、夕暮のいたう霞みたるにまぎれて、かの小柴垣のもとに立ち出たまふ。人々は帰したまひて、惟光の朝臣とのぞきたまへば、ただこの西面にしも、持仏すゑたてまつりて行ふ尼なりけり。

とあり、次の垣間見の状況が具体的に展開される。

きよげなるおとな二人ばかり、さては童女（わらはべ）ぞ出で入り遊ぶ。中に十ばかりにやあらむと見えて、白き衣、山吹などのなれたる着て、走り来たる女子、あまた見えつる子どもに似るべうもあらず、いみじくおひさきみえて、うつくしげなる容貌（かたち）なり。髪は扇をひろげたるやうにゆらゆらとして、顔はいと赤くすりなして立てり。「何ごとぞや。童女と腹立ちたまへるか。」とて、尼君の見上げたるに、すこしおぼえたるところあれば、子なめりと見たまふ。「雀の子を犬君（いぬき）が逃しつる。伏籠のうちに籠めたりつるものを」とて、いとくちをしと思へり

伏籠の中に入れておいた雀の子を犬君が逃がしたといって、赤くこすった泣き顔で抗議する若宮たちの声までが聞こえてきそうな臨場感あふれる名場面である。「つらつきいとらうたげ」で「髪は扇をひろげたるやうにゆらゆらとして」と、ことに目を引く少女に、将来の美と聡明さを目ざとく発見する源氏の視線が原文で表現されている。

真淵は『源氏物語新釈』（『賀茂真淵全集』第十三巻　續群書類従完成會）で

　いぬきがにがしつる

　　犬君の略、あそびがたきの名なり

という。「犬君」について、古注『孟津抄』では

　犬公（いぬき）上東門院の上童（うへわらは）に此名あり。栄花物語にみえたり。あてきなれきなどあり。きは公（キミ）の字也。

と官名ととる注釈が施されているが、真淵は物語を一挙に面白く、臨場感をもって読める「あそび敵（がたき）」という一言をもって簡にして要を得た注を施している。若宮を育てている尼君から諫められ注意を受け、若宮が「ふしめになりて」の状態の注を真淵は

　聞入るさまなり

とうなだれて尼君の言葉に聞入る様子を描く。

真淵は和歌のみならず、物語をただ文献として取り上げずに、生きた人々の感受性とともに捉えようとしていたことを窺わせてくれる。これらの注によって若宮の人物造型までもが生きてくる。すなわち、小さい頃から若宮が生き物に対して人並み外れて愛情深く造型されており、成長後の諸場面にそれが生かされており、真淵は作者の意図を渾身で汲もうとしていると考えられる。

原文「ゆかりもたずねまほしき」の箇所を真淵は「ふぢつぼのめい、紫上なれば也」と、源氏がいろいろ手を尽して調べた結果が藤壺のゆかりであった、その若宮をわがものにしようと魂胆する源氏が描写されていくのである。

一方、源氏の正妻の葵上（二十二歳）との関係は相変わらず冷たいもので、原文「もてひがみたる」を、真淵は『源氏物語新釈』で

> 葵上、六条御息所などのやんごとなきかたにうとくて、夕皃のかた様のやつれたるに心入玉ふを云ならん

という。古注を越えて真淵は具体的に、源氏が葵上に対して疎遠な心理を堂々と記し、そのことによって、葵上との関係がもう全く修復のきかない状況に陥っていることを暗示している。

さらに、「若紫」巻中、葵上の心理をえぐり切った解釈が真淵によってなされる。源氏は若紫があの藤壺のゆかりであることが判明してからは、幼く「さすがにすずろなる」ゆえに通うにははばかられるという配慮から、源氏の邸の二条院へ迎える算段を尽し、片方で葵上を訪問するという取り繕いの場面がある。

> ひたちには
>
> 真淵考るに爰に此歌をうたひ給へる心をさまざまいふ説あれどみなかなはず、こはあふひの方へ心にもあらで源の来給ふ事山こえ野こへ来るか如くおぼすに、あふひのしぶしぶにし給ふは我はたれをかねへつらひてかくは来る事ぞとふくみ給ふ心をの給ふなるべし、風俗常陸には田をこそつくれたれをかね山をこえ野をこえ君がきませる

古注では源氏と末摘花の関係を匂わす注もあるのであるが、真淵は古注の諸説を「みなかなはず」と一切否定した自信のある解釈を提示した。つまり、源氏と葵上との関係に帰する注釈を真淵は施すのである。

葵上の気持ちと源氏の駆け引きの、気まずい張りつめた雰囲気が伝わってくる注釈になっており、従来の注を転換した、人間の心理を十分に汲んだ解釈となっており、物語が面白く読める。葵上にしてみれば、いくら源氏が取

り繕ったところで、源氏の心が自分に向いているのではないことは直観的に感知している筈で、正妻の位置にあるがゆえの、または出自からくる誇りからも拒絶の挙に出てしまうと真淵は考えるのである。源氏の前にあって葵上のしぶしぶなさるのに対し、源氏は「たれをかねへつらひてかくは来る事ぞとふくみ給ふ心」と、わざわざやって来たのは、へつらいでなく本心から訪問したのだということを葵上に自己弁護する。わざとらしさの口ずさみで、真淵は本心は「心にもあらで」であった、と採った。源氏の本心は葵上以外の女性たちとの交渉をかんがみるにまさしくそれ以外のなにものでもなかろう。真淵の、古注に対して「みなかなはず」という弁はこのようなところにもあったと考えられる。

真淵の、人物造型された人物の深い心理までえぐった解釈が他の場面にも見られる。

たがひめありて

その夢をあはせみれば上をおかしてその罪上あたるへきなとの心有つらんをいふ也、かの須磨のうつろひの事も朧月夜のことのみならで此記者の意なり

「若紫」の巻に源氏の須磨・明石への流謫のこともふれられている。藤壺懐妊の件と重奏して解釈する。「たがひめ」を、源氏の大事の、ことに藤壺の出産は上を犯してのことゆえ、須磨・明石への源氏が流謫を被った因である、という。そのように読むことが、源氏をめぐっての複雑な心理をおもんばかった解釈をしたことになる、と真淵は考えていたように見える。逆に真淵自身も、複雑な心理の分かる複雑な人物であったのであろう。

真淵は注釈という学問的営為の中で、人間の心理を解析し、あやを織りなす複雑な人間存在の関係を深切に読み解いていった。真淵が和歌を詠むために注釈を行ってきたといわれてきたことを、凌駕し転換し、文学の読みを注釈という学問の中で醸成し、一層豊かな人間造型の在り方を探り、心理をえぐった解釈に高めていったといえる。

真淵が詠歌のために注釈を行ったという従来の真淵学問への認識は部分的に是正されなければならない。言葉の

表面をとる無機的な注釈にとどまらず心理にまで立ち入って注釈した真淵の国学が及ぼした影響の一つを考慮する時、たとえば真淵の人物解釈を享受して読本制作という難解なハードルをいとも楽々と越える契機を与えた上田秋成との関連も具体的に即して研究しなければならない課題（第Ⅳ部参照）として考えられるのである。

賀茂真淵の『枕草子』考
——真淵自筆書入れ『枕草子春曙抄』注釈——

一

賀茂真淵の生誕、元禄十年（一六九七）三月四日を祝し、三百周年記念の催しの一端として論集が編まれる。真淵生誕を記念し、真淵の思考がまさしく死して甦ることに意味がある。

真淵の業績は粛々として、旧あるいは増訂『賀茂真淵（渕）全集』に継ぎ、續群書類従完成會から『賀茂真淵全集』が刊行されてきたが、現時点で閉鎖され未だ完成には至っていない。

さて、真淵研究の難儀なところは、求心力が弱く真淵の資料が分散し所在が不明になっているケースも多いことである。續群書類従完成會『賀茂真淵全集』解説に挙がる資料すら追考不可能の場合もある。生誕の地浜松の縣居神社には、岡部譲より寄贈された「岡部文庫」が「縣居文庫」と改称し移管されていたが、第二次世界大戦の戦火砲撃を受けて資料も被害を受けた悲惨な歴史がある（縣居神社宮司三浦寛）。真淵資料に時として「岡部文庫」と朱印があるのはその蔵書であった経緯を示している。また縣居神社の真淵顕彰碑「縣居翁霊社」（水野忠邦より天保四年〈一八三三〉に碑銘下賜）も砲弾の玉の痕跡が残り、あるいは碑の側・裏面が大きく欠損し痛ましくもその歴史を刻み佇んでいる。

このような歴史を担いつつ、縣居神社は真淵生誕のゆかりの地として一角の奥に、一九八四年十一月、浜松市立賀茂真淵記念館が土地の一部を譲り受け開設された。資料の点も含め求心的な役割を期待したい。

さらに真淵学研究の内実に視点をあてれば、真淵説の核心を把握するのに資料の錯綜も手伝い、隔靴搔痒の感は免れない。真淵研究に限ったことではないにしろ、国学が不即不離に対象とする注釈研究の煩雑さは書入れも含め辿って行かねばならないところに存するからである。

そして焦点を真淵に絞れば、草稿の段階の筆遣いは真淵が自己の説を激しく抹消書入れを繰り返すところに研究の難解さが加わる。附加すればこれとは別に真淵は上品に、穏やかに、たおやかさと凛とした美しさを備え、優雅な筆遣いで、激しさの片鱗をも窺わせない美しい清書本、あるいは草稿を何段階も経た清書本に近い草稿本なども著わしている。ゆえに結果として真淵は柔硬両極を備え体現しているように見える。真淵の筆遣いの特徴は年齢による筆力の相違や、対象とする作品に合わせて字体まで自在に変化させたりもする。なにはともあれ、真淵は研鑽の結果を随所に痕跡として自在な姿を残している。

草稿の初期に、胡粉、墨、丹、藍、群青などを使用して、筆勢強く塗りつぶしたり、棒線で否定して、頭注あるいは縦横にあるいは引き出し線を以て余白に△や８∞などの印のあとに、真淵は書入れていく（一例、宝暦十年、真淵自筆稿本『萬葉考』巻一と巻二、天理大学附属図書館蔵。口絵参照。国から「重要美術品」の指定を受けている。初見の折、胡粉で塗りつぶした上からの書入れに真淵の気迫と神気を感じた）。穏やかなみせけちのような筆遣いばかりではない。身体の内からの激しさが筆を通して噴出したように見える書きぶりや筆遣いの時もある。時として、まるで怒りを以て前説を否定していくかのごとき筆勢が多くみられる。真淵が自己の満足いくまでの艱難辛苦した結果をわたくしは垣間見、抹消書入れの箇所の奥に潜む意味を考える。

真淵の『枕草子』注釈についての研究は皆無に近く本章で多少なりとも甦らせたい。

『枕草子』研究の第一人者のひとりの、故田中重太郎旧蔵「田安家旧蔵本真渕自筆書入れ『枕草子春曙抄』」を柿谷雄三は御令室から田中の形見として贈られた。同書は田中がいずれ詳細な研究調査を予定し未着手ながら蔵書として保持していたものである。表紙の自書題簽の凛とした深い、自筆本ならではの鋼が中心に備わっているかのごとき筆力と上品さを湛えた六冊本である。真淵の『枕草子』観と他の注釈との関連について『枕草子春曙抄』への書入れを紹介しつつ述べていきたい。

ちなみに、旧蔵の田安家とは八代将軍徳川吉宗から第二子の田安宗武に下賜された姓である。真淵は田安家に出仕することによって、将軍膝元において善書蒐集から重要文献が得られる立場にあり（第Ⅲ部「本居宣長と加藤宇万伎」参照）、宗武ならびに宗武の家族や側近達への学問の師として、ひいては江戸国学の領袖として活躍した経緯がある（拙稿「賀茂真淵」、西沢正史・徳田武編『日本古典文学研究史大事典』勉誠社　一九九七年）。

従前、当時相愛短期大学柿谷雄三教授から貴重な形見の「田安家旧蔵本真渕自筆書入れ『枕草子春曙抄』」を、真淵に関係を有してきたわたくしが真淵文献に携わった方が故田中先生も喜ばれるだろう、と見せていただいていた。数年間上記の如き真淵説の書入れの煩雑さおよび、『枕草子』の異本の多様さなどが脳裡をかすめ着手できずにいたが、今回の真淵生誕三百周年記念に際して真淵の、研究されてこなかった『枕草子』の思考を多少なりとも甦らせたいと着手、本章に使用させていただくことにした次第である。柿谷雄三から使用の快諾を得た当資料をもとに真淵の『枕草子』観を探って行きたい。

ちなみに相愛大学・相愛短期大学に「春曙文庫」という、故田中重太郎がことのほか『枕草子』を愛し『枕草子』の巻頭の「春は曙」をもって命名された文庫がある。田中重太郎の『枕草子』関係を含む蔵書・諸資料は御令室の御意志によりゆかりのあった相愛学園に預託され、一九八八年十月に柿谷雄三を委員長として、相愛学園創立百周年記念事業の一環として「春曙文庫」が国文学研究資料館から文庫の整備法教授の尽力を受け創設された。そして現在も「春曙文庫」の整備が行われつつあるとのことである。

二

真淵は古典注釈を数多く生涯にわたり為しているが、こと『枕草子』に関して、真淵が著述として体系的に纏めた注釈は見あたらない。續群書類従完成會『賀茂真淵全集』全二十八巻中の目録に『枕草子』を充当した巻はない。しかし、真淵が『枕草子』に触れなかったということではなく、『枕草子』の用例はある。續群書類従完成會『賀茂真淵全集』や旧全集などを見ると真淵の著書に『枕草子』が用例として散見する。

古典研究の注釈と不即不離にある国学について、真淵にとって『枕草子』を考える意味は奈辺にあったのだろうか。『賀茂真淵全集』に『枕草子』注釈が見あたらないことと平行しているといえるが、真淵学に視座を置いて見ても真淵が『枕草子』について研究した論考は皆無に近い。このことは真淵の、『枕草子』観やさらに国学における『枕草子』の意味を考える上での契機になろう。

小山正『賀茂真淵傳』（春秋社　一九三八年）、井上豊『賀茂真淵の学問』（八木書店　一九四三年）、同じく井上豊『賀茂真淵の業績と門流』（風間書房　一九六六年）など真淵の主要な研究書において、『枕草子』についての記述は見あたらない。翌一九六七年『国文学　特集　枕草子』（一九六七年六月号）において、〈枕草子の享受の歴史〉を概括する試みが設定され、各時代担当を分担し、中世は久保田淳「中世人の見た枕草子」、近世は井上豊「近世の枕草子観」において近世『枕草子』注釈史が論ぜられたが、真淵関連の記述はない。

ついで、真淵の『枕草子』研究の記述が下記のごとく僅か二行ながら紹介された。田中重太郎・柿谷雄三「重要参考文献解題」（岸上慎二編『枕草子必携』学燈社　一九六九年四月）である。真淵にも『枕草子』研究があったことに触れた、管見では初出例である。

書入れ本や部分的な考証・注釈には

（ア）賀茂真淵（一六九七〜一七六九）（春曙抄に少し書き入れ。田中重太郎蔵）

とあり、本章で挙げる柿谷蔵故田中旧蔵本「田安家旧蔵本真渕自筆書入れ『枕草子春曙抄』」とする当該本である。『枕草子必携』において田中・柿谷により「春曙抄に少し書き入れ。」と触れられたにとどまり、書入れへの研究なども一切なく、以降当拙論まで見あたらない。

本章で具体的に紹介して行くとともに、従前真淵の注釈の中では顧みられることのなかった『枕草子』注釈を『賀茂真淵全集』二十八巻中既刊冊なども ひもときつつ併せて真淵の考えを追うことにしたい。

研究の低迷

迫（はざま）徹朗「枕草子研究史」（有精堂編集部編『枕草子講座4』一九七六年三月）では

さて、テキストや注釈書の刊行を断念したその後の研究者は、もっぱら『春曙抄』に異本による注記や解釈上の新見を加えた、いわゆる書入れ本を作るか、有職故実の面を開拓するかのいずれかの道を選んだ。（略）然しながら盤斎・季吟らの亡きあと、国学の大先達である契沖・真淵・宣長らに本格的研究のなかったことは、近代における枕草子研究の再出発を遅らせる一因ともなった。

と、『枕草子』研究史の、ことに「国学の大先達である契沖・真淵・宣長らに本格的研究のなかった」ことを指摘、欠落した核心に触れられて、わたくしも同感である。

つづいて、神作光一「枕草子の注釈史」（『枕草子講座4』）にも

三注以外の近世の注釈

（筆者注・『清少納言枕双紙抄』十五巻（加藤盤斎ヵ）、『枕草子春曙抄』十二巻（北村季吟）、『枕草子旁注』十一

巻〈岡西惟中〉)

右記の十点の書物のほかに、『春曙抄』に書入れをして、部分的な考証や注釈を施したものに、賀茂真淵(一六九七)・橘千蔭(一七三五～一八〇八)・清水浜臣(一七七六～一八二四)などの業績のあることが知られているが、いずれも未刊のままであるので、ここでは省略したい。

以上、江戸時代までの注釈史をふりかえって見たのであるが、「以上を概括するに、たとえば源氏物語などの豊かな注釈の歴史に比較して、枕草子のそれは質量ともにはなはださびしいものであったということができる」(石田穣二編『枕草子必携』所収)といえよう。

以上、『枕草子』注釈史上において、真淵についてなにがしか関連した落ち穂拾いのごとき実態について概略しておいた。

と、真淵・千蔭・浜臣などの業績の未刊を理由に省略、注釈・研究史の弱体を指摘された。

三

田中重太郎は一九六六年二月二十日に「東京都千代田区神田神保町、合名会社一誠堂書店(代表社員　酒井宇吉)」ならびに「賀茂真渕自筆外題及朱墨書入本　枕草子春曙抄　田安家／旧蔵本／六冊」と記す墨書の帯を附けられた版本を購入された。戦前に田安家の蔵書が多く売りに出たことがあり、その時出たのである〈酒井宇吉　一誠堂書店〉。

『枕草子春曙抄』は江戸初期、北村季吟による『枕草子』注釈である。ちなみに『枕草子春曙抄』は延宝二年(一六七四)の刊記を有する版本で、伝能因所持本つまり能因本と称されている。榊原邦彦『枕草子研究及び資料』

（和泉書院　一九九一年）に『枕草子春曙抄』の注釈上の意味を次のように記す。

「枕草子春曙抄」十二巻　北村季吟

春曙抄が出てからは、この書に書入れするのが枕草子注釈の定型のやうになり、独創的な注釈書が殆ど出なくなつてしまつたほどである。（「枕草子注釈書総覧」）

季吟版本『枕草子春曙抄』の外題簽は刷題簽で全冊『枕草子春曙抄』と同一の書式で統一されている。ところが、柿谷本「田安家旧蔵本真渕自筆書入れ『枕草子春曙抄』」の表紙は、季吟の刊本の表紙題簽『枕草子春曙抄』のごとく統一されてはいない。真淵は墨筆の書題簽で変化をもたせ、漢字・異体字・萬葉仮名・平仮名を駆使、工夫を凝らし書いている。六冊の書題簽を示す。

「枕草子春曙抄　一」
「満くら草子春曙抄　二」
「枕草子春曙抄　三」
「枕さうし春曙抄　四」
「末具ら草子春曙抄　五」
「枕艸子春曙抄　六」

真淵が字体に、殊に萬葉仮名などを用い変化をつけることは拙稿「賀茂真淵の『古今集』注釈─内閣文庫本『續萬葉論』の位置─」（第Ⅰ部参照）で、内題などの内部徴証も含め『萬葉集』からの系譜『續萬葉論』すなわち『古今集』観への真淵の意識を論じたことがある。

真淵の百人一首の注釈『宇比麻奈備』も刷題簽で同様変化をもたせている。

宇比麻奈備　上之一

宇比末那飛　上之二
于比真奈備　中之一
宇比末那飛　中之二
于比真奈備　下之終

また、真淵の孫弟子にあたる上田秋成は、真淵の弟子あるいは秋成の師ともなる加藤宇万伎から真淵自筆の『萬葉考』を借りたり、真淵・宇万伎の著述や歌集の出版に携わったりしてきた。真淵学の薫陶を受けた秋成にも、一例を挙げれば『落窪物語』において萬葉仮名・平仮名・漢数字・漢字などを使用して変化の妙を附けている例がみられる。以下に刷題簽を記すと

落く保物かたり　一ノ上
おち九本もの話　一ノ下
於地久保物話　二ノ上
窪説話　二ノ下
お知く富物可多理　三
淤知玖熕物話　四

とある（内閣文庫本）。さらに当内閣文庫本の内題も亦変化をもたせているが本章では省く。

柿谷本「田安家旧蔵本真渕自筆書入れ『枕草子春曙抄』」は蔵書印が一切ない。

真淵の著述・色紙・軸物など蔵書印は非常に稀である。真淵筆かどうかは筆跡によるわけであるが、時々に応じ著述の雰囲気に合わせて字体に変化を持たせて書いたり、上品な字で自在に遊んでいるように見える場合もあり、かならずしも一定の筆遣いではない。真淵は王羲之風の風格を感じさせる王道を行くようなゆったりとした、それ

でいて鋼が一本すっと通った筆遣いを見せる。真淵の自筆本との照合による筆癖や書入れの筆遣い・癖などを諸文庫・図書館蔵本と照合した結果、柿谷本「田安家旧蔵本真渕自筆書入れ『枕草子春曙抄』」は草稿ながら真淵の自筆であると判定できる。それに蔵書印がなかったことが却って人手に巡回することを防ぎ、むしろ真淵が稿本として書入れたまま田安家に保管されてきたことが蔵書印を不要にしたと考えられるのである。岡崎文庫、神代文字のような真淵・縣居の押印はなく、田安時代の注釈と推察する。

また、今回の真淵資料の特徴は書入れが朱墨ともに一筆であることである。一般に真淵は注釈を最初重点的に真淵自身がやり、後半になるに従って弟子らの加筆が多くなり、真淵説がどこまでか、弟子の説がどれだけ混在しているのか分からないケースが結構ある。真淵を研究する場合の泣き所でもあるケースが多いのだが、珍しく柿谷本「田安家旧蔵本真渕自筆書入れ『枕草子春曙抄』」は真淵の書入れのみである。

本の大きさは『枕草子春曙抄』のいわゆる「配り本」よりも大きく、季吟本流布本が「配り本」より現存のものでは大きいものが今のところ見あたらないことからすれば、「田安家旧蔵本真渕自筆書入れ『枕草子春曙抄』」の表紙は真淵自筆外題簽貼附を下限とするものということになる。

そして墨書書題簽の変化の附け方が内閣文庫本『續萬葉論』と同方法が採られ、真淵の書き癖はすなわち発想を窺い知り得るといえる。および真淵自筆稿本の書入れが『萬葉考』など自筆本と一致すること、それに最終章で扱うごとく真淵が他の注釈で記述したことと同一の内容を発見し得るという内部徴証によって、真淵自筆と鑑みる。

真淵は能筆ゆえに宗武の子たちに作成した書の手本もあり、書道において非常な能筆家であると同時に字体の変化の美や妙をわきまえていたことが習いとなっていた。真淵が記した『枕草子春曙抄』の題簽に萬葉仮字や異体字を使用し変化をつけていたことは第一に美しく変化の妙の楽しみを呼び覚ますばかりか真淵の書に対する感覚を現わしているといえよう。

加えて、萬葉仮字を使用することによる、真淵の題名の読みが「まくらさうし」であることは注目してよい。通称現行の「まくらのそうし」と「の」を入れて呼ぶ法がまだ定着していなかったことを示している。

ここでまず真淵がどの程度『枕草子』を読んでいたかを見ておく。真淵の著述から『枕草子』の用例を挙げることは可能で、たとえば真淵注釈『伊勢物語古意』に、

・枕草子四

・枕草子に、はしたなき物ことをよぶに我かとてさし出たるもの、まして物とらするをりなどいへるが如し、

・清少納言が書たるやうを見るに、都にも常有物也けるをや、

とある。

ほかの真淵の注釈『大和物語直解』には漢字書の表記でどのように発音していたか不明であるが、「の」を入れた表記は見られない。

・枕双紙に、古き物語ぶみの名をならへあげしにも、

・枕冊子　二十三段

　春ことにさくとて桜よろしうおもふ人やはあある

・枕草子、人にあなづらるゝものついちのくつれ、(頭注)

また、別に真淵は枕詞注釈『冠辞考』中では、次に引用するように「枕さうし」の表記もみえる。

公望が私記にはいまだしき説惣て多し、況やその後に、枕さうしなとに、人まろが足引きの山ちもしらずてふ歌につけて、あし引の事をいひたるも、誤れるはうべなり、

上記から、真淵は「枕草子」「枕さうし」「清少納言が書きたるやう」「清少納言か記」を大部使用していたようである。

国学に属さない和学の伝統の表記はどのようであったろうか。「清少納言か記」の用例として、伊勢貞丈考訂『枕草子抄』（国立国会図書館蔵）にも

順徳院之禁秘抄八雲御抄なとに清少納言か記と仰置れたるハまほ成事なるへし

とあり、古く『禁秘抄』『八雲御抄』を引く例に「清少納言か記」と普通の呼称が見える。

真淵も同じく『枕草子』を「清少納言か記」とも記す呼称を使用していた。つまり

清少納言か記にもことのまゝの明神いとたのもし

（大東急記念文庫蔵巻物『西帰』）

とある。

真淵の場合『枕草子』の呼称は「田安家旧蔵本真渕自筆書入れ」の萬葉仮名・平仮名書など「まくらさうし」「清少納言」「清少納言か記」が普通の表記であった。貞丈が引用する「順徳院之禁秘抄八雲御抄なとに清少納言か記」との古注期の用例と一致しているのである。

『枕草子』の書名の研究は古くは「まくらさうし」で、書名ではなく普通名詞であった（田中重太郎『枕冊子本文の研究』初音書房　一九六〇年）。近世に入って貞丈や真淵などが「清少納言か記」と使用するのも、普通名詞としての「さうし」を意味していていたと見られる。

しかし、古注から一歩進めてさらに真淵においては、稀な例「まくらのさうし」と「の」を入れた表記が見える（『伊勢物語古意』）。

・女痛醜（かたは）なり身も喪（ほろ）びなん

又こゝには、見苦しく聞ぐるしくせるを転じたる用ゐざま故に、古本に醜と書り、源氏物がたりに、かの人の御為にもいとかたは也、枕のさうしに、見ぐるしき物、色くろき人の、ひとへのすゞし著たる、いと見ぐるしかし、のしひとへも透たれど、それはいとかたはにも見えず、これらのたぐひ也、

である。ごく稀に「の」を入れた「枕のさうし」の表記が一例真淵に見られ（『伊勢物語古意』）、漢字の間に「の」を入れて言う移行期と考えてよかろう。

真淵の弟子の宇万伎は、署名を「藤原宇万伎」と書く例が大半であるが、姓と名の間に「の」の字を入れて「藤原の宇万伎」と表記した例も見られる（「加藤宇万伎著『十二月の名考』攷」第Ⅲ部参照）。「の」の字を間に挟む表記が江戸中期には存在したことは事実である。さらに真淵以後、本居宣長あるいは藤井高尚などは「まくらのさうし」と「の」を挿入して呼んでおり定着していったようである。

書名の読みも管見では、現在「まくらのそうし」と「の」を入れることが通称になっていることの変遷への指摘も従来の研究には見あたらないのである。真淵は「まくらさうし」を重点的に使用しているが、「の」を入れた「枕のさうし」も一例使用していて（『伊勢物語古意』）、揺れへの、丁度端境期に当たると思われる。

宣長や高尚は、「まくらのさうし」が普通で、国学における国語学の発達も関係していよう。当時の書名観と「まくらさうし」に「の」入れる課題が連動しているように考えられる。

四

季吟本『枕草子春曙抄』十二冊を真淵は各二冊ずつ合冊して六冊本に仕立てた。真淵はその六冊に外題簽（書題簽）を附したことは既述の通りであるが、さらに各冊表表紙見返しの余白に章段名を書入れた。

表紙「枕草子春曙抄　一」　　「一

一冊目表紙見返しに書入れ

春ハ　秋ハ　冬ハ　ころハ　正月一日ハ　首丁

七日ハ　三丁
十五日ハ　三丁
まつりのころハ　五丁
ことことなるもの　六丁
うへにさふらふ御ねこハ　十二丁
正月一日　三月三日　五日ハ　七月七日ハ　十五丁
山ハ　十六丁
峯ハ　原ハ　十七丁
市ハ　渕ハ　海ハ　十八丁
みさゝきハ　いへは　十九丁

二
すさましきもの　首丁
たゆまるゝ物　人にあなつらるゝ物　五丁
すきにしかたこひしき物　心引く物　十五丁」

表紙「満くら草子春曙抄　二」
二冊目表紙見返しに書入れ
「三

木の花は　首丁
池は　三丁
せちは　五丁
木は　五丁
鳥は　八丁
あてなるもの　十一丁
むしハ　十二丁
にけなきもの　十三丁
たきは　二十三丁
川は　二十四丁
はしは　二十四丁
里は　二十五丁
草は　二十五丁
歌の題は　二十七丁
草の花は　二十七丁
おほつかなき物　二十九丁

四
ありかたきもの　首丁
あちきなきもの　五丁

いとをしけけなきもの　五丁
心ちよけなる物　六丁
とりもてるもの　六丁
えたる人　六丁
物あはれしらせかほなる物　十九丁」

表紙「枕草子春曙抄　三」
三冊目表紙見返しに書入れ
「五
めてたきもの　首丁
なまめかしきもの　三丁
ねたきもの　十三丁
かたはらいたきもの　十五丁
あさましきもの　十六丁
くちおしきもの　十七丁
六
はるかなる物　九丁
せきは　十一丁
もりは　十二丁

湯は　十三丁
つねよりことにきこゆる物　十三丁
ゐにかきてをとる物　十三丁
かきまさりする物　十三丁
あはれなる物　十三丁
こゝろつきなきもの　二十二丁
わひしけに見ゆる物　二十二丁
あつけなるもの　二十三丁」

表紙「枕さうし春曙抄　四」
四冊目表紙見返しに書入れ
「七
むとくなる物　首丁
はしたなき物　首丁
つれつれなる物　十六丁
つれつれなくさむる物　十七丁
とりところなき物　十七丁
なを世にめてたき物　十七丁
おそろしきもの　二十八丁

きよしと見ゆる物　二十八丁
きたなけなる物　二十八丁
八
いやしけなる物　首丁
むねつぶる物　首丁
うつくしきもの　二丁
人ばへする物　二丁
名おそろしき物　四丁
見るにことなる物の　四丁
もしにかきてことこと
しきもの四丁
むつかしけなる物　五丁
えせもの、所うるおりの事　五丁
くるしけなる物　七丁
うらやましきもの　八丁
とくゆかしきもの　十丁
こゝろもとなきもの　十丁
むかしおほえてふよしなる物　十九丁
このもしけなきもの　二十丁

ちかくてとをき物　二十丁
とをくてちかき物　二十丁
井ハ　二十一丁
受領は　二十一丁
大夫は　二十一丁　」
表紙「末具ら草子春曙抄　五」
五冊目表紙見返しに書入れ
「九
したりかほなる物　七丁
風は　九丁
心にくき物　十一丁
しまは　十二丁
はまハ　十二丁
浦は　十二丁
寺は　十二丁
経は　十三丁
文は　十四丁
仏は　十四丁

物かたりは　十五丁
野は　十五丁
陀羅尼は　十六丁
ときやうハ　十六丁
あそひは　十六丁
まひは　十六丁
引ものは　十七丁
しらへは　十七丁
笛は　十七丁
見る物は　十八丁
おほきにてよき物　二十三丁
みしかくてありぬへき物　二十三丁
人のいへにつきつきしき物　二十四丁

十

むまやハ　首丁
やしろハ　首丁
ふる物ハ　五丁
日ハ　五丁
月ハ　五丁

星ハ　五丁
雲は　五丁
さハかしき物　六丁
ないかしろなる物　六丁
ことはなめけなる物　六丁
さかしき物　七丁
上達部ハ　七丁
君達ハ　八丁
法師ハ　八丁
女ハ　八丁
みやつかへ所は　九丁
たゝすきにすくる物　十一丁
ことに人にしられぬ物　十一丁
いみしくきたなき物　十二丁
せめておそろしき物　十二丁
たのもしきもの　十二丁
うれしき物　十六丁」
表紙「枕艸子春曙抄　六」

六冊目表紙見返しに書入れ

「十一
たふときもの　十丁
歌　十一丁（正しくは十丁）
さしぬきハ　十一丁
かりきぬは　十一丁
ひとへハ　十一丁
わろき物は　十一丁
したかさねは　十二丁
神ハ　十三丁
崎ハ　十四丁
屋ハ　十四丁
きらきらしき物　二十丁

十二
見ならひするもの　首丁
うちとくましきもの　首丁
からきぬは　十丁
もハ　十丁
かざみは　十丁
をりものは　十一丁
もんハ　十一丁
やまひハ　十二丁
心つきなきもの　十五丁
いひにくきもの　十五丁
見くるしきもの　二十一丁　」

書入れの特徴は真淵が『枕草子』から撰択し、なんらかの理由で興味を示した段である。現代の研究ではいわゆる類聚章段（鈴木日出男「枕草子の言葉」、『國文学』一九九六年一月）と言われる段を真淵は圧倒的に採択している。景物、人、擬人化された動植物の心情を端的に表現した段、雅俗両方を扱った段を採択している。『枕草子』を歌学あるいは文学を読み解く糧、文学作品注釈に資している。真淵自身は類聚章段を撰択するという意識なしに撰択した結果が現在の研究者の分類した類聚章段に一致しているということである。真淵は本格的な『枕草子』の注釈は残さなかったものの、現在の研究に連動する分類を結果的に為していたことは、研究に分類の意識を持ち込んでいたともいえる。

そしてまた、現在のいわゆる類聚章段以外の段を真淵は書入れに採択している場合もある。一例を挙げれば巻一の十二丁である。「うへにさふらふ御ねこハ」の項目が挙がっている（現七段）。宮中での日常生活の出来事を描写した段である。主上に伺候する「命婦のおとど」という猫は縁先の日当たりのいい場所で眠っている。その猫に行儀が悪いと猫の養育係の「乳母の馬命婦」が「翁丸」と名附けられた犬をふっかけて猫に追い払いをかけさせる事件である。結果「翁丸」は打たれる羽目に陥るが、主上が成り行きを知り、守り役の「乳母の馬命婦」を気掛かりに思い、猫の養育係を替えることを決意、「翁丸」も救われることになる。しかし、受けた仕打ちにおののく犬の心情が人間さながらに描写される段である。真淵の書入れは心情の揺れ動きに強く注目していたことを示している。宮中の様子を記す段も多いが、真淵は大半を採択していないことからすれば、当段ではことに猫の「命婦のおとど」や犬の「翁丸」の、人と等身大の心情、およびそれを汲む主上の人間としての対応などが秀逸である。そこに真淵は感じ入ったのではなかろうか。原文で「主上のことばに「あさましう、犬などもかかる心あるものなりけり」と笑はせたまふ。」とあり、「かかる心」は「この寝たる犬ふるひわななきて涙をただ落しに落とす」状況を指すわけだが、擬人化された、いかにも宮中での公家の名「翁丸」をもつ犬が、犬からすれば迷惑にも精神的にも肉体的にも人害を得て、人さながらの感情で震え戦慄し涙を流す状況を、主上がゆったりと微笑みを以て犬に眼差しを向けたところに真淵は共鳴したのであろう。拙稿の後章で記述する真淵の、心理の深化の読みに通じるものである。真の公家ならば無粋な、事の本質を歪める行動には出ぬ筈で、ここには事の本質よりも上辺のみ飾り繕ろい事なかれに見せようと行動する守り役の性の悲しさが逆に浮上して対比的である。

同じく『枕草子』が猫を扱った現三十八段の「猫は」の章段は真淵は書入れに採択してはいない。真淵の書入れの章段が単に詞を撰択する目的だけならば、現三十八段の「猫は」も入れる筈であろうが、外されている。真淵の書入れは単なる目録作りでもなく、また単に心覚えの為のメモであるとは思えない。内容を吟味した上での書入れと考える。

真淵が書入れをしなかった大半の段はいわゆる現代の分類でいう日記章段あるいは随筆章段（鈴木日出男「『枕草子』の世界」、『枕草子・紫式部日記』新潮社　一九九〇年）に属する段である。清少納言の私的な生活や宮中の人間模様が主に記されている。これらの章段は採択の書入れには入っておらず、真淵は興味を余り示していないことになる。上記真淵の書入れ以外の段は、別の意味で真淵の意識の現われといえる。

五

真淵は『枕草子春曙抄』本文および頭注などへの注釈の書入れを為している。最後までの注釈の書入れはなく、巻七「むとくなる物」以降途絶える。そして最終章近くに一箇所書入れが加わる。真淵が巻六までしか『枕草子』を読まなかったということではない。都合上現行の段を参考にすると、『枕草子』は最終三二三段・奥書で終了している。『枕草子』の最終段に近い現行三一〇段「見苦しきもの」の末尾「色黒き人の生絹単衣（すずしひとえ）を着たる、いと見苦しかし。のし単衣も同じく透きたれど、それはかたはにも見えず。ほその通りたればにやあらむ。」を真淵は用例に挙げる。

たとえば、真淵の『伊勢物語』の注釈『勢語諸注参解』に

清少納言にもおなし枕草子十二見くるしきものに色黒き人云々

とあり、また同じく『伊勢物語』の注釈『伊勢物語古意』に引用する。

女痛醜（かたは）なり身も喪（ほろ）びなん

又こゝには、見苦しく聞ぐるしくせるを転じたる用ゐざま故に、古本に醜と書り、源氏物がたりに、かの人の御為にもいとかたは也、枕のさうしに、見ぐるしき物、色くろき人の、ひとへのすゞし著たる、いと見ぐるしかし、のしひとへも透たれど、それはいとかたはにも見えず、これらのたぐひ也、

つまり、真淵は『枕草子春曙抄』では後半の注釈は見えないが、真淵の他の注釈中に『枕草子』全般にわたり読了し用例としている。ここで、『枕草子春曙抄』巻七以前の書入れに加えて、他の真淵注釈で『枕草子』の引用によって、真淵の『枕草子』観を知ることは可能である。

『枕草子』の「六位の蔵人、思ひかくべき事にもあらず。かうぶり得て」で、官職を待ち得て後よい住まいを見つけ落ち着くことを推奨する段がある（現行本一七六段）。真淵は『勢語諸注参解』に『伊勢物語』を注釈していう。

真淵按するに、清少納言大夫はと云おくにつかさまつほとの妻の京に残りてあり、わひ招くを（イお）いふに上略かやの家しうとはさらなり、をち兄なとのすまぬ家又国へ行ていたつらなる、さらすは女院宮はらなとの屋あまたあるにまち出て後、いつしかとよきところ尋ね出てすみたるこそよけれ、季吟云、宮達のある所を宮はらといふ也、いせものかたりにそこなりけるみやはらにとあるに同し、源氏ものかたりに宮腹の中将とあるは別のこと也と、真淵按するに、皆みや腹也清少納言にあるもなんそ宮原ならんや、是は春曙抄第八巻二十八丁メにあり、此分別にはり紙して有しなり

「季吟云」以下「宮達……こと也と、」までは『枕草子春曙抄』の頭注を引用しており、『枕草子』のテキストの一本とした証となる。附記すれば、二十八丁は二十六丁メの誤りと考えられる。柿谷本「田安家旧蔵本真渕自筆書入れ『枕草子春曙抄』」が在り、また他の注釈中『枕草子春曙抄』を使用していたことを知り得た。

加えて、真淵の、司を京で待つ妻の侘びしさを感情移入して注釈するところに読みの妙味を読者は得られたこと

と思われる。

ここで真淵の『枕草子』注釈の内実に立ち帰ろう。基本的には景物・事物の実態の真偽を注釈しようとする。しかし実際には、和歌などで擬人的にいかにも等身大の人物が我感情を附加したごとき実態のない詞が重視される。

ところが、真淵は第一義を的確に捉えるために執拗なまでの検討をした結果の書入れを行っている。植物ならば植物の実態を探ろうとし、時に真淵はそのことに終始しているように見える。和歌を詠むための歌語・歌枕の徹底研究を怠らない。だが、真淵の研究には和歌の範疇に収まりきらない、人間あるいは動物などへの配慮というか労りというか、深く愛する目が奥に潜んでいて、それが注釈に見え隠れする。書入れという小さな、断片的な注釈において、それを発見することは容易なことではないけれども、真淵の注釈と対峙して感じることは本質を見極めようとする精神性が根底に在る。既述の「真淵の「ますらを」考」（第Ⅰ部参照）において、「ますらを」が単に通説のごとき雄壮にとどまらず、奥に内包された喜怒哀楽愛情などの情を汲む心情に裏打ちされた人間あるいは生物の精神であることを論じた。真淵の諸注釈をひもといて見て、真淵の精神の根底に人間の心情を汲むゆえに普遍性をもって琴線に響いてくることがわかる。

『枕草子春曙抄』注釈に戻れば、和歌・物語の世界において従来愛用されてきた「事なし草」「しのぶ草」「わすれ草」「萓草」（第Ⅳ部参照）などといった歌語に対しても、掛詞として真淵は歌語に内包される感情を重視する。たとえば、これら「しのぶ」「わすれ」「事なし」など意味を附加した実態不明の草々が等身大の我ごとくの心理的感情表現を担うところに真淵の注釈の特徴がある。

『枕草子』六十七段「草ハ」の項目で、「事なし草ハ思ふことなきにやあらんとおもふもおかし。又あしき事をうしなふにやといづれもおかし。」とあり、続いて「しのぶくさいとあハれなり。屋のつま。さし出たる物のつまなどに。あながちにおひいでたるさまいとおかし。」とある。「事なし草」の意味を内包する掛詞の妙を清少納言は「をかし」と記した。

頭注の季吟注では「事なし草　河海忍草の一名の由見ゆ。此枕双紙にハ此次に別に忍草を出されたれば又一種あるにや尋ぬべし」とあり、古注の四辻善成の『源氏物語』注釈の『河海抄』は「事なし草」を「忍草」と採った説を季吟は『枕草子春曙抄』に採択した。古注・旧注ともに同説である。

これに対し、真淵は末尾の「又一種あるにや尋ぬべし」を棒線で打消し、頭注同所行間に薄墨書入れでもって「別なる事明けし」と書く。真淵は「事なし草」の右行間に、墨筆で

考萓草ならん

と書入れる。真淵は本文行間に記述のごとく墨筆で真淵の考えを記す時に「考」、ついで自己の解釈を「萓草」としたのである。ほんの短い書入れであるが、まさしく真淵の考えがここに出ているようだ。「考」は真淵の注釈においての書入れる方法である。真淵が自己の書名にも『……考』を使用するのは、常時思考を重ねた結果なのだというこことを強調するためであろうと考えられる。

檜皮葺屋根が普通であった当時、特別の瓦葺の立派な建築は大寺院や大極殿などであったが、『枕草子』の一六五段で前栽に植えられた「萓草」が斯く愛でて描写される。「せばう、瓦葺にて、さまことなり。例のやうに格子などもなく、ただめぐりて、御簾はかりをぞかけたる。なかなかめづらしうをかし。女房、庭におりなどして遊ぶ。前栽には、萓草といふ草を、籬結ひて、いとおほく植ゑたりける、花きはやかにふさなりて咲きたる、むべむべしき所の前栽にはよし。」と。

真淵は「事なし草」「しのぶ草」「わすれ草」「萓草」を諸古典注釈の中で論じてきた。たとえば、『百人一首古説』の河原左大臣「みちのくのしのふもちすり誰故にみたれそめにしわれならなくに」の注釈では、『和名抄』『白

氏文集』『伊勢物語』『大和物語』『狭衣物語』、そして『枕草子』の三箇所の段から「事なし草」「しのぶ草」「わすれ草」「萱草」などの用例を挙げるほどに徹底した考察をしている。さらに説を進め、同じく『百人一首』の真淵注釈『宇比麻奈備』では、真淵は『百人一首古説』と同用例すなわち『和名抄』『白氏文集』『伊勢物語』『大和物語』『狭衣物語』、そして『枕草子』から三箇所を用いつつ、『百人一首古説』で触れられなかった「已に萬葉に、萱草は忘草をよみ、」という『萬葉集』の用例の一文を挿入し加えているのである。真淵の注釈史を見る上で、『萬葉集』の用例の添加は思考の転換を意味する画期的なことである。

真淵の注釈『伊勢物語古意』も同じく「萱草」などを論じ『萬葉集』の用例を加えた『宇比麻奈備』の文章において、真淵は具体的に花の実体に迫り

後撰に、おもふとはいふものからにともすればわするゝ草の花さける事も書たり、枕ざうしに、六月に忘草の花さける事も書たり、然ば、今も萱艸とて、夏の比黄なる花の咲ものも云事明らけし、

という。真淵の延長線上に、同方向の注を紹介し得る。つまり現代注で「くわんざう」の解釈はわすれ草で、百合に似た紅黄色の花を秋に咲かせ葉は菖蒲のごとき植物で野山に自生、移して前栽に植えられるようになった草花であると述べている（『枕草子春曙抄』と同底本。松尾聰・永井和子校注・訳『枕草子』日本古典文学全集　一九七四年）。花の美と、人の心を託した意味を内包し掛詞として古来より和歌・物語で歌語「萱草」はもてはやされ、注釈史上実体を探求する諸注が多く云々されてきた。

真淵の国学は、一例を挙げれば、弟子加藤宇万伎から孫弟子の上田秋成へと教授され、注釈に留まらない幅と深化をうみ文学に更なる味を加え画期的な転換をもたらして行った（第Ⅲ部「加藤宇万伎の下坂」参照）。

「事なし草」「しのぶ草」「わすれ草」「萱草」の、草ならぬ草の注釈について、後述の「上田秋成と大伴旅人」（第Ⅳ部参照）において、契沖や真淵を中心とする国学者たちが繰り返し論じてきたこと、秋成が『萬葉集』諸注釈

において大伴旅人の心情と、三国・魏の文人竹林の七賢人の一人である稽康の「不遇」に重ねて、一層踏み込んだ解釈を施したことを詳述している。真淵生誕三百周年記念を機会に再度真淵の注釈の在り方を検討した。真淵が『枕草子』をいかに用例としたかに焦点を当てたかを調べて、わたくしが知り得たことは詞の注釈に内包する心理を透視していたことである。

真淵が文章の読みを人の心の奥底にまで届いたところで汲み取り、心理の深層までえぐり読む系譜につながる一端も窺える読みをもしていることをわたくしは再認識した。既述「賀茂真淵の心理解釈―『源氏物語』「若紫」の巻をめぐって―」（第Ⅰ部参照）でこのことを論じた。秋成は真淵の注釈を弟子の加藤宇万伎から真淵学を教授され深く勉強し、あるいは秋成が宇万伎から引き継いだ真淵の学問や歌集などの編纂・出版を行った経緯もある。秋成の読みにも深く影響して行き、ひいては真淵が和歌の領域でとどまった心情の吐露が秋成に至って読本の制作にまでに発展する。通底での読みの深さによると思い得る真淵の注釈を逆に知ったわけであるが、真淵学の深化と拡大が弟子・孫弟子たちを通じてなされたのであった。

紙面の制約上後稿に託した所もあるが、本章で採り挙げた『枕草子』を含む注釈の在り方から、真淵の基本的古典文学を愛でる心と、学問としての研究心が真淵学の原点に通底する人間の心情への透視にあったことを再確認し、真淵思考の甦りの一端としたい。

Ⅱ

『萬葉新採百首解』私見
――真淵の和歌観をさぐる――

一

『萬葉新採百首解』は、賀茂真淵が『萬葉集』から短歌百首を選出し、それぞれの歌に注釈を加えたものである。お茶の水図書館蔵自筆本『萬葉新採百首解』に成立年月日を示す奥書はないが、書簡より宝暦二年（真淵五十六歳）の成立と推定される。真淵は五十歳で田安宗武に出仕し、六十四歳で隠居するが、『萬葉新採百首解』の成ったと考えられるこの宝暦二年（一七五二）は、大御番格で御奥勤となった油の乗りきった年である。『萬葉新採百首解』の中に採択された和歌は、麗しい姿とのどやかさを兼ね備えた粒揃いの秀歌である。真淵の和歌観を検討するとともに、一、二感じたことを記してみたい。

二

真淵が採択した和歌と、それに附した注釈を見ていくことによって、真淵の和歌に関する美意識が浮び上ってくる。並列的に列挙するが、その中に流れている和歌に対する心情が脈打っている。以下、代表的な歌及びその注釈にふれる。

〈のどやかさ〉〈すなほ〉

　ももしきのおおみやびとはいとまあれやうめをかざしてここにつどへり

　真淵注「ここは春の野に梅の花かざしつつ遊び日なれば、暇あるやとよめる。まことに此一首にて、のどやかに心ゆく野遊のさましられて面白し。」（句読点、傍点は筆者が附す。以下同じ。）

春の野に梅をかざし群れ遊ぶ大宮人の華やいだ気分などすべてが春の到来を喜んでいる。一首全体は柔らかな春光を感じさせ、のどやかな美しい歌となっている。また

　真淵注「哥はすなほにて人の心をも慰め神もめで給ふを、などあとなしことをばいふならん。」

と、すなほに詠んだ歌は心を慰むるものと、めでるのである。

〈あはれ〉

　さをしかのつまよぶやまのをかべなるわさだはからじしもはふるとも

　真淵注「物あさる便ながら、鹿の岡辺の山に妻こふる声のあはれさ、堪がてなれば、はやくかり収むべき早稲なれど、霜おくまでも、刈やらじとなり。」

と、妻呼ぶ鹿の声にあはれを感じ、更に

　真淵注「そもそもかかる所の鹿の鳴をあはれときかざらんや。さるときは、かれは心もなく思ひたのむ小田を刈なんは、情なしてふ意なり。思ひつる心を即いひたるのみ。」

と述べる。視覚的に霜降りた小田の早稲の情景と、聴覚的に妻恋鹿の声を捉え、あはれさを醸した秋の景に人の心を添えた歌として捉えている。

〈調べすずしく姿高し〉

　うちまやまあさかぜさむしたびにしてころもかすべきいももあらなくに

真淵注「よしのは高山多くて、山の朝風旅の衣手さむければ、いとどしく都の妹こひしくて読給へる也。こともなくかくいひて調べすずしく姿高きがいでがたき也。」

と述べ、爽やかな朝風に山越えをしている旅人の、妹を想う心をさりげなく詠じている心をみている。

〈うるはしく姿高し〉

ひさかたのあめのかぐやまこのゆふべかすみたなびくはるたつらしも

真淵注「香山を望めば、此夕ぐれのどやかに霞棚引つるは、春の立たるならんてふ意のみなり。かくことすくなくうるはしく姿も高く調ぶるがかたきなり。」

と、香具山に霞がたなびくのどやかな夕暮に、麗しさと、春の漂いを感じる美しい歌とみている。

〈あるがままに詠む〉

いへにあればけにもるいひをくさまくらたびにしあればしひのはにもる

お茶の水図書館蔵真淵自筆本の頭書「後世ハ常の語いやしくなれる故に、哥にハしひて哥詞をもとむる。古へハ常の語即哥詞也。よりてすべてのことをもしひてもとむることなくあるがままによめり。此事をよく意得る外ハ見るべし。旅のさびしさをいはんとて設て椎の葉にもるとおもふハあやまり也。」（流布本にはこの注は見あたらない。）

真淵はあるがままに詠むことが歌詞として生きたものになっていると述べ、同時に

真淵注「ことわり明らかにて、いかにも旅のわびしさかくおはしけん事を、今も思ひはからる。」

と、旅のわびしさを感じとっているのである。

以上の和歌のほかに、人口に膾炙している

わかのうらにしほみちくればかたをなみあしべをさしてたづなきわたる

たごのうらゆうちいでてみればましろにぞふじのたかねにゆきはふりける
あふみのみゆふなみちどりながなけばこころもしぬにむかしおもほゆ
あをによしならのみやこはさくはなのにほふがごとくいまさかりなる
あしびきのやまどりのをのしだりをのながながしよをひとりかもねん

などをも選んでいる。『萬葉新採百首解』は版本となって流布したので、真淵の、『萬葉集』の秀歌を世に紹介した功績も大きいといい得る。

三

次に、『萬葉新採百首解』から目を転じて、真淵が和歌そのものについていかなる意見をもっていたか、彼の著作の中から拾い出してみよう。たとえば、『續萬葉論』の中で

凡此集はよみ人しらずと有にこそいと勝れたるは多けれ。

と、『古今集』のよみ人しらず歌を賞讃している。また、晩年の円熟した歌学思想をあらわした『歌意考』（広本）にも

古今歌集は萬葉につづきてめでたきものなり。そもまたよみ人しらずてふ歌こそ、ことに勝れたるはおほけれ。

と述べている。では、なぜ『古今集』のよみ人しらず歌を是としたのであろうか。その答に当たるものを『歌意考』（流布本）に

古今歌集の中によみ人しらずてふ歌こそ、萬葉につづきたる奈良人より、今の京の始までのあり。これをかの延喜のころのうたとよくたなへくらべ見るに、かれはことひろくこころみやびかにゆたけくして、萬葉につげ

るものの、しかもなだらかににほひやかなれば、まことに女の歌とすべし。

と述べ、また、『にひまなび』にも

萬葉集をまなびて其心を知、古今歌集をかねてそのすがたを得ば、たれかいしくなきものとせん。

と述べている。「心」「姿」に加えて、「調」についても

共に打唱ふにとどこほりなくて、何となく心高く聞ゆるを専とす。（『にひまなび』）

とし、真淵は、和歌は元来歌い出ずるものとする故に、調の意義を強調しているのである。つまり、従来の和歌論を継承しつつ、『萬葉集』の心、『古今集』の姿を重視しているのである。そして、和歌の中で、『古今集』のよみ人しらず歌に、和歌のあるべき姿を見い出し、規範としたのである。

ふたたび、『萬葉新採百首解』の選歌と注に戻ると、『萬葉新採百首解』が『古今集』のよみ人しらず歌を証歌として、選歌、注をなしていることも大きな特色の一つである。

きのふこそとしはくれしかはるがすみかすがのやまにはやたちにけり

真淵注「古今集にきのふこそさなへとりしか、とよめるは、此哥をうつして意は時のうつるを驚くなり。」

と述べ、『古今集』のよみ人しらず歌「きのふこそさなへとりしかいつのまにいなばそよぎてあきかぜのふく」を証歌として挙げている（以下、『萬葉新採百首解』の萬葉歌に添えて、証歌として引用された『古今集』のよみ人しらず歌を掲げる）。

かはづなくかみなびがはにかげみえていまやさくらんやまぶきのはな
（いまもかもさきにほふらむたちばなのこじまのさきのやまぶきのはな）

くれなゐのすそひくみちをなかにおきてわれやかよはんきみやきまさん
（きみやこんわれやいかんのいさよひにまきのいたどもささずねにけり）

たましまのこのかはかみにいへはあれどきみをやさしみあらはすありき
（なにをしてみのいたづらにおいぬらむとしのおもはむことぞやさしき）
たちばなのはなちるさとにかよひなばやまほととぎすとよませんかも
（あきはぎにうらぶれおればあしひきのやましたとよみしかのなくらむ）
ほととぎすきなくさつきのみじかよもひとりねぬればあかしかねつも
（ほととぎすなくやさつきのあやめぐさあやめもしらぬこひもするかな）
あはぢのぬじまのさきのはまかぜにいもがむすびしひもふきかへす
（わがせこがころものすそをふきかへしうらめづらしきあきのはつかぜ）
わがやどのうめさきたりとつげやらばこんてふににたりちりぬともよし
（つきよよしよしとひとにつげやらばこてふににたりまたずしもあらず）
すまのあまのしほやききぬのふぢころもまどほにしあればいまだきなれず
（すまのあまのしほやきごろもをさをあらみまどほにあれやきみがきまさぬ）

『萬葉新採百首解』の附記（お茶の水図書館蔵自筆本は、序の次に二字下細字で記す。流布本は巻末にある）で、『萬葉集』から秀歌百首を選出したあり様を

歌は唯意なり、すがたなり。心やさしけれど姿わろくてはあるべからず。すがたよけれど心のわろきはいよいよわろし。此二の中に、心のことはたやすういひがたし。此百くさにいへるをよく見て、意得給へ。姿はことばなり。

と述べる。和歌のみやびな姿を、『古今集』の、中でもよみ人しらず歌に求め、それを規範として、選歌したのである。真淵は、自分の選歌した歌を見て意を学べ、と言っているのである。

四

『萬葉新採百首解』が元来、なにのために選歌・注釈されたか、意図を示す識語が架蔵本（写本）にあるので記しておく。

この新採百首解は、田安中納言宗武卿の姫君の、大江治親朝臣のがりいらせますおほむ時に、萬葉集中よりえらばしめつつ、加茂真淵におほせて、続まつに書せたまふけるを、其歌のこころを後またしるさしめてたまひけるなり、とぞ狛少兄諸成ぬしのまをされはべりしなり。

平　勝膚謹識

真淵は、宗武の仰せにより、姫君嫁入りの持参品の一つとして、『萬葉集』より百首を選歌した。それを後に注釈を施したものであり、宗武側近の狛諸成によってその経過が語られたことを平勝膚が記しているのである。現在我々は、学問的に『萬葉新採百首解』の和歌・注釈を見るが、この識語は成立のいきさつの関わりを伝え、自筆本・流布本に見あたらず珍しい資料と思うのでここに附記しておく。

新出和歌「賀茂真淵等十二か月和歌」攷

賀茂真淵が弟子たちと詠んだ新出の和歌がある。静岡県浜松市立賀茂真淵記念館（以下、本書において賀茂真淵記念館と記す）が所蔵し、一本の掛幅軸として公開されている和歌である。「賀茂真淵等十二か月和歌」と題し登録されており、本書も同じく「賀茂真淵等十二か月和歌」と称する。賀茂真淵記念館において掛幅軸の墨書は真淵自筆と特定されている。

一九九四年十一月三十日発行の、賀茂真淵記念館の図録『館蔵名品選　賀茂真淵と本居宣長』（浜松市立教育委員会）に月並十二か月の和歌の一部と次の説明などが写真とともに載せられている。

収蔵番号　九一四

縦一六・〇糎×横七七・〇糎

紙本墨書　掛幅装

「業者から購入したもの。」

「本文も注記の細筆も同筆で、賀茂真淵の手と思われます。

賀茂真杜氏の示教によると、料紙も真淵常用の巻き紙であり、貞隆・千かげ（蔭）・枝直・春道・高豊ら門人たちの顔ぶれ、筆跡から考え、宝暦中期、真淵六十歳前後のころのもので、女性の門人の和歌グループ指導の教材ではないかとされています。

月並行事についての解説も注目されます。」

賀茂真淵記念館では真淵自筆と認定し、掛軸として仕立て展示され、江戸中期の国学者の和歌を垣間見させて、一般入館者の目を楽しませている。ちなみに賀茂真淵記念館が業者より購入したとのことである。

本墨書には真淵が弟子たちとの十二か月の和歌を詠み、全和歌の行間に細字で書入れの注が加えられ、一人の筆で書かれたものである。なお、續群書類従完成會から刊行された『賀茂真淵全集』、あるいはそれ以前出版の『賀茂真淵全集』には、当和歌は収録されていない。賀茂真淵記念館に収められた新出の和歌とする所以である。

本章では、真淵と弟子たちの十二か月の月並和歌および細字注の資料の全容の翻字をおこなった。真淵の詠歌の実態を垣間見る知る資料としての重要性を鑑み、制作の意味を考え、特質や内実をも探っていきたい。

「賀茂真淵等十二か月和歌」の翻字をし紹介する。

余白を利用した細字などの書入れが入り組み続きが複雑な箇所がある。改行も含めできるだけ実態に即したかたちで、どのように読めばよいか真淵の記述が復元されるように翻字した。

正月の初めに大臣家なとへ公卿たちの来るに
酒さかなゝともてなす時朗詠の佳辰令月（カシンレイゲツ）と
いふ詩をうたふ也故によき時（ヨキトキヨキツキ）
うたふとハよめり

正月　○臨時客（りんしのきやく）

侍従貞隆朝臣
横瀬駿河守殿也

あら玉のとし立ぬれハ来る人のよき時うたふ
事のたのしさ

二月　○祈年祭(としこひのまつり)

二月四日に大やけの神祇官
に祭らるとて当年の五こく
のよろしかれと三千三百余の
神社へぬさなと
さゝけ給へり

千かけ

幣帛をいふ也

ミてくらの数ハいくらそミちゝ余り
ミとしの神をけふ祭ります

御年(ミとし)の
神とハ
わけて
五こく
稲なとを
守る神を
いふ

三月三日に流れに盃をうかへてそのなかれぬ
間に詩を作る事からに有それを曲水といふ

三月　○桃の花のもとに水流る人
〳〵あそふ

枝直

飛鳥川八つりの宮の初めよりなかれて

たえぬけふのさかつき
八釣宮ハ允恭天皇の都也此時日本にてはしめて
曲水の宴あり

四月　四月四日七月四日ニ此条ありて
おふやけより御使立也

立田祭

源　貞臣

うつき咲立野のをの丶神祭
山にも野にもゆふかけてけり

神社の御領の田をみとしろといふ

五月　神のみとしろう丶るかた
神社の事をとる人を
はふりといふ

村田　春道

はふりこかいはひてはへししめなはの
いミつ丶しミて也

長たさなたにさなへとる也
長田狭田ハ大きなるとせはき田の事也

神代巻ニあり

六月　はらへする所　日下部　高豊

橘のあは木か原のそのかミの神わさ
すれハ涼しかりけり

いさなぎのミこと御けかれをはらひ
すゝき給ふ事つくしの橘のあはきか
原といふ海にて有し
事也

七月　すまひのかた

むかしハ
七月に麓庭にて諸国のすまひとり
のきてをらミてすまふとらせられし也

藤原　うまき

はゝらかしをつゝめていふ

かた庭をふミはらゝきて立むかふ

神代巻にかた庭をむかもゝにふミなづミけはらゝ
かしといへり　力あしふむ
事也

人こそけふのぬき手なるらぬ

中よりぬき出たるとてそ
いふ

八月
山より月の出る所
藤原
信秀
としふれとかけもかハらすあふミのや
鏡の山の秋の夜の月

九月　九月十七日大神宮へ今年の新稲を
奉りてまつる事也
神（カン）なめまつり　源　さちを
長月のけふ奉るかけちからかけて
かけぢからハ田税（タチカラ）と云て
つかへん万代までも　稲を竹にかけて
千かけ奉る也
里より遠き田所にハ民のかり
庵作り秋いねのかりをさめをする也それを田ゐといふ

十月　田居に稲つミたるを
翁の見るかた　村田　春郷
かつしかの里のいなむら数を多ミ年も
ゆたかにまつまんとそ思ふ

十一月

十一月に鎮魂（チンコン）（ミタマシヅメノマツ）祭（サイ）（ママ）をして人のたましひのうかる、を心中にしづむる祭也それに糸をむすふ事有たま此歌によめり

ミたましづめ
としことに玉むすひにむすふ玉のいと
長きよはひのかきりしらすも

十二月　真淵　うたけハ宴也さかもりの事也
としの暮にうたけする爾（ニ）
あたらしき御代のはしめにあふ民ハ
としのくる、もいとハさりけり
あたらしき御代のはしめの末とほき
年ハをしましかくてくるとも（筆者注・当歌は前歌に比べやや小さく記されている）

上記の和歌は詠歌者名が脱落したもの、細字注が不整備など草稿の姿を見せている。

同和歌とは別に、真淵が弟子たちと〈十二〉にこだわり詠んだ類例が参考となるので挙げておく。真淵は一形式にバリエーションをもたせつつ、ほぼ同時期に幾度となく行うことが見られるので、近い時期に行われた歌会と見

てよいかと思われる。

遠江国十二景加茂真淵家ニテ読歌

天中川　　侍従貞隆朝臣

すはの海や氷とくらしとほつあふみ天の中川みきはまされり

国原　　加茂真淵

ひはりあかる春の朝けに見渡せハ遠の国原烟たちたつかすみたなひく

鳥羽山　　かとり魚彦

五月雨は晴にけらしな時鳥とはの横山夕日さすなり

駒嶽　　日下部高豊

信濃なるこまの高嶺のとこなつに消せぬ雪を雲かとそみる

引馬野　　いくめ子

主人のむかしわけゝむひくま野ににほふ萩原あせすもある哉

秋葉山　　藤原宇万伎

秋葉山霧立わたる千はやふる神のいふきのきり立わたる

安波々嶽　　大伴俊明　小普請／山岡太郎左衛門

あつま路を旅行人のあはと見むあはゝかたけに雪ふりにけり

曠野　　葛子（さち）　松平能登室

をちかたの国のに生る紫を草とわけつゝ行くハたか子か

鹿島　　　　　　　　　　　　　　　　　　　　　　　村田春郷
青浪のうつ浪はやき鹿島川かしこき瀬をもわたるなるかな
　岩水寺　　　　　　　　　　　　　　　　　　　　真淵
岩水のしつくの洞のつら〻石いくつらつらの代をか経ぬらむ
　社山　　　　　　　　　　　　　　　　　　　　　真淵
四方ハみな壁立のほる社山大国ぬしやつくりましけむ
　砂川　　　　　　　　　　　　　　　　　　　　　源春海
久かたのあまの名におふ水無瀬川中瀬にたちて月を見る哉
　長の上の河辺の郷なる中瀬翁のよめる、其見放る処々の歌よめと引馬の城の下なる渡辺ぬしのおふなおふなしめさる〻からに、其所のさま聞わたして、十あまりふたつの古のふりを人たちにもいふなり、我も唱へたる

（『賀茂翁家集拾遺（石川依平編）』、『賀茂真淵全集』第二十一巻　續群書類従完成會）


上記十二景においては、歌枕を詞書として十二景の和歌が詠まれ、各歌に対応して作者名を記す。真淵は三首詠んでいるが、他の和歌も逐一に詞書と詠歌の名前を記す歌会の完成を示している。細字の注は記されていない。

前者「賀茂真淵等十二か月和歌」をAとし、後者「遠江国十二景加茂真淵家ニテ読歌」をBとする。

Ａ「賀茂真淵等十二か月和歌」は月並行事で主に神祇を詠む。Ａ「賀茂真淵等十二か月和歌」は不整備の部分を残し、草稿段階のメモ書き的な要素を含み、完成されたものではない。

十一月の作者は記されておらず、落ちたものかと思われる。真淵が関わる清書の段階においてはおそらく点検の上、作者名は記されることになろう。清書を想定した草稿段階のメモ書きである。

また、年末十二月のみ真淵が二首詠んでいるように見える。ちなみに、年末十二月に記された和歌の後者の字は

前歌に比べ小さく記されており、制作した和歌を二首並べ、撰択の結果清書段階でどちらを提出するかという稿本の段階の二首と考えてよかろう。清書の段階では前者の、十一月までの和歌と同字に大きく記された和歌が採択されるのであろうか。当月並歌会が一人一首を原則とするならば限定され一首の撰択になると考えられる。

Ａ「賀茂真淵等十二か月和歌」の考察に際し、構成あるいは重なる作者など共通の形式が用いられたＢ「遠江国十二景加茂真淵家ニテ読歌」は歌枕を主題にしたところは異なるが、〈十二〉にこだわった類例の歌会開催の、参考資料として挙げ得る。Ａ「賀茂真淵家ニテ読歌」はともに真淵が弟子たちと〈十二〉にこだわり、類似の歌会である。Ａ「賀茂真淵等十二か月和歌」とＢ「遠江国十二景加茂真淵家ニテ読歌」の作成時期は不明である。Ａ「賀茂真淵等十二か月和歌」は行事・神祇、Ｂは歌枕を詞書に和歌を詠み、歌人も両者に共通するのは、真淵・侍従貞隆・日下部高豊・藤原宇万伎・村田春郷の五人である。Ａのみの歌人は千蔭・枝直・源貞臣・村田春道・藤原信秀・源さちをであり、Ｂのみの歌人は楫取魚彦・いくめ子（伊久売子）（第Ｉ部参照）・藤原宇万伎・大伴俊明・葛子・村田春郷・源春海である。枝直に指導を受けた魚彦の関係から、Ａ「賀茂真淵等十二か月和歌」が先立ち、またＢ「遠江国十二景加茂真淵家ニテ読歌」の「岩水寺」の和歌が、宝暦十二年十一月十六日附真淵（書簡では岡部衛士）から大城清左衛門宛の書簡（『縣居書簡続編』、『賀茂真淵全集』第二十三巻　續群書類従完成會）に見え、成立の下限は宝暦十二年（一七六六）十一月まで真淵六十六歳の時となる。同Ｂの詠歌の意図は左注「おふなおふなしめさるゝからに、其所のさま聞わたして、十あまりふたつの古のふりを人たちにもいふなり、我も唱へたる」と述べ、「いにしへのふり」つまり〈古風〉の詠歌を目指したものである。

真淵が〈十二〉にこだわる例が上記のＡ・Ｂの和歌のほかにみられる。井上豊「十二月の名考」（『賀茂真淵の業績と門流』）にいう。

（チ）「朝風意林」の「蔵書著述目」に「十二月考」というのが見えていて、「近代名家著述目録」や「国書解題」にも、真淵の著書の一つとしてあげているが、静嘉堂文庫蔵の「勢語臆断別勘」(目録には加藤宇万伎撰とあるが、「別勘」の末尾には「安永九年庚子七月二十三日伊勢貞丈記」とある。)附載の「十二月の名考」には「藤原の宇万伎　上」とあって、宇万伎が田安侯あたりの求めによって奉ったものらしい。内容は十二月の各々の古名についての考証である。田安家の蔵書中にあったので真淵の著とされ、次々に誤りを踏襲してきたのであろう。

安永九年(一七八〇)の記録では『十二月の名考』には「藤原の宇万伎　上」とあり、真淵の四大弟子〈縣門四天王〉の一人の宇万伎に『十二月の名考』の著がある。井上豊は「田安家の蔵書中にあったので真淵の著とされ、次々に誤りを踏襲してきたのであろう。」と述べられるが、真淵は月並行事に興味を有し、宇万伎にも伝播したものであろう。宇万伎学は真淵を継承しつつ師とは異なる視点もみえ、宇万伎の『十二月の名考』について後述の「加藤宇万伎著『十二月の名考』攷」(第Ⅲ部参照)で記した。

宇万伎は実生活と密着した蚕・米の説明を附した特徴がある。宇万伎の方は生活臭の漂う解説がなされている。真淵の方は〈十二〉に関わりA・Bとも和歌に主眼が置かれ生活臭がなく質の違いがみえる。真淵による「十二月考」は今のところ見あたらない。しかし、真淵が著した可能性は考えられ、興味を示していたことは確かである。一方、「十二月の名考」は宇万伎みずからの注釈である。

A「賀茂真淵等十二か月和歌」の真淵は年中行事でもことに〈神祇〉を中心に据え、細字で注を施し、あくまでも優雅な和歌世界を弟子たちと実現している。各月の詞書あるいは主題は次のとおりである。

正月　臨時客(りんしのきゃく)
二月　祈年祭(としこひのまつり)

三月　桃花・曲水
四月　立田祭
五月　神のみとしろう、るかた
六月　はらへする所
七月　すまひのかた
八月　山より月の出る所
九月　神（カン）なめまつり
十月　田居に稲つミたるを翁の見るかた
十一月　鎮魂祭（ミタマシズメノマツ（ママ））
十二月　としの暮にうたけするニ

上記の主題からは伝統に則った詞書・主題のように見えつつ、『祝詞』『古事記』『萬葉集』などを典拠にしつつ詠み込んだ月並和歌が並ぶ。

たとえば、六月の「はらへする所」には歌枕〈あは木か原〉が和歌に詠まれている。同主題を真淵は幾度となくあちらこちらに記す癖があるが、『賀茂翁家集』巻之五の「紀行」の箇所にも、歌枕〈あは木か原〉和歌の注釈を記す。

旅のなぐさ　あるいは西帰といへり

此ひきもの神も道の神とおもはるれど、後には聞えぬ御名也、古今集に、四〇五「下の帯の道はかたがた別るとも」と有を顕昭律師の説もあしからねども、或人のいはく、いざなぎの大御神あはぎが原にて御帯をなげすて給ふ時になれる神の御名を、道のながちはの神といふ、これぞ道のかみにて、そのものだねは御帯なるがゆ

ゐに、下帯の道とはつゞけたるならんといへり、此ことより所あめり、同じ御神御褌（はかま）をなげすて給ふになれる
神の御名を、ちまたの神といふ、此はかまをひきもともいふにやとおもへば、ことの次にいふになん、
（『賀茂真淵全集』第二十一巻　續群書類従完成會）

真淵は『古今集』「離別歌」の末尾の紀友則の和歌を引用している。

道にあへりける人のくるまに物をいひつきて別れる所にてよめる
とものり
したの帯のみちはかたかたわかるともゆきめくりてもあはんとそ思ふ　（四〇五）

顕昭の『顕注密勘』や「或人のいはく、」は契沖説で『古今余材抄』からの引用である（『契沖全集』第八巻）。

今案下の帯は道の枕言なり。伊弉諾尊日向の檍（アハキカ）原にして御祓えしたまふ時、帯を投棄給ひしかば長道盤神（ナガチハノ）となる。これ道路の神なり。委古事記日本紀等に見えたり。よりて今下の帯の道とはつゝけたり。只帯のこなたかなたに行めくるを道といへるかとも心得つべけれど、こと書に道にあへりけるといふにあはせて見るへし。

契沖の記紀の記述は『古事記』原文の引用ではない。井野口孝『契沖学の形成』（和泉書院　一九九六年）において、中国の類書からの引用が指摘されている。上記、伊弉諾尊も説話的な話として採られている。真淵は契沖の説話的な話に誘われて、「紀行」を記している。有名な『古事記』の話は説話的に、国学を通しても拡がっていたと考えられる。Ａ「賀茂真淵等十二か月和歌」の、弟子たちの詠歌にも応用され、同時に一種の講義のような細字注の内容は真淵から弟子へと継承され普及して行ったと考えられる。

真淵は『古事記』や『祝詞』や『萬葉集』などの説話レベルを脱出した学問レベルでの真の意味の追求こそ必要と感じるようになった。それゆえにこそ真淵は本格的な『古事記』の注釈の必要を感じたであろう。真淵みずから、仮字書き『古事記』注や訓を附したり、ひいては最終的には弟子の本居宣長に『古事記』の本格的研究を促し委託

した。

『古事記』神代巻の「黄泉の国から脱出した伊耶那岐命は、筑紫の日向の橘の小門（おど）の阿波岐原で禊をする。」（『新潮日本古典集成』）話を典拠に、A「賀茂真淵等十二か月和歌」で、真淵の弟子日下部高豊の和歌に入集された。

六月　　日下部　高豊

　　はらへする所

橘のあは木か原のそのかミの神わさ

すれハ涼しかりけり

　いさなぎのミこと御けかれをはらひ
　す、き給ふ事つくしの橘のあはきか
　原といふ海にて有し
　事也

六月に詠まれる詞書の水無月の祓は「なごしの祓またをかし」（『徒然草』）と衆知のことながら、加えて『古事記』の黄泉の国から脱出した伊耶那岐（いざなぎ）命は、筑紫の日向の橘の小門（おど）の阿波岐原で禊をし、穢れを祓うストーリーが和歌に導入され、附加されたことになる。神わざに依る涼しさが和歌に加味されたといえる。従来の伝承されてきた神事が『古事記』を典拠として和歌を詠じることによって、一層和歌のひろがりと深味を加えたことになる。真淵の古典研究が単に注釈の域にとどまらず、詠歌にまで幅と深みを拡大したと言える。

もう一例、真淵四大弟子「縣門四天王」の一人の加藤（藤原）宇万伎の和歌をみておきたい。

七月　すまひのかた

　むかしハ
　七月に麓庭にて諸国のすまひとり

藤原　うまき

のきてをらミてすまふとらせられし也

かた庭をふミはら、きて立むかふ　は、らかしをつ、めていふ

神代巻にかた庭をむかも、にふミなづミけはら、かしといへり　力あしふむ事也

人こそけふのぬき手なるらぬ　中よりぬき出たるとてそいふ

七月の詞書は「すまひのかた」で相撲である。宇万伎和歌の上三句は『古事記』の神代巻の詞をそのまま詠み込んだ和歌となっている。

父の伊耶那岐の大御神に追放された須佐之男命は、根の国に赴く前に、高天の原にいる姉天照大御神に暇乞いに昇天しようとする折、国土が震動し天照大御神は弟の忠誠心を危ぶみ、武装して弟須佐之男命を迎え備える体制が敷かれる。

「あながせの命の上り来ますゆゑは、必ず善き心にあらじ。わが国を奪はむとおもほすにこそ」とのらして、すなはち御髪を解かし、御みづらに纏（ま）かして、すなはち左右の御みづらにも、御かづらにも、左右の御手にも、おのもおのも八尺の勾玉の五百つのみすまるの珠を纏き持たして、そびらには千入の靫を負ひ、ひらには五百入の靫を附け、また、いつの竹鞆を取り佩（お）ばして、弓腹振り立てて堅庭（かたには）を向股（むかもも）に踏みなづみ、沫雪なす蹴（く）ゑ散（はら）らかして、いつの男建（たけ）び踏み建びて待ち問ひたまひしく、「何のゆゑにか上り来ませる」

（『古事記』上つ巻、『新潮日本古典集成』）

『古事記』の、天照大御神の敵対する者への迎える準備を「堅庭（かたには）を向股（むかもも）に踏みなづみ、沫雪なす蹴（く）ゑ散（はら）らかし

て、」と言った。戦闘の場面の話を転用して、宇万伎は相撲でまさしく両者が向かい合うさまの情景を詠んでいる。詠歌とは別に、真淵は学問として注釈を、宝暦七年八月に『古事記頭書』（『賀茂真淵全集』第十七巻　續群書類従完成會）を著わし

かた庭をむかももにふミなづミあわ雪なすくゑはら、かし

と読む。ちなみに宣長が読み感動し真淵門に入門する契機となった『冠辞考』は宝暦七年六月に成立している。また、真淵の宝暦十四年六月二日に改元明和元年『古事記』では（『賀茂真淵全集』第二十六巻　續群書類従完成會）

カタニハヲ　ムカモ、ニフミナヅミ　アワユキナス　クヱハラアラガシテ

とあるが、常に読まれる「くゑはららかし」と異同が見られる。

別例を挙げると、真淵は宝暦八年寅正月二十四日『賀茂縣主家始歌』で左注に萬葉歌を多く記した弟子枝直・千蔭・高豊らも含む歌会を開催している（田林義信『賀茂真淵歌集の研究』風間書房　一九六六年）。注釈における研究と詠歌が連動しつつ精進していくさまの一端が窺える。

宇万伎が七月の和歌に『古事記』を採択していることに注意したい。

賀茂真淵記念館の図録においては「女性の門人の和歌グループ指導の教材ではないかとされています。」と記されている。加えて、A「賀茂真淵等十二か月和歌」においては、〈いにしへのふり〉つまり、〈古へふり〉の詠歌指導を真淵が弟子に教授する姿を垣間見させる細字注であるように思われる。

真淵が国学において、古代世界を強調すればする程、次に紹介するような批判も浴びせられることは十分予想される。

当代において古学を発想とした真淵も、堂上からの厳しい批判の言が投げかけられた。すなわち

真淵は変風の歌学の者也。歌よみとはいひがたし。淳時（なお）は狂歌よみ也。即席達者なれども堂上門人にあらず。

いづれも虚名の高名也。

（石野広通『大沢随筆』）

という。誹りというよりも真淵の歌学の存在を否定した言といった方が当たっていよう。

しかし、歌人として明和五（一七六八）・六年頃には江戸歌壇の「六歌仙」として撰ばれた人々の顔ぶれは当代を、伝統に対峙するものとして『萬葉集』や『古事記』などを典拠に新風を和歌に採択していった真淵・宗武が入っている（松野陽一「近世和歌史と江戸武家歌壇」、松野陽一・上野洋三校注『近世歌文集　上』岩波書店　一九九六年）。

田安宗武	古学派
石野広通	冷泉門
萩原宗固	坂光淳門
岡部衛士（賀茂真淵）	古学派
内山伝三、淳時	坂光淳（静山）門、狂歌大田南畝の師
磯野政武	冷泉門

真淵は明和六年十月三十日に七十三歳で没しているので、死の直前に既に六歌仙の評価を受けている。真淵は堂上歌人による批判と、古学派としての地位確立との両極の評価を受けていたのである。

十二か月和歌を詠じることは、伝統的には『古今集』を聖典として〈見立て〉や〈歌枕〉などを屏風に仕立てた歴史と重なる。元禄六年（一六九三）には狩野永納（一六三一～一六九七）著による『本朝画史』が本朝初の本格的な日本絵画史の著述として刊行された。

永納は絵画史を研究するとともに、十二か月の詩歌や和歌の意味を採って描いた屏風絵も描いている。たとえば、畠山匠作亭での歌席で、公家・武士・禅僧が詠んだ月並の詩歌を基に、永納は「十二か月歌意絵図屏風」や「十二か月花木図屏風」などを描いている。江戸時代に入り世も落ち着き、尾形光琳や乾山の押絵貼屏風など衆知の屏風も制作されていた時期を迎えている。二条家を介する永納と尾形光琳や乾山の関連も含め詩歌・和歌と屏風・押絵屏風などが交流し合いながら芸術を育んでいく。以上のような十二か月の詩歌・和歌が詠まれ、それに基づいた屏風制作が江戸時代になって流行るのであった。このような従来の和歌の歴史の流行にのっとったかたちで、国学の真淵も弟子たちと流行していた年中月並行事に注目していて、和歌の題材として和歌を詠じたといえる。

Ａ「賀茂真淵等十二か月和歌」の冒頭に詠んだ高家で駿河守横瀬貞隆と、弟で後に貞隆の養子になった貞臣など（第Ⅱ章参照）、和歌と歌人については高家の門人ゆえ公家たちの動向も衆知であっただろうから、関連してここに触れておく。当時の主流派からの、〈古学派〉についての意識が『霞関集』に如実に出ている（『近世歌文集　上』）。

源貞臣　冷泉家門人　高家　横瀬式部

とあるが、『霞関集』再撰本には貞臣は〈古学派真淵門人〉ゆえ、削除され一首も採択されなかった。冷泉派・二条派などからすれば、国学〈古学派〉は位相の派としての認識をもって明確に区別したということである。貞臣は和歌を冷泉為村に師事し、当時、内藤甲斐守正範および、石野広通とならび三歌人の一人と称せられていた。

〈古風〉に関して、田林義信『賀茂真淵歌集の研究』において次のごとく述べる。

真淵が自らの歌は萬葉調でなければならぬ、というやうに考へるに至つたのは五十歳以後の事である。もちろん古風歌への志向は早くより見られるのであつて、「岡部日記」の終りに「大君の遠のみやこの八十のつに所せきまで浮く宝かな」の作を挙げて、次に「古びたるかな、家持が集に入れましとて人々笑ふ」と記してある。真淵は早くから作歌の上でも、萬葉集を復活させようと試みてゐたことが察せられる。しかし、いよいよ意識して古風歌を提唱し、これが実作を試みたのは五十歳以後の事であつて、延享三年（真淵五十歳）十一月五日植田喜右衛門宛書簡に当秋は別而御殿へ度々被召其上此度古風歌を称て新体を破候とあるやうに田安家に出仕するやうになつてから、新風を破つて古風歌を作るやうになつた。

序説において既出のごとく真淵の萬葉集研究は宗武の出仕即ち五十歳以前からであるが、注目すべきは書簡中の「古風歌を称えて新体を破」る意識であったという真淵の意気込みが読みとれる。

A「賀茂真淵等十二か月和歌」は清書されたものではない草稿の段階の走り書きで、細字の注が書入れられている。A「賀茂真淵等十二か月和歌」には作者名が脱落した不備や、細字による書入注も下部や行間など整えられた書きようではなく、清書の月並行事和歌とはいえない。

欠落した部分は、十一月の和歌の作者が記されていないことである。書写時に、十一月の作者を書き落としたものであろうか。年末十二月の真淵歌を除き、一首一人ずつ和歌が出されていることからすると、十一月の和歌作者が誰かを門人の家集等によって特定する課題は残ったといえる。誰かは不明のままである。

年末十二月の真淵歌は二首記されてはいるが、最末の歌は細字でやや小さく記されているので、どちらを採択するか迷いつつ、一応制作の二首の和歌を並べたと考えてよかろう。歌人や俳人が類作を並べるのと同様、真淵にもよく見られることである。原則としては各月に一人一首の和歌と考えてよいとすれば、作者名の脱落は草稿であることの証左といえよう。

「賀茂真淵等十二か月和歌」は月並行事の、ことに〈神祇〉に属する詞書・和歌を中心に詠まれている。ちなみに〈神祇〉は『後拾遺和歌集』ではじめてつくられた部立であり、『千載和歌集』『新古今和歌集』などにも踏襲される部立であった。真淵が京都の上賀茂神社神官の流れを汲む出自であったことを差し引いても『古事記』の神代巻や『萬葉集』などを典拠に採択し、柔軟に和歌の範囲を拡大している真淵を領袖とする国学者のグループにおける詠歌の実態をうかがわせる資料である。『真淵家集』に詞書を〈神祇〉と題する和歌は時に見られるが、〈神祇〉

を中心にまとめた月並和歌は珍しい。

真淵は『賀茂の川水』（國學院大學蔵版、『賀茂真淵全集』巻十二　吉川弘文館）において、「六月祓を」を題に詠み述べる。

身そぎの歌かきて給かし。すべてかゝる歌よまんに、後の歌どもは皆々いひふりて手づゝになり来りたれば、今はふつにさるをば見給はで、後拾遺より上のうた歌仙歌集などつねに見給はゞかへりてめづらしきおもむき出来ぬべし。（略）

天つ罪　はらふ夕は　雲ゐふく
　風もすゝしく　なりにけるかな

とぞ此度よみて侍る。みづからほこるとや思さんは、かたはらいたく侍り。かつてかつてさる心にて、しるし侍るには候はず。

古歌をみれば、後になき事をも思ひ得らるゝてふことわり聞えんとてのしわざなり。天つ罪はらふ事につけて、はた罪を得んぞねんなきなり。此ほどのあつさもいきもつきあへず侍るを、いよゝしもおこたり給ふと聞ぞ、昨日の祓と共に心も涼しくなれるけふの初秋になんまいらすめり。

六月祓の『祝詞』に「天つ罪」「国津罪」、「天つ罪も日本紀の詞」（『能古里具佐』の頭注）に興味を示していたのであった。

真淵は勅撰集『後拾遺和歌集』を念頭に「めづらしきおもむき出来ぬ」和歌への領域、すなわち〈神祇〉への新域を国学の世界に拡大したといえる。詠歌・注釈を通じて国学の世界へ新風をもたらす尽力をしたのであった。

賀茂真淵の弟子高家横瀬貞隆

賀茂真淵の弟子層に、歌会参列者の最高位に幕府高家横瀬貞隆の名前が時に見える。前章の「新出和歌『賀茂真淵等十二か月和歌』攷」においても十二か月の冒頭に貞隆の和歌が挙がっている。真淵が五十歳で田安家に出仕して後、武家、武家の奥方等といった人々を中心に多数の弟子を育てた。

弟子の中でも、貞隆の名前が冒頭に記される歌会の例はほかにも見られ、真淵が一目を置いていた人物であろうと推察できる。貞隆は高家という家柄に生まれ、侍従・駿河守という官名を有する人物であるが、真淵とは家集などに和歌の交わりにおいて名前が記録されている。

『縣居門人録』においては次のごとく記され、真淵に入門している。

一五九　八十浦之玉上巻、本、家集二　源貞隆　横瀬式部、高家　横瀬侍従　駿河守　貞松の兄

また、淡路の高階惟昌編輯『国学人物志　初編』安政六年版の「武蔵国」の項、江戸の人を挙げる中に、貞隆の名前が見える（森銑三・中島理壽編『近世人名録集成』第三巻　勉誠社　一九七六年）。

貞隆　江戸　横瀬駿河守

貞隆周辺に挙がる人は、真淵の門人枝直、千蔭、春道、春郷、春海、美樹などや女性の門人たちが記されている。貞隆が真淵の門人として認識されていたことがわかる。江戸中期安永頃には、貞隆は〈国学〉をおさめた武蔵国の人物として真淵の四大弟子たちと共に名を連ねている。当時は現在以上に衆知の存在であったかと考えられる。

本章をなすにあたって、貞隆の研究は呼び水のようなもので今後の資料の蒐集および研究が待たれるのであり、これらが進捗すれば真淵研究の一環として、真淵もより深く一層の拡がりをみることになろう。現段階で貞隆について書くことは落ち穂拾いをしている感が否めないながら、従来の弟子を越えた発掘も必要であろう。

貞隆が従前の研究において、採り挙げられることは皆無に近く、『日本古典文学大辞典』（岩波書店）に貞隆・貞臣（貞隆の弟、のち貞隆の養子）ともに記載されていない。真淵の関連で、井上豊『賀茂真淵の業績と門流』（風間書房　一九六六年）「長歌の作風」の項において貞隆は二箇所に記されるのみである。研究の本格的な対象として未整理、未確認状況の人物といえる。

まず、第一点は

①「奉賀新田家大夫人歌幷短歌」と題した長歌は、新田侍従貞隆の母君の五十の賀に詠んだ作であるが、宝暦八年に同じ母君の六十の賀を祝った文章が家集巻四に見えるから、それよりも十年前の寛延元年の作らしい。寛延元年は真淵五十二歳の時で、やはり五七調で詠み、萬葉集の影響が目立つが、女性におくった作だけに、優雅な趣も見られる。

名前に「新田」が附せられているが、後述する真淵自筆中に「新田ハ横瀬式部殿也」とあり、横瀬貞隆に冠せられる例がある。

また、第二点は

②「詠筥根歌四首幷短歌」と題した連作長歌は、『真淵家集』巻五（『国語と国文学』一九四六年八月号に佐佐木信

綱紹介）に見え、宝暦十年（真淵六十四歳）から同十二年までの間に成ったことが知られるが、古語古調を自在に駆使して、荘重味をおび、歌格も整然としている。「侍従貞隆朝臣の京に御使し給ふを送る長歌短歌」と題した作も、宝暦十二年の作で、同年後桜町天皇が即位なさるについて、関東から慶賀の使節として侍従横瀬貞隆が信濃路から上京した際に詠みおくったものである。箱根の歌も侍従貞隆を送る歌も、ともに『鴨真淵集』に収められ、後者は流布の『賀茂翁家集拾遺』にも見えるが、それぞれ本文に異同がある。

『真淵家集』中の貞隆への和歌の解説である。後述の、用例十一で和歌を挙げる。

上記の貞隆の紹介は、真淵が五十二歳および六十四歳に詠んだ賀と門出を祝う「長歌幷短歌」が贈られた時の関連で述べられている。

貞隆は高家の家柄で、和歌は真淵の門人に属する〈歌人〉である。

用例一

未刊の新資料として、筆者が古書店より入手した貞隆の短冊の和歌を提示しておきたい。どのように小さい資料であっても、後日なんらかの関連が出てくるかもしれないことを願い、紹介しておきたい。

表書は

　岡紅葉

秋ふかき色そめかへて夕日かけさすやむかひの岡のもみち葉　　貞隆

とあり、裏書は墨筆にて

江戸小浜佐右衛門殿　（朱印）燕斎　（墨書）五十三

とある。和歌の詠まれた時期、および裏書の人物ならびに朱印の燕斎も不明である。

紅葉と夕日の照り映えたグラデーションの色彩が美しい繊細さに、向かいの岡という空間にくり拡げられた情景を目の当たりに見る優雅な和歌である。

用例一―一　寛延三年（一七五〇）正月（田林義信『賀茂真淵歌集の研究』風間書房　一九六六年）

新田の朝臣

貞隆侍従の家に、梅の花みむちぎりのかねがね（かねて）侍りつるに、む月のはつかまり三日雪のふりて（ふるを）晴にたるほど、たて文のやうなるが、詞はなくて、

心あてに　問ふ人もがな　ふる雪に　梅の立枝は　みえまがふとも

と聞え給ふにこたへ侍る

いでやけふ　雪のなごりの　夕風に　梅問ふみちは　まどふともよし

『真淵家集』巻三　題詞「詞はなくて」の下に「新田は横瀬式部家也」の注がある。

題詞の「新田の朝臣」は「新田の君」を、「たて文のやうなるが」は「たて文のやうして」を改めたものである。

次の用例一―二と内容は同じ、ただし異同がある。

用例一―二　寛延二年（一七四九）一月二十三日　梅の花見

・『賀茂翁家集拾遺（伴直方編）』（『賀茂真淵全集』第二十一巻　續群書類従完成會）

貞隆侍従の家に梅の花見むちきりのかねて侍りつるに、む月のはつかまり三日、雪のふりて晴にたるほと、たて文のやうなるか詞はなくて、心あてに問人もかなふる雪に梅の立枝は見えまかふとも、と聞え給ふにこたへ侍る

いてやけふ　雪のなこりの　夕風に　梅問ふみちは　まとふともよし

次に掲げる『真淵家集』では「寛延二年かのえ午正月」（ただし、二年の箇所に「三ノ誤」と異注アリ）寛延二年は一七四九年。在満は寛延四年八月四日没（四十六歳）、真淵五十五歳である。

『賀茂翁遺草』巻之一（『賀茂真淵全集』第二十一巻　續群書類従完成會）、真淵自筆草稿「『真淵家集』五（巻二）の異本・雑歌集表紙」に同文あり。

・『真淵家集』寛延二（三ノ誤）年

朝臣

新田の君の家に梅の花「岡部文庫（押印）（見むちきりのかねて）」
侍りつるにむ月の二十「岡部文庫（押印）（日まり三日雪のふり）」
て晴にけるにやたて文のやうなるか詞ハ
なくて　新田ハ横瀬式部殿也
心あてに　問人もかな　ふる雪に　梅の立枝ハ　見えまかふとも
　と聞え給ふる　こたへ
いてやけふ　雪のなこりの　夕風に　梅問ふみちハ　まとふともよし
　やかてまいりて侍けるに　鶯たにも
　　堪ぬにハ花のあたりさらすなくを

（用例一―一と一―二の内容は同じ。異同がある。）

用例二

真淵の田安家出仕の契機となった荷田在満との交流は出仕後も継続し、貞隆も含む交流を示す興味深い和歌のやり取りが見られる。

宝暦元年（一七五一）八月四日以後

・『賀茂翁家集』巻之一（『賀茂真淵全集』第二十一巻　續群書類従完成會）

（『賀茂翁遺草』巻之五に同文あり、文字異同少しあり）

荷田在満にはかに身まかりける後、横瀬侍従貞隆のもとよりふぢばかまにさして、

世の中は　あだなりものと　知つゝも　かゝらんとしも　おもひきや君

あたらしや　露にしをれし　ふぢばかま　かぐはしき名は　世にのこれども

秋風に　荒れにし宿の　女郎花　こはぎがうへも　いかがとぞおもふ

こたへとりあへず書て萩につけて、やがてその使にやる、

みよしのの　かりの命は　さためねど　おのが後こそ　たのむべきもの

風をあらみ　にはかにちりし　ふぢ袴　香だにや多く　残らざるらん

今よりは　いかにこ萩が　花づまの　をじかなきのに　ちりまどひなん

宮城野の　露にしをるゝ　秋萩は　君がみかさの　かげたのむなり

詞書・歌から、在満と真淵と貞隆との交友を知る。真淵は五十五歳、七月一日、十人扶持となる。在満は宝永三年（一七〇六）～寛延四年（一七五一）八月四日、四十六歳没。

上記の貞隆と真淵の歌の応答は、在満の没した寛延四年八月四日以降の秋、景物の藤袴、萩、女郎花などを詠込んで、やりとりされたものであることがわかる。横瀬貞隆は在満の予期せぬ、にわかな死に対して、在満の存在

「かぐはしき名」を藤袴の香に例え、藤袴に歌を附けて真淵に贈った。貞隆も真淵も在満の急死を惜しみ、強風でにわかに消えた藤袴の香に、在満の名声を称えて哀惜の念を和歌に詠んでいる。在満の急死と残された人々は己が門流の中心柱をなくした戸惑いを込め惜念の感情を詠んでいる。

侍従横瀬貞隆に対して真淵は丁寧な対応をしている。真淵と貞隆の在りようは師弟の関係に留まらない人と人との関係を築いている。出仕の機縁を結んでくれた在満を巡る輪を真淵と貞隆との弔意から窺い知り得る。

用例三　在満生前の交際（『賀茂真淵全集』第二十一巻　續群書類従完成會）

おなじ題（筆者注・前の詞書「二月餘寒を」を受ける）を在満が家にて、

なかはたつ　春にかさぬる　さ衣の　をつくば山に　雪はふりつゝ

二月（きさらぎ）の　空さへかへる　山風は　冬にまされる　こゝ地こそすれ

用例四　宝暦二年（一七五二）八五十年祭　天満天神奉納歌（田林義信『賀茂真淵歌集の研究』）

遠津淡海浜松五社皇神のかたへなる天満天神に奉る百首歌の中に武蔵にて真淵があつめてまゐらする二十三首

立春　　源　貞隆

朝霞　なみ間に匂ふ　むらさきの　名高の浦に　春や立らむ

同　田安公　　よみ人しらす

うらうらと　明ゆく空の　朝霞　春日の山に　春立にけり

春曙　　丹穂子

たつ雁の　音のみ霞に　浮む也　いなさ細江の　春の曙
　同　　　　　　　　　　　　　　　　　紅子
山のはの　月と花とに　あくかれて　心そらなる　春の明ほの
　晩立　　　　　　　　　　　　　　　小野　古道
山のはを　夕立こゆる　ふもと田の　わさ田の雲も　風騒くなり
　同　　　　　　　　　　　　　　　　　りよ女
たなはたの　あふせにちかき　天の川　ゆふ立雲を　いかゝとそおもふ
　秋夕　　　　　　　　　　　　　　　大江　公庸
旅人の　袖にも汐は　みちにけり　浜名のはしの　秋のゆふくれ
　同紅葉　　　　　　　　　　　　　　橘　千蔭
もみちそふ　朝けにしるし　水茎の　岡のやかたの　秋の露しも
　同　　　　　　　　　　　　　　　　佐よ子
雁啼て　空そしくるる　片岡の　梢の紅葉　いかに染むらむ
　浅雪　　　　　　　　　　　　　　　賀茂　真淵
みやまへを　遠津あふみの　浜松に　ふる薄雪の　めつらしき哉
　寄風恋　　　　　　　　　　　　　　邦良
忘れすよ　かすめる空の　夕風に　はつかにとけし　花の下ひも
　寄橋恋　　　　　　　　　　　　　　屋さ子
かはらしな　はかなたのめを　いのちにて　年月わたる　竹川のはし

同　　　　　　　　　　　　　　　　　　　　　　千蔭母
ちかひてし　人の言葉の　末かけて　数々わたる　前のたな橋
寄衣恋　　　　　　　　　　　　　　　　　　　路子
うらなくも　思ひそめしか　から衣　よにはゆるさぬ　色をかはらて
寄玉恋　　　　　　　　　　　　　　　　　　　常樹
人はいさ　しほのみちひの　玉なれや　うきぬしつみぬ　うきめみすらむ
寄山恋　　　　　　　　　　　　　　　　　　　源　貞松
したへとも　つれなき人は　動なき　山のいはねを　心なりける
同　　　　　　　　　　　　　　　　　　　　　倉橋　正房
人ことの　しけきおもへは　ちちの葉の　さやの中山　さやかにも見す
冬月　　　　　　　　　　　　　　　　　　　　美行
あら玉の　倍の林の　こからしは　みかける月の　影そ寒けき
山家風　　　　　　　　　　　　　　　　　　　美樹
琴の音に　聞わたるらむ　松風を　都の人の　とめてたにこぬ
海路　　　　　　　　　　　　　　　　　　　　高豊
家に恋る　妹か心は　かよはなん　こきゆく船の　跡しなくとも
同　　　　　　　　　　　　　　　　　　　　　狛　諸成
はりまかた　印南の海の　澳に出て　心つくしの　かたにこそゆけ
述懐　　　　　　　　　　　　　　　　　　　　橘　枝直

うみの子の　ゆくすゑ守れ　櫂の実の　一ことならて　ねきこともなし

同　　余野子

朝な朝な　けつるとすれと　黒髪の　おもひみたるる　筋そ多かる

冒頭に貞隆の和歌が記されている。貞隆の和歌の特徴をみるために再度記す。

立春　　源　貞隆

朝霞　なみ間に匂ふ　むらさきの　名高の浦に　春や立らむ

「むらさきの」は貴く名高い色であることから「名高」にかかる枕詞である。立春の特別の意味をもつ霞が美しく映えつつ名高の波間にたゆたう早朝の景が詠まれる。穏やかな、むらさきの霞が漂うごとき名におう名浦の様子が日本画のごとく描写されている。

『萬葉集』に次のような和歌がある。

浦の砂(まなご)に寄する

紫の　名高の浦の　砂地(まなごつち)　袖のみ触れて　寝ずかなりなむ　（巻七・一三九二）

藻に寄する

紫の　名高の浦の　なのりその　磯になびかむ　時待つ我を　（巻七・一三九六）

貞隆は「朝霞」の歌において、「紫の名高の浦の」という『萬葉集』以来の枕詞を駆使しつつも、和歌の世界は気高い境地を詠んでいる。色彩の美と、光、空間などが彷彿とさせられる。卑しさを極度に嫌う真淵は、貞隆の和歌を冒頭にもってくる理由を身分の高さからだけではなく、歌世界の美妙な作りに感じ入ったからではなかろうか。『萬葉集』を自己の和歌世界に採択している新鮮な歌境は真淵から讃辞を受けたと考えられる。そして静寂な明るい光を感じさせる上品な美を称えた和歌である。貞隆の次に、田安宗武の和歌が「よみ人知らず」として収められている。貞隆の上記和歌は真淵が絶賛する品格を備えた雰囲気を有し冒頭に採択されたと考えられる。

用例五 宝暦六年二月縣居翁家歌会（田林義信『賀茂真淵歌集の研究』）

春のはしめのうた　侍従貞隆
刀禰川の　氷もとけて　しらとほふに　新田山に　かみたなひく
高し　真淵
をつくはや　とほつあしほも　霞なり　ねこし山こし　春やたつらむ
いまたし　橘　枝直
ふる雪に　冬ごもりせし　鶯の　こゑはるへにも　なりにけるかな
ことをいひやみてよめるもの也　源　秀衛
もゝ鳥の　あるかなかにも　谷へより　はるをしらせよ　出るうくひす
路子
鶯の　谷の戸いつる　はつ声を　聞にし日より　はるはきにけり
薫梅子
いつこより　たちそめぬらん　春かすみ　山のみゆきも　また消なくに

逸子
うくひすの　なくねきこえし　あしたより　今一しほそ　春はのとけき

茂子
かきりなく　来れともおなし　春なれば　あかぬ心も　かはらさりけり
天暦のほとの女房のこゝちす

紅子
あら玉の　こそのなこりの　白雪も　こゝろの花に　なりにけるかな
いゝさかかしこかりてや

さえ子
鶯の　こゑなかりせは　大かたの　はるを春とも　たれかしらまし
あひおもふ

侍従貞隆
思ひしりぬ　おもひしるらん　あしひきの　山下水の　かよふこゝろは

真淵
おもはぬを　思ひしほとに　くらふれは　おもふをおもふ　ことそすくなき
末の心は心なから猶わかものならす

源　貞松
花の枝に　来居るうくひす　ねもころに　我とかたらふ　妹にあるかな

橘　千蔭
ゆふけとふ　八十のちまたに　しるき哉　人もかくのみ　我をおもふとは

河津　美樹

うらましよ　かよふ心の　ゆきあへと　たかふや恋の　道にはあるらむ
さることも世の常也。されと初句をいひはなちたるはくるし

藤原　秀信

かた糸の　かたかたならす　よりかけて　むすふわか中　世々もたのまむ

大宅　公庸

かたかたに　野中ふる道　わかれても　又こそかよへ　わすられぬ身は
此のしらへをかし

橘　常樹

わするらん　ものとは人を　おもほえて　たゝあはぬ間そ　恋まさりける

橘　文剛

いれひもの　おなし心に　むすふには　きぬきぬといふ　ことなくもかな
手ならふほとにてはよし

名道

わか中は　いほつつとひの　玉なれや　かよりかくより　みまほしそ思ふ
しらへいやしけなり

小野　古道

世の中に　かくてかはらぬ　ものならは　いはんかたなの　ひとのこゝろや
いつはりのなき世なりせはてふをうらやみけんはまたしかれと

維寧

もろともに　こふる涙の　河となりて　なかれあふせも　ある世なりけり
　ことはりは聞えたれと

永世

君をのみ　おもひむすひし　いれひもの　おなし心と　なるそうれしき

高橋　秀倉

もろともに　おもひまつへと　玉の緒の　またまたあへは　やさしかりけり
　末のふることをかし

路子

かはらしと　かたみにいへる　中なから　思ふ心は　われやまさらん

茂子

としふとも　みたるゝ糸の　なくもかな　うらなくなれし　君か衣に

よの子

七ふとも　三ふともいはし　すかこもの　ちりもすへしと　おもふはかりを
　ことわりすくいたり

紅子

はるかすみ　かすめんことも　かけしかし　花にならはぬ　思ひつからに

清瀬子

道もなき　心をふかく　そめつれは　かたみに千代も　あせしとそ思ふ

三喜子

わすれくさ　おひなんなかとは　おほえねと　世の人ことや　たねとならまし

用例六　宝暦八年（一七五八）十一月二十九日賀

・『賀茂翁家集』巻之四（『賀茂真淵全集』第二十一巻　續群書類従完成會）

新田侍従の母君の六十（むそじ）をいはふ詞

そらみつ大和の国は、言挙せぬくににして、ことあげする時はあめつちやがてさきはへたまへれば、これを言魂のさきはふくにとなんいひける、ここにおもとびとまち君源新田の朝臣ぞおはすなる、あが遠つすめらみかどの道をしり、ことさへぐからくにの手ぶりをも学びたまひて、物さはにおほやけのつかうまつりにいそしく、梓弓おとに聞ゆる氏をもをさめて、世の中に名たかく、家のちも（内）にきびぬれば、まことに言あげするわざもあらずなんある、しかありてことし宝の暦てふ八とせに、此いろはのみことの百伝ふ、六十のよはひにみちませるを、とほき世より伝へ知らせる、上つけの新田の稲のにひ稲をいはひべにかみ、同じ山のときはの松をさか木にとりて、いろとの君たちとともに、ときはあかきをいはひ、さいつ五十と聞えたまひし時のあとのままに、から・やまとの歌をもて、千世に八千世をとなへ、わざといへばのこれるわざもなく、ほぎといへばたらはぬほぎもあらぬまでなんつかうまつりたまひにける、かくことあげせぬ国ことあげせぬ家のみことのために、ことあげしたまふまごころのひとひごころをばしも、久かたのあめあらかねのつちのさきみたまもしろしめして、千世にやちよにさきはへたまはざらめやも、其ほぎ歌、

上つけの　にひたの稲城　よよもあれど　千世といふ数は　君ぞつむべき

百づかさ　とねの川原の　さざれ石　君こそとらめ　よろづ世のかず

・『賀茂翁遺草』巻之十（『賀茂真淵全集』第二十一巻　續群書類従完成會）

新田侍従の母君の六十をいはふ詞

侍従源朝臣の君のはは君、六十のとしを寿て文かきてよと、そのいろと貞松のぬしを使にてねもころに聞えらるるにより、心しりたまふる人にて、さいつ五十の賀の時は、古き調の長うたをまいらせしを、こたひは年えらるるにまかすめり、その賀は十一月二十九日そある

空みつ大和の国は、こと挙せぬ国にして、言挙する時は、天地やがてさきはへたまふれば、これをこと玉のさきはふ国となんいひける、ここにおもとひとまちきみ源新田の朝臣そおはすなる、あが遠津すめらみかとの道をしり、ことさやくから国の手ふりをもまなひ給ひて、物さはにおほやけのつかうまつりにいそしく、梓弓おとに聞ゆる氏をもをさめて、世の中に名たかく、家のち（内）もにきひぬれは、まことに言あけするいさもあらすなんある、しかありて、ことし宝の暦てふ八つのとしに、此いろはの命の百伝ふ六十のよはひにみちませるを、遠き世より伝へしらする上つ毛の新田の稲のにひ稲を斎瓶（いはひべ）にかみ、同し山の常磐の松を栄木にとりて、いろとの君たちとともに、ときはかきはをいはひ、さいつ五十ときこえたまひし時のあとのままに、から・やまとの歌をもて千代に八千よをとなへ、わさといへはのこれるわさもなく、ほきといへはたらはぬほきもあらぬまてなんつかうまつりたまひにける、かくことあけせぬ国ことあけせぬ家のみことのために、ことあけしたまふまこころのひとへ心をはしも、久かたのあめあらかねのつちのさきみたまもしらしめして、千代にやちよにさきはへたふへさらめやも、そのほきうた、

上つけの　にひたの稲城　世々もあれと　千代といふ数は　君そつむへき
このうたをはかゝす、

百のかさ　とねの川原の　さされ石　君こそとらめ　よろつ代のかず
このうたをかきておくりつ、

（長歌「新田侍従の母君の六十をいはふ詞」と当詞書は異なるが、同歌）侍従源朝臣は貞隆、「いろと」同母弟貞松は貞臣のこと。宝暦八年十一月二十九日賀。

用例七　貞隆侍従めきみ身まかり

『賀茂翁遺草』巻之五（『賀茂真淵全集』第二十一巻　續群書類従完成會）

横瀬
貞隆侍従のめきみの身まかりたまふをりに、よみてまゐらす

おしか鳴く　をかへの萩に　うらふれて　いにけん君を　いつとかまたん
をのこじもの　君か袖たに　さへましを　撫子の花も　ちれる秋風
かきりありて　ふかくもそめぬ　あらたへの　真袖の露や　ちぢにおくらん
五百綱や　千引の岩は　へたてねど　通ふよしなき　よみの道かも

用例八　賀茂真淵等十二か月和歌（浜松市立賀茂真淵記念館）

正月の初めに大臣家なとへ公卿たちの来るに
酒さかなゝともてなす時朗詠の佳辰令月（カシンレイゲツ／ヨキトキヨキツキ）と
いふ詩をうたふ也故によき時
うたふとハよめり

正月　○臨時客（りんしのきやく）

侍従貞隆朝臣
横瀬駿河守殿也

あら玉のとし立ぬれハ来る人のよき時うたふ
事のたのしさ

二月　○祈年祭（としこひのまつり）

二月四日に大やけの神祇官
に祭らるとて当年の五こく
のよろしかれと三千三百余の
神社へぬさなと
さゝけ給へり
千かけ
幣帛をいふ也

ミてくらの数ハいくらそミちゝ余り
ミとしの神をけふ祭ります
御年（ミとし）の
神とハ
わけて
五こく
稲なとを
守る神を
いふ

三月　○桃の花のもとに水流る人

三月三日に流れに盃をうかへてそのなかれぬ
間に詩を作る事からに有それを曲水といふ

〳〵あそふ　枝直

飛鳥川八つりの宮の初めよりなかれて
たえぬけふのさかつき
八釣ヤツリノ宮ハ允恭天皇の都也此時日本にてはしめて
曲水の宴あり

四月　四月四日七月四日ニ此条ありて
おふやけより御使立也

立田祭　源　貞臣

うつき咲立野のをのゝ神祭
山にも野にもゆふかけてけり

五月　神のみとしろうゝるかた
神社の御領の田をみとしろといふ
神社の事をとる人を
はふりといふ

村田　春道

はふりこかいはひてはへししめなはの

いミつゝしミて也
長たさなたにさなへとる也
長田狭田ハ大きなるとせはき田の事也
神代巻ニあり

六月　日下部　高豊
はらへする所
橘のあは木か原のそのかミの神わさ
すれハ涼しかりけり
いさなぎのミこと御けかれをはらひ
すゝき給ふ事つくしの橘のあはきか
原といふ海にて有し
事也

七月　すまひのかた　藤原　うまき
むかしハ
七月に麓庭にて諸国のすまひとり
のきてをらミてすまふとらせられし也
はゝらかしをつゝめていふ
かた庭をふミはらゝきて立むかふ
神代巻にかた庭をむかもゝにふミなづミけはらゝ

人こそけふのぬき手なるらぬ　　かしといへり　力あしふむ事也

中よりぬき出たるとてそいふ

八月

山より月の出る所

としふれとかけもかハらすあふミのや

鏡の山の秋の夜の月

藤原信秀

九月

九月十七日大神宮へ今年の新稲を奉りてまつる事也

神(カン)なめまつり

源　さちを

長月のけふ奉るかけちからかけて

つかへん万代まても

かけぢからハ田税(タチカラ)と云て稲を竹にかけて千かけ奉る也

里より遠き田所にハ民のかり庵作り秋いねのかりをさめをする也それを田ゐといふ

十月　田居に稲つミたるを
翁の見るかた　村田　春郷

かつしかの里のいなむら数を多ミ年も
ゆたか（に）まつまんとそ思ふ

十一月

十一月に鎮魂（チンコン）（ミタマシヅメノマツ（ママ））祭（サイ）をして人のたましひの
うかる丶を心中にしづ
むる祭也それに糸を
むすふ
事有
たま此
歌によめり

ミたましづめ
としことに玉むすひにむすふ玉のいと
長きよはひのかきりしらすも

十二月　としの暮にうたけする爾（ニ）　真淵
うたけハ宴也さかもりの事也

あたらしき御代のはしめにあふ民ハ
としのくる丶もいとハさりけり
あたらしき御代のはしめの末とほき

年ハをしましかくてくるとも（筆者注・当歌は前歌に比べやや小さく記されている）

用例九　宝暦十二年正月十八日賀茂縣主家会始（田林義信『賀茂真淵歌集の研究』）

宝暦十二年正月十八日

賀茂縣主家会始

鶯の鳴をききてよめる

打渡す　御門の原の　雪の内に　うくひす鳴ぬ　春の初こえ　賀茂　真淵

鶯の　鳴声きけは　うめやなき　挿頭にすへき　時そきにける　侍従源　貞隆

春立て　谷より出る　うくひすの　声きく時そ　長閑かりける　阿波守　国満

いとはやに　来鳴ぬる哉　ももちとり　囀りみへぬ　春のはじめに　信幸

春立て　いくかもあらねと　むさしのに　霞棚引く　鶯のなく　春道

我園に　鶯なけり　もも鳥の　囀る春に　成にけらしも　福雄

昨日まて　たゝぬ山辺に　立そむる　霞かくれに　鶯のなく　高豊

皆人の　こふる鶯　はるみへて　なくや園生の　梅も咲つゝ　春郷

当座探題

詠天

天津そら　なれるはしめに　かへれはや　空は霞の　くくもりぬらん　真淵

真淵自筆小横巻、近藤用一氏蔵

用例十　『賀茂翁家集拾遺（石川依平編）』（『賀茂真淵全集』第二十一巻　續群書類従完成會）、（田林義信『賀茂真淵歌集の研究』）

遠江国十二景加茂真淵家ニテ読歌

天中川　　侍従貞隆朝臣
すはの海や　氷とくらし　とほつあふみ　天の中川　みきはまされり

国原　　加茂　真淵
ひはりあかる　春の朝けに　見渡せハ　遠の国原　烟たちたつ
かすみたなひく

鳥羽山　　かとり　魚彦
五月雨は　晴にけらしな　時鳥　とはの横山　夕日さすなり

駒嶽　　日下部　高豊
信濃なる　こまの高嶺の　とこなつに　消せぬ雪を　雲かとそみる

引馬野　　いくめ子
主人の　むかしわけゝむ　ひくま野に　にほふ萩原　あせすもある哉

秋葉山　　藤原　宇万伎
秋葉山　霧立わたる　千はやふる　神のいふきの　きり立わたる

安波々嶽　　大伴俊明　小普請／山岡太郎左衛門
あつま路を　旅行人の　あはと見む　あはゝかたけに　雪ふりにけり

曠野　　葛（さち）子　松平能登守室
をちかたの　国のに生る　紫を　草とわけつゝ　行くハたか子か

鹿島　　　　　　　　　　　　　　　村田　春郷
青浪の　うつ浪はやき　鹿島川　かしこき瀬をも　わたるなるかな
岩水寺　　　　　　　　　　　　　　真淵
岩水の　しつくの洞の　つらゝ石　いくつらつらの　代をか経ぬらむ
社山　　　　　　　　　　　　　　　真淵
四方ハみな　壁立のほる　社山　大国ぬしや　つくりましけむ
砂川　　　　　　　　　　　　　　　源　春海
久かたの　あまの名におふ　水無瀬川　中瀬にたちて　月を見る哉
長の上の河辺の郷なる中瀬翁のよめる、其見放る処々の歌よめと引馬の城の下なる渡辺ぬしのあふなあふなあふなしめさるゝからに、其所のさま聞わたして、十あまりふたつの古のふりを人たちにもいふなり、我も唱へたる

十二景歌。大城清左衛門は中瀬翁と称す。遠江国の名所歌の依頼。

『賀茂真淵全集』第二十三巻（續群書類従完成會）書簡「宝暦十二年十一月十六日大城清左衛門宛真淵書簡」中に、真淵の岩水寺の和歌が引用されている。

用例十一　宝暦十二年（一七六二）九月十八日

・『賀茂翁遺草』巻之八（『賀茂真淵全集』第二十一巻　續群書類従完成會）

侍従貞隆朝臣の京に御使し給ふをおくる歌みじかうた

みぬの山、おきその山は、つけとも、なひかぬ山、ふめとも、よらぬ山の、八重雲の、八十影、高知や、天つ

御座に、天知や、日嗣たゝすと、大御代を、申たまへる、大君の、みことをもちし、ひけ鳥の、朝立君か、動つゝ、山もよりなめ、響つゝ、山もさけなむ、みぬ山、おきぞ山、
大きそや　をきその山の　山祇も　さちはひまさなん　たびにやはあらぬ

みぬの山、おきその山は、なひかへと、つけとなひかす、かくよれと、ふめともよらす、よしゑやし、なびかすあらめ、よしゑやし、よらすとふとも、かけまくも、いともかしこき、あたら代を、ことほぎまゐる、みことをし、もちて行君、ひけいます、八十とものをの、こまのつめ、岩ねふみさくみ、すずか音は、山行とほし、たいらけく、やすけくこへん、おきぞ山、みぬの山、
大きそや　をきその山の　岩かねも　なひきよるへき　たびにやはあらぬ

右は宝暦十二年九月　皇女御位を嗣ませる御よろこひを、江門の大城より申し給ふに、横瀬侍従の此使に立て信濃路より上らるゝを、ねもころに人々に歌もとめらるれはよみつ、京のことなどは、人々皆つくせれは、かくのみいへり

此歌、はじめ侍従のもとに書ておくられしは、いとことなり、右に載つるは、後に考へ改めしものとみゆ、今いつれをよしとも定めかたけれは、その始めなるをもこゝにのせつ、そのえらみは、見む人のこのみにまかすべし、

版本『賀茂翁家集』に欠、『賀茂翁家集拾遺』に所収。

・『賀茂翁家集拾遺（伴直方編）』（『賀茂真淵全集』第二十一巻　續群書類従完成會）

侍従貞隆朝臣の京に御使し給ふを送る歌みしかうた

みぬの山　おきその山は　つけともなひかぬ　山ふめとも　よらぬ山の　八重雲の　八十影高　知や天津御座

に　天知や　日嗣たゝすと　大御代を　治たまへる　大君の　みことをもちし　ひけ鳥の　朝立君か　動つゝ
山もよりなめ　響つゝ　山もさけなむ　みぬの山　おきそ山
大きそや　をきその山の　山祇も　さちはひまさなん　たひにやはあらぬ
版本に出たるといさゝか異なるのみなり　（諸本歌句異同多し、「解説」注五・六参照）

上記和歌は、宝暦十二年（一七六二）九月の後桜町天皇の御践祚のことで「九月十八日御践祚ありしを賀せられんがためまた京師にゆく。」（貞隆の項『寛政重修諸家譜』）である。真淵は長歌の左注に即位の年月を記した。真淵六十六歳である。

「後桜町天皇」については「一七四〇～一八一三（元文五～文化十）第一一七代。在位一七六二～七〇。桜町天皇第二皇女。母は青綺門院舎子。名は智子。日本最後の女帝で、和歌に長じ御製千数百首がある。日記四十一冊。また「禁中年中の事」を残した。陵墓は京都月輪陵。」（『日本史辞典』角川書店）と女帝の最後の飾った人物である。

【貞隆資料】

貞隆の職位を記す資料を附す。

資料一　『和学者総覧』（國學院大學日本文化研究所編　一九九〇年）
横瀬貞隆　姓・源　称・又次郎・左衛門・式部・駿河守　江戸　明和一　閏十二・二十三　四十七
賀茂真淵　幕府高家、『新訂寛政重修諸家譜』二

資料二　『寛政重修諸家譜』横瀬貞隆（第二）
又次郎　左衛門　式部　駿河守　侍従従五位下　従四位下
母は某氏。

享保十五年四月朔日はじめて有徳院（吉宗）に拝謁す。時に十三歳十九年五月三日遺跡を継、宝暦二年十二月朔日奥高家となり、従五位下侍従に叙任し、駿河守と称す。九年五月十五日儲君（英仁）親王宣下、女御准后（一條富子）の賀使をうけたまはりて京師におもむく。十二年七月二十五日桃園院崩御により、御使として京都にいたる。九月十八日御践祚ありしを賀せられんがためまた京師にゆく。十一月二日従四位下に昇り、明和元年閏十二月二十三日卒す。年四十七。法名良勇。妻は織田主計長能が女。

弟　貞臣　駿河守　兄貞隆が養子。

龍草廬と彦根藩の文化

一

宝暦頃、文人意識が発揚され、漢詩文が知識人の間でもてはやされ流行した。このような現象は荻生徂徠の古文辞学の成立とその影響のもとに生じたと文学史上の位置附けがなされている。

漢詩の、宝暦から明和期にかけての流行の中で、その流行を担った人物の一人として、京都では龍草廬を挙げ得る（日野龍夫『徂徠学派』筑摩書房　一九七五年）。

草廬は彦根藩に儒学者として、宝暦六年（一七五六）四十二歳の時、藩主井伊直幸（ひで）より招聘され出仕した。しかるに、草廬と彦根藩のつながりは、これより以前の寛延三年（一七五〇）三十六歳の時に同藩主井伊直定の命を受け、遊事していた頃から継続しているのである。殊に、この宝暦から明和にかけて、草廬の著述は多い。その著作を見るに、ジャンルは、経書・漢詩文に留らず、和文・和歌・随筆・史書・銘文（鐘・碑・墓）など、多岐に渡る。

そういった中で、草廬が彦根に足跡を残し、活躍していたことを窺わせる資料として、草廬みずからが関与し、当地に建立された「文塚」と、それについて雅な和文で記した草廬自筆の、簗瀬一雄所蔵本『千鳥が岡文塚の記』と題する本が現存している。

翻って、彦根藩が一藩士に、「文塚」の建立を許したことは、彦根における草廬の扱いを示唆したものといえる。

草廬への後世における悪しき理解、ないし誤解を解く契機にもなろうかと、本章は、草廬みずから関与した資料と、彦根藩の好意的処遇を窺わせる資料を基に、述べていくものである。

『千鳥が岡文塚の記』は、和文で綴られた漢字交り平仮名文で草廬自筆による清書本である。

書誌は次のごとくである。

大本の一冊本。表紙は辛子色紙。表紙中央に陰陽の浮き彫り模様（丸の中に、三つ菊の花葉の模様）右上と左下にあり、裏表紙も同様。

題簽は、薄茶色紙で、表紙左上に貼附。題簽の字も草廬自筆で、「千鳥岡文塚記公美記幷書全」と記され、美しい装幀の本である。

本文は袋綴装。雁皮紙使用の薄様本。中身は十丁分の薄い本である。二丁ォに内題「千鳥が岡ふみづかの記」があり、内題の下に、龍の朱印（龍二匹が円型の中に左右一対、上下逆向に存在している。）が押印されている。半丁六行書。

記載の年月日は、九丁ォの最後の行から、九丁ゥの一、二行にかけて、識語が存在する。

　あきらけくやはらげるとしのなゝとせのあきはづきしもの
　こゝぬか　　　　　　たつのきみ江しるしぬ

とあり、明和七年（一七七〇）八月二十九日の記であることがわかる。

全十丁中の一丁分は白紙。本文は九丁分で、四百字詰原稿用紙にして、七枚弱（二七四〇字）の短い文章である。ここに全容を記す。

句読点、濁点、括弧は筆者が附した。なお、文末の算用数字は行数を表す。

千鳥が岡ふみづかの記

古今集に、いぬかみのとこの山なるなとり川いさとこたえて我名もらすなとよみしとこの山は、其かたち鳥の籠に似たる故に、鳥籠(とこ)といへるなるべし。さるを、今はあらぬ名にかへて、なべしり山といふ。あがりたる世には、鳥のかごとみなし、くだりたる今は、なべの尻とみる。むかしいまの、さかしおろかなるわいだめ、いくそばくぞや。

なとり川は、その山中より流れ出るゆへに、とこの山なるとはよめるなり。山なるとは、山にあるといふべきを、つゞめて、山なるとはいへる也。鳥の籠の名によりて、名鳥ともいひしにや。

又、いさや川とは、此名とり川の水の末ふたつとなりて、そのかた〳〵をいさや川といへるよし、法印堯恵てふ人の古今集の抄にものし置ぬ。されど、いつの代にかまた、一すぢの川となりて、今は、なとり・いさやとわかつ事なし。中つほどにて、大ぼり川とよび、末にては、せり川といふ。しかあれど、かのとこの山は、今のなべしり山、いさや川は、今のせり川なる事をしらぬ人おほし。

かの近き世より、はいかいとて、さまざま賤きばさら事のみいへるひとの、作りしふみなどに、よくかふがへもせで、とこの山は、ひこねのひがしなる原むらの辺の山としるし、いさや川も、その辺のみぞかはのやうにあやまりつたへぬるを、実とおもへる輩、今の世にあまた侍るめり。

　ひとつのいぬ、そらなきしぬれば、よろづのいぬ、こゑにほゆるたぐひなるべし。すべて、こゝのみならず、いにしへ、歌によめる名所を、今は、あらぬかたにとりたがへぬる事、まゝおほし。いにしへを好む人は、よくたゞすべきことにや。

扨、せり川は、ひこね城門の南を西へながれ、水海に入る。此川に渡せるはしを、ちさとの橋といふ。せりの字は、善利なるを、音のちかきまゝに、千里と写し、それを訓じて、ちさとといふなるべし。

　もろこしの蜀の国に、万里橋といふあり。諸葛武侯、呉の使を送りて、万里の行これよりはじむといへるより、遂になづけぬるよし、蜀志てふみに侍りぬ。今、此はしも、かの蜀の橋に似たる名なれば、おかしくこそ覚えはべれ。

　橋を過て南すれば、千鳥が岡といふあり。ひがしはぬなみのさと、西は平田むらのほとりまで、南北五六町ばかりがほど小高き丘也。此岡に、かのはいかいの書には、原むらの辺の丘なりと記しぬれど、例のひがごとなめり。こゝなむ、まさしき千鳥が丘にぞ侍るめり。

此丘のにしきのふもとに、田中の祠とて、いとかうがうしきもりなむはべれ。玉葉集に、山ぎはの田中の森にしめはへてけふ里人は神まつる也とよめるも、こゝなりといひつたふ。

其つゞきに、大悲者のいまそかりける所を、長久寺となづく。これ、むかしはいと大きなる寺にて、七堂なども侍りしに、元亀の比、織田氏の火にやかれ、跡なくなりしを、なにはのいくさ凱歌の後、菴原のぬし、本願として、ふたゝび建たまひしと也。

あるひとのいはく、此千鳥が岡のべにあればとて、そのかみは鳥丘寺といへるを、後に其字音もて、長久の字にあらためしとなり。

又、此丘のひがしの尾さきの小むらをも、むかしは千鳥が丘むらとよび侍りしを、今は岡むらとのみいふと、ふる人のいへるなり。彼千鳥が岡、いにしへ、歌人のよみける所にもあらざるにや。世々の撰集、あるは、歌枕等にもきこえはべらず。唯、土人のいひつたへたる名なれど、何となうおかしき名にこそあめれ。

そも〳〵、今の世の和歌者流には、撰集などにあらぬ名所は、歌によまぬ事とて、いたくいましめぬることなれど、われよりこれをみれば、さることも侍んずれど、是、その道のくだれる所なるべし。

わがひのもと、むそぢのくぬちに、名のいみじきは、いづこをか歌によまぬ所といふ事にやある。いにしへは、をばすて山、むや〳〵の関などいへる、いとやしき名をだによみけるをや。

されば、今とても若いみじき名を歌によまんは、なにのさはりあるべきや。かくいへば、おのれひとり、其のりをやぶるに似たらんやうなれど、よくものゝことわりをしる人ぞしるべし。

扨、かの丘のながめこそ、またなくあはれなりけらし。前は、宮道の並木の松、翠の梢ながくつらなり、うしろは、いさや川、水白うして、ねりぎぬをはへたらんやうなるは、更にもいはず。にしは、にほの海づら、めもはるに見渡され、つくぶしま、たけしま、手差出て取ばかりにぞ見ゆ。北の方、遠くはいぶきがたけ雲にそびえ、近くは金亀の甕いよやかにして、城裡の民の家居、所せくたちつどひ、朝げ夕げのけぶりにぎはしく、ひがしは、とこの山、鈴がたけなどをこえて、いせ、みの、峯々いくへかさなりて、翠に、紫に、見たるさま、えもいはぬながめ也けらし。

こゝに、このごろ、やつがれ、文塚といふものを作り出ぬ。是は、としごろ、なにくれとかいやりすてしふみども、こゝらはべりしを、取あつめてなむ、岡のうへに埋み置侍りぬ。これ、わが拙きわざを、なからむあとに残さむも、心うき事におもへるによりてなり。

さるを、ともどち、これかれはかりて、石を建て、そがしるしとなす。やつがれ、手づからその石に、文塚の二字を篆し、しもに一くさの国ぶりをかいつく。

　丘の名の千鳥のあとをとゞめおきて
　なき世のともをまつのしたかげ

文塚つくりしそのゆへを、松平何がしおのこ、文（ふみ）して記作りたまひしを、奥山のぬし、かの石の裡にかいつけたまひぬ。

かゝるわざは、もろこしにもしけるにや。小窓別記といふふみに、長沙の劉蛻といふ人、梓州の兜率寺に文章を封じて、文塚作りしことをのせはべりぬ。それはものしれる人のせしこと。わがともがら、つたなくいやしき身には、をこがましきわざなれど、かしこきをみて、ひとしからむとおもふも、なにはの浦のあしとのみいふべきや。まいて、友がきのせちにはからひたまへるを、しかまにそむるあながちにいなむも、ほいなきわざなれば、よし、さは、とまれかくまれとて、ひたぶるにまかせぬることにこそ。唯、この丘の千鳥てふ名のおかしきにめでゝ、とりわき此わざしけることになむ。

　ときにあきらけくやはらげるとしのなゝとせのあきはづきしものこゝぬか　　たつのきみ江
　　しるしぬ

二

前章に掲げた『千鳥が岡文塚の記』について、先ずは、草廬の和文観を探っておこう。

一言で言うならば、草廬は、和文を、和歌の伝統に則った雅文で綴っていることが指摘できる。殊に、冒頭に、

『古今集』巻十三・一一〇八番

いぬかみの　とこの山なる　なとり川

いさとこたえて　我名もらすな

の和歌を引用し、『千鳥が岡文塚の記』全体の話を引き出す導入にしている。

実際的に、彦根では、「なとり川」は末流になるにつれて、「いさや川」、更には「せり川」へと呼び名が変化していく。その芹川は、彦根城門の南を西に流れ、水は琵琶湖に注がれている今なお清らかな流れの川で、『千鳥が岡文塚の記』においても、清らかに描写されている。

「文塚」を建立するという行為に相応しい地として、歌枕的「千鳥が岡」、「芹川」という名が風光明媚さを印象附ける。

『千鳥が岡文塚の記』における『古今集』の重視（1～17行目、翻字中の行末の算用数字を示す。以下同じ。）とは対照的に、近き世に興ってきた俳諧を、賤きばさら事のみを言うものとして排除しており（18～22行目）、草盧の志向は、雅な和歌ならびに、雅文であることが窺える。

草盧の父（善唱）は、契沖に和歌の教えを受け、また『漫吟集』を借り出した人で、草盧も『漫吟集』刊行に関与し、こういった環境の下で、草盧の和歌の素養が培われていたことは頷ける。

また、草盧自身は、賀茂真淵に歌学の教えを受け（彦根市、龍家蔵『賀茂まふち　たつのきみえ　問ひ答へ』）、一時は真淵門に入ったこともあったことは、よく知られている。

同時に、草盧は真淵の和歌の添削を受けている（簗瀬一雄蔵『縣居大人評論　草盧翁歌』）。本の体裁に従えば、前書が「此集の哥ハ近躰をよみし物成に、評者ハ古躰の哥読なれバ、評難殊に齟齬する処多し。見ん人是を思へ。」と附され、二百十四首の和歌、真淵の添削・各評が続く。末尾に真淵全体評が朱筆で記される。

右の中によろしくと覚へたるをば、○をしたり。[1] 其外、難をしるさゞるハ、一わたりことわりは聞へたる故也。されど、主意（傍点筆者、以下同）いまだしく、しらべなどいかゞとおぼゆれば、おのれはとらざる也。こはいとことそぎたるひがめとおぼすなら、すべてとり給ふまじきのみ。もし、又ことわりともおぼさはめ、かさねて此中ごとくの心・ことばにてよみて、見せ給へ。さなくては、相うつらぬ事にてかひなからん。　真淵

そして、識語は

此書ハ、吾父草廬翁の読給へる哥を、むさしの加茂真淵なる人、此道にあやしふたへなりけれバ、評語を求めしゆゑ、削し申しける也。後子孫みだりに他人に見せまじき文也。

あなかしこ

彦根の龍一郎世華しるす（花押）

とある。

草廬への和歌習作（二十五～五十五歳頃）に対する指導は厳格、丁寧な指導であり、詠歌の方法を実際的に教授したものである。

全体評には真淵の和歌観が如実に出ており、また各和歌評を拾うと、次のような評を真淵は施している。

「風の夕暮如何。霞の夕暮、雪のふじのねなどいふ事、近世のくせにて歌めかぬ事也。」

「語を略するにハ、いと心して署せざれば俗に落めり。」

「大らかによまれたらバよろしかるべき物も」

「かゝる所にいはで、中〳〵情ある事の侍り。」

「古今集などのこと書と哥のつり合たる手段を見給へ。」

「はし書ハ古今集にならふべし。歌と相侍て意の聞ゆるをよしとす。」

真淵は『古今集』の研究を早くからなしており、聖典としての『古今集』を批判又は同化し、萬葉学に摂取し、歌学の基礎ともしているのである（第Ⅰ部「賀茂真淵の『古今集』注釈―内閣文庫本『續萬葉論』の位置―」参照、第Ⅱ部「『萬葉新採百首解』私見―真淵の和歌観をさぐる―」参照）。が、草廬の和歌観は、むしろ「古今集」的といえよう。

以上のような評を受けつつ、草廬は「和歌者流」[2]（58行目）として、和歌の道にも精進したと考えられる。すなわち、草廬の和歌、和文は、今述べてきたような経歴から出発しているのである。心情の吐露手段に、和歌にも心を向けたのだろう。[3]

同時に、草廬の美意識は、書家として、面目躍如たるものがある。すなわち書道において、篆書、隷書（例えば、草廬自筆本である経書『説名』（京都大学附属図書館蔵）は、行書風に近い隷書で、この『千鳥が岡文塚の記』と起筆が同じである。）、楷書、行書のみならず、平仮名においても、草廬は端正で美しい字を書いている。

つまり、『千鳥が岡文塚の記』は、文体のみならず書体ともに、雅意識をもって入念に記された、草廬の美意識を発揮し得た自筆本であるといえる。

三

ここで、草廬の文章に現出する、前章とは別の側面に触れておきたい。

『千鳥が岡文塚の記』の和文の背後に、透けて見えるものは、草廬の漢籍からの知識である。

真淵は、「もろこし」のものは、若年期から下るに従い、採択しないか否定の方向に向かうが、草廬は、真淵と異なり、和文の骨子に、草廬の表芸たる漢籍的知識を生かしている。

振り返って、『千鳥が岡文塚の記』の内容を見るに、「文塚」建立のいきさつが語られ、由来が語られていた。大事なことは、草廬が「文塚」という概念の典拠を、中国の文献を引用することによって、導入している点にある。

そこには、『小窓別記』という書物が挙がっており、我々はこの書物の存在を知るわけだが、草廬がこれを繙き、自己の知識となしていた点で、草廬の学問の一端を垣間見させてくれており、ここに一つ意味があろう。

この中国明代の書物『少窓別記』（我国では寛文十年〈一六七〇〉に和刻。書肆風月堂）は、雑多な文学的教養を三百項目にわたり集輯、編纂したものであり、中に袁宏道や王世貞の名前も見える。

ところで、「文塚」に戻り、『小窓別記』を繙くと、四巻に「梓州兜率寺文冢銘龍蛻」という項目題がある。劉蛻（りゅうぜい）は唐代の人で、文泉子ともいう。『千鳥が岡文塚の記』と『小窓別記』の冒頭を並記してみると、次の如くであり、典拠となっていることがわかる。

前者の『小窓別記』（92～95行目）の箇所を引用すると

かゝるわざは、もろこしにもしけるにや。小窓別記といふふみに、長沙の劉蛻といふ人、梓州の兜率寺に文章を封じて、文塚作りしことをのせはべりぬ。それはものしれる人のせしこと。

とあり、後者は

文塚者ハ長沙ノ劉蛻復愚為ソルレ文不レ忍ビレ棄ツルニ二其草聚ヲ一而封ズルレ之ヲ也。

である。以下、話の大略を記す。

〈梓州（敦煌に近い所）に蛻という何をしても無器用な人物がいた。ところが、天は蛻に、一つ文の才能のみを与えた。蛻は文が何よりも好きで、喜怒哀楽諸々の感情を文章に表現し、文と号した。ただひたすらに研鑽を重ね、天の助けによって、意を文章に表現し得るようになった。蛻は、文章を以て、道や農業や軍事上の知恵などを、人々に与え、人々の助けとなった。十五年間に、千百八十の紙を塗りつぶす程であった。蛻は、草稿を棄るに忍びず、土中に埋めていたのであるが、土が鳴くので、占わせたところ、土中で悶々としているので、占師は祭礼をせよという。故に、それを鎮めるために塚をたてたというのである。銘には、「文か文か、鬼神有りや。風水これ貞す。まさにその子孫を利せんとするか。」と記したのである。〉

然るに、『小窓別記』の劉蛻の話を引用したことは、草廬が文章、学問をもって彦根藩に出仕し、道や文学を教授してきたことと重なるところに、意味があるように思える。

四

『千鳥が岡文塚の記』に関連して、文献上から「文塚」に関する資料を検しておく。管見での資料として、『先哲叢談後編』巻之八「龍草盧」の項に、類似の記述がある。

草盧六十一歳。建二寿蔵江東千鳥岡一。碑石背鏤
以二一首和歌一。其歌云。哆香璣菜謨智徒離賀淤嘉
弐砮渡綿礙梨南疑与能騰望緒摩津濃斯汰軻計。蓋千鳥岡
挟レ道多二松樹一。故句中及レ此云。

右文中の〈草盧六十一歳、寿蔵、和歌（異伝）〉の三点が、草盧自筆本『千鳥が岡文塚の記』と、類しつつも異なっている。

先ず、第一点の、「草盧六十一歳」の時寿蔵を建立したとあるが、そこに鏤せられた和歌は『先哲叢談』では異伝と思われ、ちなみに明和七年は草盧五十四歳で、彦根藩出仕中の建立となる。

第二点の、「寿蔵」と『先哲叢談』がいうのは、「文塚」のことを「寿蔵」と称していよう。墓に因み附加しておくと、千鳥が岡を含む長久寺の墓所に、草盧の墓（高台寺、京都）はなく、長男の世華の墓を筆頭に龍氏一族の墓が一区画に十四基存在し、今尚子孫により守られている。（附記）

第三点の、和歌を両者記すと、

丘の名の千鳥のあとをとゞめおきて

なき世のともをまつのしたかげ　（『千鳥が岡文塚の記』）

高き名も千鳥が岡にとどめけり
　なき世の友を松の下蔭　（『先哲叢談』）

となっており、上三句を違える異伝歌である。

しかし、内容的には、両者の意味は、自詠、他詠の意味に捉えられ得、違ってくる。

後者の和歌は、〈この千鳥が岡に、（亡きあと、身のみならず）高名を千鳥が岡にとどめたことよ。今は亡き世ながら、友を待つように松の下蔭に居て。〉となり、他詠歌である。本人ならば、「高き名」とは詠まないであろう。それに比して、前者の和歌は、〈千鳥が岡という名にちなむ、千鳥の足跡のように、私は自分の足跡をここにとどめ、自分が亡き世の後々まで、友を待つように、松の下蔭で。（自分の草稿などの足跡を埋める。）〉となり、草廬の意向を示した自詠歌である。

以上、三点から、『先哲叢談』（及びこれを引用している『漢学者伝記集成』）の記述は、草廬の自筆本によって提供された事実から、書き変えられたと見てよかろう。

五

『千鳥が岡文塚の記』を基に、文献的側面から前章までのところは見てきたが、文献に一致する実物の「文塚」が千鳥が岡、長久寺（49～51行目）に現存している。

実物については、長久寺の「江州彦根観音普門山長久寺」と題する、一枚もののリーフレットに、簡単に次のように紹介されている。

龍　公美（学者・碑表に公美「草盧（ママ）」の和歌、裏に松平康純の文を彫る。）

実物の「文塚」は、草盧が藩儒として、地位・人間関係を確立し、彦根藩が尽力して、風光明媚なこの地に、建立させたことを偲ばせる立派なものである。

草盧は、六十歳で彦根藩を致仕するまで、約二十年間出仕しているので、この明和七年は、重鎮的地位を確立していた時期であったといえる。

彦根藩に文化を鼓吹した、現役の功労者として称えられた面が、その碑文からも窺える。

それでは、彦根藩と長久寺は、いかなる関係にあったのだろうか。「文塚」の紹介に先立ち、この関係をおさえておく。

長久寺は、滋賀県彦根市後三条町五十九番地に存在する、彦根城に次いで、古い建築物を有する寺である。そして、彦根藩の守護寺であった。

真言宗豊山（ぶざん）派（本山は、護国寺、東京。総本山一等より二十五等中二十二、『大日本寺院總覧』）に属する寺である。

草盧自身『千鳥が岡文塚の記』で、長久寺の歴史を語っており、長久寺の記と対照すると、彦根藩と長久寺の関係がおのずと浮び上ってくる。

長久寺は、長久三年（一〇四二）善応による開基という。本堂には、聖徳太子作と伝える千手観世音菩薩と、藤原期の作になる脇持仏が安置されていたと伝えられる古寺である。

そして、戦国に入り、織田信長が元亀二年（一五七二）五月には伊勢長島の一向宗徒を討ち、九月には延暦寺を焼くといった焼き討ちが重ねられた時代で、戦火は、元亀から天正年間へと乱世を拡大させるという状況にあった。

長久寺も、天正元年（一五七三）信長の兵火にかかり焼失したと伝えられる。

長久寺はむかし、七堂伽藍を有する大きな寺であったが、元亀の頃に織田氏の火にかかり焼失した（44～46行目）、と草廬も記している。

とにかく、長久寺は現在も、草廬が述べる大伽藍を有する大寺であったことを偲ばせる寺である。寺には、本寺（観音堂）、太子堂、鐘楼堂、虚空蔵堂、毘沙門堂、行者堂などが現存する。地所は岡を含み広く、岡の途中に荒廃した行者堂があり、「文塚」は、そこを過ぎ岡を登りつめたところにある。

ところで、再び、信長の焼討ち後の話に戻ろう。

彦根藩井伊家と長久寺の関係は、次のごとくである。

慶長十一年（一六〇六）井伊家家老庵原主税助朝真、霊夢に観音霊場再理のお告げをうけ、現在の地に堂宇を建立す。以来、城の辰巳の方に位するところから彦根藩の守護寺と定められ、代々の藩主・家老・先覚者の祈願所となり、諸堂も復興、宝永四年（一七〇七）には、本堂屋根の大修理が、藩主直治公息女喜久姫、生母玄妙院永薫一周忌供養の為に行われている。（『長久寺中興の記』）

焼失後の寺は、井伊家家老庵原朝真が再興に尽力し、経済的援助は、主家井伊家によりなされたのであった。このように再建された長久寺は、彦根藩の守護寺、祈願所となり、一層深いつながりができたのであった。

それから更に、百五十年を経て、草廬は井伊直幸から招聘され、彦根藩に赴いた。主家井伊や庵原朝弘（後述する）などとの文化的つながりが、歴史的な彦根藩と長久寺のつながりの中で、一藩儒の草廬のために、「文塚」という形で実現された。この長久寺千鳥が岡は、草廬を称えるに相応しい時間的、空間的場所として、選地されたのも当然であったといえよう。

一「文塚」が歴史の中で息吹き、存在しているように思えるのである。

六

以上のような歴史の中で建立された実物の「文塚」と、それに携わった人々のことを本章で取りあげる。

「文塚」は、縦一三四・五糎、横巾四三・五糎、厚み二一・五糎の大きさの石碑である。表裏は磨かれ、碑文が刻されているが、側面は磨かれていない。

礎石は自然石で、横一三〇糎、奥行九五糎のもので、上部の石碑と調和がとれ、「文塚」全体として立派なものである。

文塚表面

〈「文塚」の表面〉

碑の上部に、縦二七糎、横三八・五糎の長方形に凹面を作り、そこに篆書で二字「文冢」の額字を有する。碑に向って右から左へ横書に陽刻してある。尚、「文冢」の字の大きさは各二五糎四方のものである。

この額字の下部に、和歌一首が楷書体で、一字一音の萬葉仮名で刻されている。一・二行目は各十一字で、三行目は十字である。碑文は次の如くである。

搗可能南岡智土利乃阿刀
乎東鴛米於紀弖奈岐与能
斗茂鳥末都農子太可夏

右の萬葉仮名で記された和歌は、自筆本『千鳥が岡文塚の記』（88～89行目）の、「丘の名の千鳥のあとをとゞめおきてなき世のともをまつのしたかげ」と同一の歌である。

額字の篆書および和歌の萬葉仮名の楷書の字は、ともに草廬の自筆によるものである。「文塚」の裏面の文章がそのことを示唆している。

〈「文塚」の裏面〉

「文塚」の裏面には白文の漢文が刻されており、字体は行書体である。文章は縦四行書きで、一～三行目は各二十四字で、四行目は二十三字である。末尾に建立年、その下に文章起草者名と筆者名が並記されている。その文章を次に記す（送り仮名、返り点を補い、適宜改行した）。

彦根城南有二培塿數里一。土俗所謂千鳥岡也。吾藩文学龍先生、以下其所二嘗自著一詩若文諸注釈等上立二草稿一瘞二諸斯一。其蓋愛二其勝地一也

門生

等相与謀建石以鎮焉。先生自作国風一章一以手題二於石一且篆レ額曰二文塚一焉。先生、

名公美字子玉号草廬伏水人。

明和七年庚寅春　　門生松平倉之介源康純記
　　　　　　　　　　　奥山右膳藤共建書

草廬が関与した「文塚」は明和七年春に建立され、同年秋八月二十九日に『千鳥が岡文塚の記』が「文塚」建立を記念して、草廬自らが筆を採ったことが、両者をつき合せてわかる。

碑裏面の文章は、「文塚」建立の由来や動機が語られていると同時に、藩儒としての草廬を称えて、門生達が尽力し計画し、「文塚」建立に至った経緯を記している。

その発起人の人物の中で、源康純、藤共建の名前が挙っているが、両人ともに『龍草廬先生集』の編纂に関与した人物でもある。つまり、草廬と、文学を軸にしてサロンの中で、文学活動の一環として、「文塚」建立や漢詩集の編纂などがなされたのである。

『龍草廬先生集』の三編の内題に、源康純の名前が記されている。そこには

草廬集三編一（～六）

淡海文学　伏水　龍公美子玉　著

湖上　蓋九齢伯寿　輯

三河　源康純少卿　挍

とあり、三編の漢詩、総計五百二十八首の校定に康純は関わったのである。

また、藤共建も、同集の四編の内題に名前が見える。そこには

草廬集四編一（～六）

淡海文学　伏水　龍公美子玉　著

奥山　藤共建子樹　輯

彦城　菅元容子兌　校

とあり、四編の漢詩、総計四百三十九首の編輯をなした人物である。

このように名前の挙った二人を見ても、草廬門下として、漢詩への造詣の深さを窺わせる人物であったと同時に、草廬からすれば、友人（85、97行目）としても働いた人々であった。

そして、奥山共建は右膳とも言い、『漢学者伝記集成』の「孔生駒」の項に次の如く述べられている。先行文献としては『先哲叢談続編』巻之八「孔生駒」がある。

> 彦根の執政奥山右膳、己を虚しうして士を礼せり。嘗て生駒を延き、優待尤も厚し。経済の要を問ふ。蓋し奥山氏は藩に当路たり。是の時法を立て、旧習を改革し、令を発して新政を設施せんとするに在りき。生駒曰く、「法を立つるは当に魏晋以上を考ふべし。令を発するには、唐宋以下に効(なら)ふべし。能く時勢を弁識し、治道に練達する者に非ずんば、相共に言ひ難し。魏晋以上は簡にして要、唐宋以下は捷にして便」と。奥山氏大いに喜び、将に之を侯に薦めんとし、或者之を阻めるありて意に果さず。

生駒山人（共建）は、草廬と最も親しかった人物の一人として、漢詩の中で詠まれたり、山人の墓碑の文章が起草され書かれるということが草廬によってなされた人物であった。

そして、右の引用からは執政としての共建とのつながりが浮上してくるのである。共建が執政として、政治・経済を動かしていた一人であったことがわかる。

そういったことは執政としての共建のみならず、家老家筋の庵原家とのつながりもまたある。庵原朝弘の家の集である『九皋和歌集』に、草廬が序文を附したり、『九皋和歌集　続編』に、源康純が序文を附したりしているのである。

当然のことながら、執政や家老、更には主家と、政治・経済、文化的につながっているのであり、草廬の「文塚」も彦根藩がらみであることは十分に察し得る立派なものである。同じ「文塚」でも、能因法師のは、嘉永二年（一八四九）に建立されているが、唯「文塚」とのみ記した直方体の棒状の質素なものであり（高槻市古曾部町に存在）、比較する必然性はないのだが、草盧の「文塚」の立派さを知る上での参考とはなろう。両者ともに文学顕彰ということで「文塚」の建立がなされたのである。

つまり、共建を一人例にとれば、文学を理解し得る人物として、また政治・経済にかかわる人物として、両面から動くことができ、彦根の文化はこういった中で育まれていった。

最後に、文化サロンでの草盧のあり方をみておこう。

草盧は家老の庵原氏の四十の賀をことほぎ

庵原何がしかのぬし四十賀に、鶴千年友といふことを

けふよりぞ　友と契らむ　高砂の　松に住てふ　鶴のちとせに

（『縣居大人評論　草盧和歌』）

という和歌を奉っている。

また、草盧は『あまのすて草』（孤本・写本、九州大学蔵）の中に、「彦根ノ太守　井伊中将直幸（ひで）朝臣」の計十二首の折々の和歌を入集している。二首ことほぎの和歌があり、その一として

寄亀祝

住亀の　おのがみどりの　色ふかく　万代かれぬ　宿の池水

が挙げ得る。これらは、歌合の歴史の中で行われてきたパターンに則ったものである。平和の世、主家筋の賀を祝う歌会が開催され、華やかにことほぎ合うという彦根藩の文化サロンでのことである。

すなわち、「文塚」に「我藩の文学龍先生」と刻された草盧は、藩儒として儒学を講じ、文化サロンの宗匠として漢詩や和歌を詠じたりしたのである。

にほの海を遥に見やり、金亀城（彦根城）を近くに見おろす小高い千鳥が岡に建つ「文塚」は、彦根に文化を鼓吹した功績の証として、『千鳥が岡文塚の記』とともに、草廬自身を今に甦らせてくれるものである。

注

（1）真淵によって〇を附された草廬の和歌は二十五首あり、次に三首掲げる。

物思ふ比子規のなくをきゝて

おなじねに　われもこそなけ　子規　よをうの花の　かげのやどりに

草廬の扁字にかけてうちに書つけゝる

玉ゆらの　露のみをおく　やどの名は　草の庵と　いふべかりける

月前述懐

みるからに　はやかたぶきぬ　我もまた（にけり）　いつまでか世に　有明の月

心情・ことば・調などの点から合格した和歌で、二百十四首の中では、平淡ながら心情を吐露した歌といえる。

（2）草廬は、漢詩のみならず和歌への関心も高く、草廬自身が「和歌者流」という言葉を、次に示す書簡の中にも使用している。尚、宛先、年号は不明である。

六月廿九尊書。昨日達候。如レ仰残暑御万福奉レ賀候。

先以御悦可二申上一候は六郎様御事。御出身被レ蒙レ仰候由。

万福々々。目出度奉レ賀候。

一私よみ歌の集。上木出来。此ほと流布仕候。

御手前様は和歌者流にてなく候故、本も下し不レ申候。御入用ならば下し可レ申候。儒者の歌書はむかしより一人もなく候よしに候。いろ〳〵の事申度候へども早々とめ申候。心事追て可二申上一候。以上。

（内藤信敏編纂『頭書和文名家尺牘文例』松栄堂書店　一八九三年）

（3）草廬は儒者ながら、和歌集の刊行をなした「和歌者流」なる自負が右文からも窺え、和歌への執心の一端が見える。和歌の道への精進を裏附ける一資料として、「伏水　龍公美著」と記す『あまのすて草』が存する。「近き世ぞ名だゝる人々のことの葉」（序文）即ち、歌人、近世の天皇、武将、儒者、国学者、僧、俳諧・連歌師などの和歌を多数収めた本で、草廬は、同序文の中で、「いやしき身もて、かうやうのわざして人事は鵜をまねぶからすのおもてふせとはしれど、よしやおのがすける道なむ侍れば、世のそしりわらひはとまれかくまれと、しひておもてをあつうする事になむ。」と述べ、和歌に本気で接していたことを窺わせる本である。

（附記）

草廬の長男世華の墓の碑文は彦根藩儒としてのその行績を称え、龍氏の重用を裏附ける資料でもあるのでここに紹介する。

〈左面〉

玉淵先生諱世華字子春姓龍玉淵其号也其先蓋出自桂大納言
源経信世居于山城伏見十二世祖源善則仕後崇光王為大夫為
王子禱鳩嶺之神帰路見龍登天人何王子登極是為　永亨帝遂
成登龍之府瑞王乃悦更賜姓龍子先生父艸廬先生居洛滋教授
生徒也宝暦六年丙子応吾大魏公聘仕藩特命賜養老禄

〈裏面〉

若干帰養于洛滋先生襲職為文学先生受家学博渉群書稗官小
説莫不該見他技如鎗剣弓馬絲竹之類亦泛習焉最工書画常請
者不絶先生亦不敢拒之応其需云先生歴任大魏公龍泉世子老
候及今候常進講経書宴遊屢従寛政六年甲寅受老侯命祇役東

都老侯賜衣服十一年巳未老侯建学校与其議焉既成命為教授
文化九年壬申賜田禄百石先生為人灑落真率接人不為方幅故
人亦莫不親交者矣文政三年庚辰七月罹疾在褥八月四年辛巳
二月廿五日終臨終作詩其詩曰少壮為儒興我家勤労公務幾年
萃天慳遺墨毫難運病悪言詩口巳唖学剣学書皆枉了或非或是
総空耶神魂此去遊塵表千鳥岡頭聞鬼車享年七十一在職四十
八年葬於城南長久寺後山所著詩文数巻蔵於

〈右面〉

家元配海氏生一女一男而出男国□嗣職再娶長岡氏生三男五
女二男四女早夭第二子名護出為某氏之嗣徒義与先生同僚先
生罹疾一日招徒義属襄事及銘其墓以同僚之故不敢辞乃作銘
曰克継先緒師儒称職歴事三君能慎其徳田禄是受恩寵是得侍
講陪□優游□克灑落厥性不仮矯飾博綜衆技書画最極乃如之
人埋骨□□□巧惟業子孫為則　　伴徒義拝撰

Ⅲ

加藤宇万伎著『種々問答』攷

一

加藤宇万伎（一名　藤原宇万伎・美樹（うまき））は賀茂真淵の筆頭弟子の一人であるが、なによりも宇万伎の存在が評価されてきたことの意味は、上田秋成の師であることにある。

宇万伎の学問は概略すれば真淵の説を忠実に伝えることにあった。師弟関係をみれば、真淵から宇万伎へ、さらには宇万伎から秋成への系譜が画ける。つまり秋成は真淵の孫弟子に当たるわけであるが、宇万伎は学問的に橋渡しの役割を果たし、宇万伎は秋成の師として、弟子秋成に、真淵の自筆本を貸し与え、真淵の講義を伝えるなど惜しまず優遇措置を計った。

真淵が出仕した将軍家徳川吉宗の子息（第二子）田安宗武、そのグループと宇万伎との関係、また宇万伎が出仕した戸田氏房家との関係、また氏房と和歌・学問の師冷泉為久との関係などから、当時のトップレベルの文化サークルに属していた人々を通じて、直接に間接に、結果的に秋成は資料・学問についてなど、さまざまに恩恵を蒙っている。このようにして得た国学の知識は、柔軟性に満ちた秋成の中で華麗に花を咲かせた。

真淵――宇万伎――秋成という師弟関係の系譜を見るとき、真淵・秋成に比べて宇万伎研究が希薄なのは、幕臣という公務の地位にあったせいか、宇万伎自身の著書が少ないこと、また、宇万伎の研究が真淵の説をほぼ正統に継承したことによって、個性的な自説をあまり展開し得なかったこと、と同時にそのことに比例して現存の資料が少ないことに由来しよう。秋成の研究をなすに当たって、真淵からの通過地点として、宇万伎の研究を押さえることによって秋成の本質もいっそう理解が可能となろう。

希薄な宇万伎研究を補うと同時に、上記秋成研究の享受を探る意味からも、宇万伎の著述を検討していく。本章は宇万伎著述に関する一連の、拙稿「加藤宇万伎著『――』攷」と題する検討の一として、『種々問答』をとり挙げる。

宇万伎の著述中、諸々の問答を寄せ集めた『種々問答（くさぐさ）』という外題をもつ本がある。宇万伎自身が附した題名というよりは、香具波志神社蔵本本文の冒頭、内題の位置に見られる「くさ〱問に答　藤原宇万伎」という詞などに由来して、後に便宜的に附された書題であるように考えられる。

『種々問答』の内容は宇万伎著の、仮字および音韻などを中心に、国学に関するさまざまな問答を寄せ集めた書である。

『種々問答』には現在四本の異本がある。香具波志神社蔵本・九州大学附属図書館蔵本・天理大学附属天理図書館蔵本・中村幸彦蔵本で、各一冊本の写本である。

また、別名を『静舎随筆』と称する。宇万伎の号「静舎（しづのや）」に依る。中村幸彦蔵本の墨書外題に『静舎随筆』とみえ、天理大学附属天理図書館蔵本の外題の題簽に『種々問答』、内題に『静舎随筆』とあることに由来しよう。宇万伎の随筆風書物の把握が窺える。しかし、通念の随筆のイメージとは異なる、墨書による学問書草稿である。

各異本とも、宇万伎が質問に答えた問答の類を集めたものではあるが、最初から『種々問答』と外題が附されていたわけではない。外題に相違がみられることや、内容上かなりの異同がみられ、種類の異なる問答を集めたものであることがわかる。

なお、問答は四種類収められている。その問答は、香具波志神社蔵本および天理大学附属天理図書館蔵本では三種類共通、他の一種類の問答は、内容の違いが見られる。九州大学附属図書館蔵本は香具波志神社蔵本にも収まる二種類のみである。

もう一本は中村幸彦蔵本であり、問答や上記本にみられない「十二月」の旧名についての考察や、「みとのまぐはひ」という語釈や、『古今集』三箇の秘伝の一「百千鳥」「稲負鳥」などについて『顕注密勘』を筆頭に古注からの論などを含む。なお未完であり、当本が問答や国学の知識をメモしていった性格を臭わせている。

月の旧名については、真淵の『語意考』との関係を、次章「加藤宇万伎著『十二月の名考』攷」にも記す。なお『呵刈葭』との関係については飯倉洋一「『呵刈葭』上篇と宗武・宇万伎の「仮字問答」」（『文献探求』第一五号　一九八五年）に記述されている。視点を転じて、『種々問答』と真淵など国学との関係については、従来の研究では触れられていないので、本章では宇万伎と真淵との著述の関わりなどを重点的に述べる。

二

香具波志神社蔵本は内題に『くさ〳〵問に答』（その下に「藤原宇万伎」と記名）とあり、通称の所以を窺わせる内題といえる。外題はなく、表紙に美濃紙の半紙を切った小紙に「くさ〳〵問答　一冊／藤原うまき／うまきぬしにかはりて／源の孟　述」とある。この香具波志神社蔵本は、上記内題に続く問答に加えて、「声音問答」と題する問答が巻末に附されている。この奥書に「宇万伎のぬしにかはりて／源の孟　述」と記されていることから、表紙にも、後に半紙の切り紙のメモ書が貼附されたものと思われる。

香具波志神社蔵本「声音問答」は九州大学附属図書館蔵本の写本『発声答問・仮字用答問　合』の「発声答問」と内容を同じくする。九州大学附属図書館蔵本では、この巻末に

その夜ともし火のもとにて書つけぬ

藤原宇万伎

と、宇万伎が灯の元で記す原本の姿を想像させる奥書がある。

ところが、香具波志神社蔵本では、この奥書はないが、中村幸彦「上田秋成伝浅説」（『中村幸彦著述集』第十二巻中央公論社）で「この打魚の写本には、変った奥書が附いている。」と紹介されて、上記「源の孟」という書入れに注目されている。

宇万伎資料となることと、誤植が二箇所あるので原本を紹介しておく。

こは藤原の宇万伎のぬしの或人の問にこたへ給ふをそかまゝにしるして見せ給ふ也

う万伎ハ東都の人ことし防人の任にてなにはの大城にこもり給ふ宇万伎のぬしかたりていふおのれはやくより国の古語をえまくほりして任のいとまにつとめ侍るにたゝ此五十音のもとハ悉曇より伝へしといふそいともあやしくなんさるから西方の声音にくはしくまさんひしりをえて問まくほりすること年ころなれとあつまにはさるひしりもおはさすや宮こ人にこそ聖はおはすへしおのれにかはりて教へをうけてたまはせよ罪をえてさいなまれ侍らは此事ふつにやミなんとてあつらへ給ふさいなまれて後に罪しるハ愚かものゝ常にし侍れはよく教へたまへよといふことを

宇万伎のぬしにかはりて

源の孟

述

香具波志神社と秋成・宇万伎の関係から、中村幸彦による「「源の孟」が秋成であろう」（『中村幸彦著述集』第十二巻）との指摘は、『種々問答』の筆写からも符合しよう。

宇万伎は、五十音が悉曇に由来するという従来の思考に疑問を呈している。我国の五十音が悉曇からの渡来でないという論証を「西方の声音にくはしくまさんひしり」から得て述べているという。『声音問答』で宇万伎は、先行の契沖『和字正濫鈔』を参考し、それを自説の中でどのように転換しているのだろうか。

ここで『和字正濫鈔』の一説を挙げる。

一　梵字の学を悉曇をいふ（ママ）。悉曇は梵語、此には成就と翻す。是に依て世間世間の一切の事を成就すればなり。其字母四十七字あり。初に十二字あり。摩多の字といふ。摩多、此には母と翻す。点画とも韻ともいふといへり。和語のためにも其要を取れは、あいうえをの五字なり。次に三十五字有り。体文といふ。此中に初に五十類声とて二十五字あり。次に遍口声とも満口声ともいひて、十字あり。同音濁音を除て要を取に、かさたなはまやらわの九字なり、さきの五字に合せて、十四音あり。涅槃経文字品に　善男子有十四音、名為字義と説かせ給へるに附て　和漢の諸師、異義まち〳〵なる中に　信範法師といふ人　今の十四音なりといふ。さもありぬへき事なり。（『契沖全集』第十巻）

悉曇の字母についての見解であるが、契沖は信範法師説を自己の意見に導入している。それをさらに、宇万伎は『声音問答』でかくいう。

その外梵漢にして悉曇をとくもの多しといへともあいうえをの五十音の如きことをたて、いひしものさらになしされハ吾五十音は梵よりも漢よりも伝へさることいちしるし信範法師か涅槃経の十四音といふハ即あいうえをかさたなの十四音也といへるハ吾国にもとよりつたへし五十音を梵に引合てその要を発明したるもの也此事梵によくかなひてその意味も早くさとりえらるゝと見えてそれより後悉曇をいふもの皆その義にしたかへりこれそ吾国の声音正しく五十音のあやしく妙なるもの也故わか五十音をもて悉曇を求れハえやすく知りやすくしかも符合せりなといは丶さもありなん悉曇よりいて丶わか国につたふるといふハいとたかへりよしやくハしきことハかしこの有ともそのもとハこ丶にこそ有なれなほ思ふたまへてとり給へといへハまらうとうなつくやうにて去にき

宇万伎の発想は信範法師説を引く契沖説の延長線上にあることがわかる。

三

天理大学附属天理図書館蔵本でも外題は同じく『種々問答』、内題は「静舎随筆　問答類」とし、「くさ〳〵の問に答」の項目題が附され、巻頭にこの問答を配している点は、香具波志神社蔵本と同じである。ところが、香具波志神社蔵本・九州大学附属図書館蔵本にある『声音問答』・『発声答問』にあたる問答はない。

なお、この問答は明和二年（一七六五）九月二十八日になされたことが、香具波志神社蔵本の冒頭から知られるが、梵字を交えての説明がなされており、真淵が外国のものを全く排除する姿勢で国学を説いたことからみれば、宇万伎のこの『声音問答』（『発声答問』）は悉曇を引きながら述べている。悉曇に基づいたものではなく我が国独自のものであることを主張しつつ、悉曇にふれることがあるところは、契沖に影響された宇万伎の音韻観に基づくものといえる。

契沖の書物は写本で流布し、宇万伎は出仕した戸田氏からそれを得て、契沖の学説に触れて導入したといえる。

真淵は悉曇について『語意考』（流布本）頭注で

天竺の悉曇は、四十余の字もて釈迦の五千余巻をも書り、此字の多が宜か、少きかよろしきか、天下は事少くて治るこそよけれ、然らは、其天竺の四十余も用すして、言をよく伝て、天皇万代を嗣給ふ皇朝こそ天下に勝れたれ、是もよくも考へす、みたりに異国を信して、我古意を学ふ人なきは悲しむへし、

（『賀茂真淵全集』第十九巻　續群書類従完成會）

と、単純明快な真淵流の論をとく。ちなみに、「五十聯」による、後の活用説に移行する『語意考』が、本居宣長門にも多大な影響を与えることになる。なお、『語意考』の序を宣長自ら記し、真淵を顕彰している。

四

ところで、香具波志神社蔵本巻頭の問答の成立年は、この巻末に「宝暦十三年八月」とある。この内題を「戸田氏房の問に答ふ」とする問答は、天理大学附属天理図書館蔵本にはあるが、九州大学附属図書館蔵本にはない。

この冒頭に

たゞ古書の理によりて論定めたまふハ。まことに道ハ公のものにこそ。わたくしのものに非ざれバ也。

という有名な宇万伎から秋成に継がれた言葉が、藤原定家の『詠歌大概』の

和歌に無師以旧歌為師

を引用しつつ、学問の道が説かれている。

また、数少ない宇万伎資料のなかで、宇万伎が出仕していた氏房の学問・和歌の師が為久（為村の父）であり、契沖著『勢語臆断』をめでて、借りて写したものが戸田家にあるとの記述もあり、歌学の家と門弟の姿を垣間見させる資料である。

契沖の書との関係についても

た丶古書をのミ師としてまなび行に。そがたづき道引かん人ハ。吾賀茂のあがたぬしにしく人やハある。すでに戸田の君彼卿の教にふかく入て。古書ミる手引に。契沖が注せしふミどもおほくあつめてよみ給ひ。賀茂のあがたぬしに古書のことわりをとひ給ひしもあまたとし也。

という。

古書に拠を求める真淵学問の姿勢を見定めている。真淵を顕彰しつつ、片方で冷泉家とのかかわりがまた、宇万伎・真淵門の学問の枠をひろげる役割を果たしたことになる（拙著『冷泉為村と摂津富田本照寺』自照社出版　二〇〇一年）。

井上豊『賀茂真淵の業績と門流』（風間書房　一九六六年）の中で、契沖の書と冷泉家および秋成との関係を述べる。

秋成は四十歳近くなってから和歌にとくに志を向け、下冷泉家の中納言に点を乞うたと言っているが、下冷泉家の中納言については、中村幸彦氏は、冷泉為栄氏とし（岩波「日本古典文学大系」）、丸山季夫氏は、「義正聞書」に見える下冷泉宗家かとしている。冷泉為村は安永三年六十四歳没で、秋成よりも二十三歳年長であり、全国に門下が広まっていて、為村あたりと見てもしっくりするが、上冷泉家である。いずれにしても公家系統の歌人の門を叩いたのである。「そなたはよい口じや」とほめられたとあり、お世辞としても相当な歌才を認められたのであるが、自分ではあきたらずして去り、契沖の著書に親しみ独学をはじめた。古典を自分の目でながめはじめたのはこのころであろう。丸山氏によると契沖の著書に親しみだしたのは、蘆庵とも親交のあった小島重家の奨めによるものという。

まず、宇万伎が出仕した戸田家と冷泉家の関係が『種々問答』でうかがわれていたことからすると、井上豊のこの不十分な意見を明確にし得る資料であるといえる。

契沖の書が冷泉家の為久・為村から戸田家、宇万伎・真淵のサークルへのルートを考えれば、宇万伎から秋成へ貴重な書物の貸借が行われていたことからも、この場合もまた同様のことが十分あり得た、と考えられる。

五

奥書に「明和元年九月しるす」とある問答は、香具波志神社蔵本・九州大学附属図書館蔵本にはないが、天理大学附属天理図書館蔵本にある、二番目の問答である。天理大学附属天理図書館蔵本の二番目の問答は香具波志神社蔵本を補えるので翻刻を添附する。天理大学附属天理図書館蔵本にみられる、同姓聚婚の風習についての問は、当時問題にされていた。余談ながら、契沖の『伊勢物語』六十九段説を引き、宣長もののあはれ論に導入している。

> ある人問らく。いにしをたとしといへとも。同姓（ウカラ）ハいふもさら也。いもうとをさへ妻となせり。人たるもの、あつきことかは。これそゑひすの国ふりなるを。もろこしの聖の教入て。人〳〵はちらひて。今ハさは侍らねハ。いと上つ代のことハいふへくもあらす。

真淵・宇万伎にこの類の答が用意された。飯倉論文では触れられていないことであるが、次に引く真淵の説が基になっていることに間違いはなかろう。『国意考』に「或人・かたへの人云」の答えに、次のようにいう。天理大学附属天理図書館蔵本の翻刻の参考になるので掲げておく。

> 或人の云、むかし此国には、やから・うからを妻として、鳥・け物と同じかりしを、唐国の道わたりて、さることも心し侍るがごとく、万儒によりてよくなりぬと、おのれ是を聞て大に笑へるを、かたへの人云、唐には同じ姓をめとらずてふ定はありつるを、おのが母を奸せしことも侍るしからは、只さる定のありしのみにて、いかばかりのわろことのありけむ、さることをみぬや、同姓めとらずはよからむ、といひしのみと聞ゆるを、

世こぞりてしかありとおもふは、いかゞおろかなるこゝろにや、またさることをば隠していふにや、すべら御国のいにしへは、母の同じき筋を誠の兄弟とし侍り、母しかはれば、きらはぬなり、物はところにつけたる定こそよけれ、さる代には年々にさかえたまふを、儒のわたりて漸に乱れ行て、終にかくなれること、上に云如し、如何同姓めとらずなど数のこまかなることよしとて、代々に位を人に奪はれ、かのいやしめる四方の国〳〵にとらるゝやうのことは如何、天が下は、こまかなる理りにて治らぬことを、いまたおもひしらぬおろかなるこゝろに、聞を崇むてふ耳を心とせしよ、いふにもたらぬことなり、

（『賀茂真淵全集』第十九巻　續群書類従完成會）

つまりは、同姓聚婚が治世への道であると説いているのである。

天理大学附属天理図書館蔵本にみられる『種々問答』の宇万伎の「妹をさへ妻になせり」が、「明和元年（一七六四）九月」で、『国意考』との成立の前後を一応考える必要はある。『国意考』に成立をしめす表記はなく、井上豊は

『国意考』には伝本が多く、改稿は続けられたのであろうが、宝暦十年九月までには一まず成立していたと見てよいと思う。（『賀茂真淵の業績と門流』および『賀茂真淵全集』第十九巻の『国意考』の解題）

とみる。上記の部分は再度『国意考』中に、重複して記されていることからして、原本に「同姓婚姻」が記されていたとみるべきであろう。とすると、真淵説を継承して、宇万伎が自説を打ち出した、といえよう。

六

次に、某年某氏の仮字についての問答についてみる。

香具波志神社蔵本、九州大学附属図書館蔵本『仮字用答問』と同じ、天理大学附属天理図書館蔵本に共通して存在する。

「億(オ)計王」・「弘(ヲ)計王」が兄弟ながら、オとヲの区別ゆえ分別できるというもので、イとヰ、エとヱなど上代の仮字の違いが、すなわち言葉の違いであるといっているものである。

これは、真淵の『語意考』に

　意計・弘計のみこは御はらからにて、同じ大殿におはしませしに、意と弘のこゑ均しくは、いかにまどはしかん、さらば御名にもかくは申奉るべきや、まぎれもなく分れしもの也、かゝれば、五十聯音の中の袁(ヲ)於(オ)・衣(エ)恵(ヱ)・以(イ)為(ヰ)の音も意も明らかに別にして、かくあらでは此国の言をなさゞるか故に、相似たるをもならべ載し也けり、

と述べ、以下詳細にわたり述べられている。

『語意考』の成立を見ると、『語意考』の清書本・流布本の奥書がともに「明和六年二月」とはなっているものの、草稿本の成立は宝暦十年四月の『龍のきみえ賀茂のまふち問ひ答へ』に「前にいひし歌意と語意に大かた書り」とあり、宝暦十年（一七六〇）四月以前とされる。

また、九州大学附属図書館蔵「音無文庫」（旧蔵「山岡文庫」の押印あり）の貴重書山岡浚明本『語意考』に朱筆で「宝暦十一年八月賀茂真淵記」とあり、真淵の弟子書写の、早い問答から宇万伎が教えを得ていた傍証も得る。

というのは、飯倉洋一既出論文で触れられた『古言梯』中にも、この問答が所収されている。そして、『古言梯』中の宇万伎答の

　吾縣主のいへらく．から天竺にも本字てふ物ハなくして．たゞ言のみあり．後に日月鳥獣千万の物の形を書てその音のしるしとせしなり。その形に音ありとおもふハいと後の世のならハしぞと．かくて皇朝の言の事をい

さゝかいはゞ。

である部分は、飯倉洋一は「これが実際に真淵の説であるか否かは、いまのところ確めえない」とされているが、これは真淵の『国意考』に同趣旨のことがすでに記されており、真淵の言である。

続いて「しかし、いずれにせよ、冒頭に真淵の言が置かれることによって、以下叙べられる宇万伎説は、真淵説を敷衍したのであるかのような印象が少なくとも与えられることになろう。『古言梯』出版にあたって、魚彦もしくは宇万伎は、師を顕彰する意味あいで、真淵説を附け加えたのではあるまいか。」と述べられ、飯倉洋一の推測は正しいといえる。

『古言梯』の「附けていふ」は、真淵の著述『語意考』『国意考』の内容に合致しており、その点でも『古言梯』と『種々問答』とは〈兄弟関係〉の書物となる。最後の田安宗武の問に対する答も、第三番目の仮字問答の内容とほぼ等しくオケ・ヲケなどの仮字、清濁軽重の別を仮字にからませた「明和八年二月比也」の問答である。

以上、宇万伎の『種々問答』は真淵著『国意考』『語意考』など国学・国語学に深く関与しながら、写本で真淵から弟子へ、通過地点に当たる著述として、秋成たちに伝わり、のちに宣長門などにも拡大し、幅広く深い学問に展開していくのである。

加藤宇万伎著『十二月の名考』攷

加藤宇万伎の『十二月の名考』が最初に活字として紹介されたのは、田辺勝哉編『珍書文庫百家叢説　第弐編』（図書出版協会　一九一一年）であり、その解題で
斎(ママ)藤宇万伎の著。十二ヶ月の和名の義を解釈せるものなり。
と述べられている。

それを踏襲したかたちで、井上豊は「『十二月の名考』解題」（『賀茂真淵の業績と門流』風間書房　一九六六年）の中で
「朝風意林」の「蔵主著述目」に「十二月考」というのが見えていて、「近代名家著述目録」や「国書解題」にも、真淵の著書の一つとしてあげているが、静嘉堂文庫蔵の「勢語臆断別勘」（目録には加藤宇万伎撰とあるが、「別勘」の末尾には「安永九年庚子七月二十三日伊勢貞丈記」とある。）附載の「十二月の名考」には「藤原の宇万伎　上」とあって、宇万伎が田安侯あたりの求めによって奉ったものらしい。内容は十二月の各々の古名についての考証である。田安家の蔵書中にあったので真淵の著とされ、次々に誤りを踏襲してきたのであろう。
と、著者を宇万伎と推定し、「十二月の各々の古名についての考証」とされた。中村幸彦蔵の、草稿本『静舎随筆』（前章「加藤宇万伎著『種々問答』攷」参照）に、十二ヶ月を「む月ハ」というかたちで、順次「師走」までを述べて

いるが、たとえば詳細に、荷田春満や賀茂真淵の説に加えて、「宇万伎そおもふに」と宇万伎説が

○みな月ハ荷田のあつままろのいはく神な月にむかへてかミなる月なるへしと此月こそかミなりもことになる
めれハよくかなへりと加茂のあかたぬしかたられき

う万伎そおもふにう月うなひ月にして田をうなひさ月にさなへうゝるなれハミな月ハミのり月なるへし春こそ
ふミつきは月なか月もつひてかなへりミのるのミハ実のことにハあらしとおもはる猶考へし

のごとく展開される箇所もあり、宇万伎の著述ということがわかる。

ところが、『十二月の名考』の内容について、上記の田辺勝哉・井上豊の著述にみられるような、陰暦の月名の由来を記しただけのものではない。

流布本『十二月の名考』は、各月に二段構えの注が附され、最初の一段目の注と、字下げの注があり、両者説の性格は異なる。なお、大阪市立大学森文庫の写本『十二月の名考』は流布本系であるが、字下げはなく両者の説を並列させせて記している。が、同筆で記し、写しであることを窺わせる。

最初の一段目の注は、従来の研究で指摘されていないことであるが、真淵の『語意考』の「略言」の項目（『賀茂真淵全集』第十九巻　續群書類従完成會）中、「十二つきの名に略言多し」と考証されている部分にみられる説明とほぼ同言であり、『十二月の名考』の各月の説明での各最初の説明は、真淵の説が記された、と考えるべきである。もっとも『語意考』中では、四月、五月、十月、十一月の説明を欠く。が、『十二月の名考』はすべて網羅されているので、真淵説の欠けている部分を補うことができるといえる。たとえば、「佐都伎（五月）、佐奈倍都伎也、奈倍を略ける也、此月にしてさ苗をとりうゝれば也、」といった略語の説明を真淵は施している。

ところが、宇万伎は真淵の略語説を挙げつつ、草木や農業との関係で月名を捉えているのである。『十二月の名考』の識語に

十二月耕作の画は世にもてはやす倭耕作の図の
まゝにして月の名の考へにもとづきてその
こゝろをえてゑかくはさるへからんとおもふ奉る也
なほ蚕業も耕作にはなるましき世の業の
もとなれは世にあるかまゝに書ましへたくおもふ
奉るなり
藤原の宇万伎（花押）

と記されているように、字下げの部分は、「民の業（いとなみ）」を描いた、耕作の画の画賛の説明で、これは宇万伎の説である、と考えられる。

宇万伎の『十二月の名考』の主旨は序文を附して

十二月の名考
藤原の宇万伎
世に一とせの十あまりふたつの月の名さま〲に
解いへれとみな叶へりともおもはれす難波の
契-沖都の荷田-東まろあつまの賀茂の真淵
考おけるすらあるはさるへくさるへからすと
おもはるゝも侍りよりて諸の説をあつめて
それか中にさるへきをとりなほつたなき
心にも考えたりとおもふ給ふるをくはへて
十二月の名の解とはなし侍りつ

とあることからも、師真淵注を挙げ月の異名についての考えを記し、加えて、字下げで宇万伎が耕作の画に基づくきわめて生活に即した面から自説を述べた、と見るべきだと思われる。

『十二月の名考』の成立年は不明ながら、上記中村幸彦蔵本中に「明和元年九月」と末尾に記した文章の後に、『十二月の名考』が続いていることから、明和元年九月以降であろうか。『語意考』は「宝暦七年から十年までには一応稿本ができていたのであり、以後も改稿加筆を続けたらしい。」（解説井上豊『語意考』、『賀茂真淵全集』第十九巻）とあり、また『語意考』の巻末に、流布本・清書本ともに「明和六年二月賀茂真淵かしるす」とある。『十二月の名考』の成立の上限は、明和元年から明和六年（一七六九）二月より後のことであろうかという幅の広い成立年の推定しかできない。

なお、『十二月の名考』の系譜に立つ書物として、高内真足著、天保五年（一八三四）に刊行『十二月和名考』（『珍書文庫百家叢説』一九一一年）があり、清輔・真淵・士清（『和訓栞』）・宇万伎・魚彦（『古言梯』）・白石（『東雅』）説などを引き、和名の意味を記している。「おのれ古言によりて古意を考へみるに、いさゝか思ひよれることあればいふべし、」とあり、真淵が目指した国学の一環としてとらえることができる。

加藤宇万伎著『雨夜物語だみことば』攷

一

『雨夜物語だみことば』は、『源氏物語』の中の「帚木」の巻の「雨夜の品定め」を取り挙げた注釈書で、加藤宇万伎（一名　藤原宇万伎・美樹（うまき））によって著わされ、のちに宇万伎の弟子の上田秋成によって上木されたものである（本章において『雨夜物語だみことば』は安永六年版本を使用する）。

成立年は、自叙に明和六年（一七六九、宇万伎四十九歳）十月三十日と記される。京都の二条城滞留「やましろの大城にうづくまりをりてかきつ　藤原の宇万伎」という、宇万伎が江戸から京に出向してきた時の著書である。

これを完成させた同日に、江戸においてくしくも師の賀茂真淵が七十三歳で亡くなったことを、余談ながら附加しておく。のちにこのことを知った宇万伎の心中をおもんばかるに、想像するに余りあるものがあるからである。というのも、宇万伎は真淵門の四大弟子「縣門四天王」の一人として、真淵の学問に直に触れ親しんでいたし、後述するように、真淵の『源氏物語新釈』の影響を受け、『雨夜物語だみことば』の著述を完成させているからである。

『雨夜物語だみことば』は成立から六年経て出版の運びとなるが、秋成が関与しているのである。安永四年（一七七五）三月に、秋成がみずからの叙の中で、師の宇万伎のこの書をあまねく広めるためであることを述べる。

ところが、実際に上梓されたのは、叙の表記年よりさらに二年後の、安永六年（一七七七）初夏に「出雲寺文治郎、風月庄左衛門、吉田四郎右衛門、梅村三郎兵衛」など、京の書肆から出版されるのである。なぜ刊行がおくれたのかは不明である。

初夏のこの時期を経て、同年の六月十日に、宇万伎は京都で病臥し、五十七歳で没してしまう。上梓された初夏から、病臥死去の晩夏までの間、宇万伎は自己の出版本を手にすることができ、師真淵との関係にも実を尽した宇万伎であってみれば、著述完成の感慨も一入であったろうと考えられる。『雨夜物語だみことば』は以上のような人生の生死の岐路に立ちつつなされた、宇万伎最後の注釈書である。

二

では、『雨夜物語だみことば』がいかなる注釈態度でなされたのであろうか。

宇万伎自身が『雨夜物語だみことば』巻末の「附けていふ」の、四項目の最後に

一　源氏物語は．よにくさ〳〵の注はあれど．いにしとしわが賀茂の翁．あらたに注をかき出して．あげつらはれしことゞもあり．いまももはらその注によりおのれがおもふ心をもかつがつとりそへてかきたるなり．

と述べる。つまり、宇万伎自身が、師真淵の説に基づき、自己の考えを添えて注釈した、といっている。

そこで、真淵の『源氏物語』の注釈である『源氏物語新釈』の「帚木」の巻と『雨夜物語だみことば』を対照させてみると、宇万伎はほぼ師真淵の注釈を忠実に継承しながら、一部分師説を抜粋しているのである。

具体的には、師説をそのまま採るか、あるいは、前か後の部分を削り、採るべき注の部分の文章そのままを採っている。

たとえば、『雨夜物語だみことば』で

こめきて　紫日記に．小少将の君をいふ所に．心ばへなども．我心とはおもひとる方もなきやうに．物つゝみをし．いと世をはぢらひ．余り見ぐるしきまでこめ玉へり．

と述べる。ところが、真淵の『源氏物語新釈』では上記の注に続き、次の文章が加わっている（『賀茂真淵全集』第十三巻　續群書類従完成會）。

はらぎたなき人あしざまにもてなしいひつくる人あらは、やがてそれに思ひ入て身を失つべくあえかにわたりなき所つい給へり、余りうしろめたげなる云々、これをもていとわかき女子めきたるてふことを知へし、或説に巨めきたるといふはいとわろし

と、詳細な注が施されている。『雨夜物語だみことば』は簡略に師真淵の注のエッセンスのみをしるしていることがわかる。

もう一例挙げると、『雨夜物語だみことば』において

すくよからぬ　すくよかにはあらぬにて．すげの有を云也．末摘花の巻に．いとうもれ．すぐよかにて．何のはえなきをぞとあるは．末摘のすげなきをいへり．

とある。

『源氏物語新釈』では、この上記の注の前に

河健　菅家後集すくよか建の字にあたれり、注に木直上ル百仭無枝を建木といふ如く余りに余情なきさまをいふ、すくよかならぬ

があり、上記の注に続いて

こゝになつかしくやはらひたるてふに対たるにてしるへし、さてすくよかならぬ山のけしきといふは仮令深山

幽谷をゑかくともあまりなるまでこと様にさかし過て余情なき様に書は上の鬼の形に類ふへし、よき程を得て木深く世はなれてた丶みなしたるは、おのづからさる所につけて故よし有て物ふかくみゆるも又心あつき人のさまにとるへし、のさくのくを濁りて直といふは誤れり、此くは清也、すく〳〵しなといふみな右の如くてなつかしく和らびたる反対する也

とある。これも『源氏物語新釈』の注がことばを尽し、詳細な注釈であったことがわかる。

つまり、宇万伎の『雨夜物語だみことば』は、師真淵の『源氏物語新釈』を抜抄した注釈であったといい得るのである。

三

ところで、『源氏物語新釈』になく、『雨夜物語だみことば』にある詞の注は、「いみしう」「はかせ」の二例である。

「いみしう」は「忌つ丶しみ．恐る丶より出たる詞にて．物の甚だしき事．厳しき事にいへり．」とある。真淵の注釈をみると、『源氏物語新釈』の「桐壺」の巻で「いみしと」について、「御おほえのほと、女見給ひしりて」とのみ記し、語釈はしていない。「いみし」という語の注釈が自明のこととしてなされなかったと考えられる。

また、「はかせ」の語釈は職員令を引用して述べ、他の箇所の注釈にも職員令をしばしば引用している。『源氏物語新釈』ではこれも同様に、注釈を施すほどのことでもない、と考えられたのであろう。

つまり、この二例は注釈の在り方から見て、真淵注で自明のこととされるがゆえに『源氏物語新釈』には加えられなかった注釈であると考えられる。

また、『源氏物語新釈』「帚木」中に一箇所、『雨夜物語だみことば』の「あひなだのみは」の注が、「だみことばに云」と頭注のかたちで加えられている。真淵の弟子の書入れを考えさせるものであり、真淵と宇万伎の注釈も内輪でのやりとりの近さを感じさせるものである。

つまり、『源氏物語』「帚木」の巻注の抜粋から、エッセンスのみを抄出したのが『雨夜物語だみことば』といい得る。宇万伎が叙文で師説の紹介をすると折につけて触れているように、弟子が師説を忠実に継承したもの、つまり〈親子関係〉の注釈といえるのである。

四

『雨夜物語だみことば』の「附言」中に、「みやびごと」（雅言）・「ただごと」（俗言）のけじめを弁え、「女童の見やすく知り易い」ことを目的に注されていることが、述べられいる。

書物の題名『雨夜物語だみことば』の「だみことば」からも、「ただごと」が注目されていることが知られよう。たとえば、『源氏物語』「帚木」の巻中の「ひさうなき」という詞について、「ひさうなきの辞の論」での論争が、建部綾足と宇万伎の間でかわされる（『建部綾足全集』第七巻）。

風間誠史「解題」で

刊本『雨夜物語だみことば』の「ひさうなき」の注、及びそれに関連した「はしたなき」の注は、本書収録の「ひさうの詞の論」と用例・論旨が酷似している。というよりも、「ひさうの詞の論」の結論部を注をしてまとめたのが『雨夜物語だみことば』といった趣なのである。論証は省くが、結論として、刊本の形の『雨夜物語だみことば』が論争の出発点になったとは考えられない。

もちろん『雨夜物語だみことば』が明和六年成稿から安永六年の刊行までに増補・改稿をほどこされたとは充分考えられるし、その過程で「ひさうの詞の論」が取り込まれた可能性はあるが、推測の域を出ない。と述べられた。

ところが、『源氏物語新釈』『雨夜物語だみことば』の「ひさうなき」の注を対照すると、『源氏物語新釈』は

俗に貧相などといふに同し俗語なり、なきは、荒けなき　せはしなき　冥加なきなどのなきと同く、そのことをつよくいふ時の俗語に多し、下のはしたなきと云ことばの注にいふを合せ見るへし

とあり、『雨夜物語だみことば』は

俗に貧相などいふにおなじ俗語なり．なきハ．荒けなき．せハしなき．冥加なきなどのなきと同く．そのことをつよくする時の俗語に多し．下のはしたなきと云ことばの注にいふを．あはせ見るべし．

とあり、「つよくいふ」が「つよくする」となり、末尾の「合」が仮名になって「あはせ見るべし」と記している相違だけであり、宇万伎の創意の説とはいえないことがこれからもわかる。

風間誠史もいうように、論争が優先し、その後『雨夜物語だみことば』が成ったならば、『源氏物語新釈』の成立も論争後ということになる。

しかし、『源氏物語新釈』はすでに北村季吟の『湖月抄』説を組入れつつ、宝暦八年（一七五八）四月に自跋稿成立、同九年四月十五日に稿が成立しており、『雨夜物語だみことば』の成立は宇万伎の自跋のごとく明和六年（一七六九）十月三十日であり、師説を踏襲してなされたと考えてよい。

よって、宇万伎の「ひさうなき」の答も、綾足の「ひさうなきの辞の論」の問によって刺激を受けて書いたものとは考えられない。

『湖月抄』の「ひさうなき」説は

（細）貧相なるなり。きの字は添字なるべし。此類詞におほき歟。（玉）貧相なるといふはひがこと也。拾遺に、無美相とせるは、貧相よりはまさりたれど、なほ別ことなるべし。

とあり、次に「いへとうじ」の説が

（玉）刀自を、音便に、とうじとはいふ也。童子のよしにはあらず。家の妻室のことなり。

と続く。

『湖月抄』の上記説を、『源氏物語新釈』『雨夜物語だみことば』両者ともに踏襲し、宇万伎の「ひさうなきの辞の論」の末尾にも採り入れている。

このように、『湖月抄』と『雨夜物語だみことば』の間に、『源氏物語新釈』の真淵説を介在させて考えるべきで、『源氏物語新釈』と『雨夜物語だみことば』の同文説ということからして、風間誠史のごとく、『雨夜物語だみことば』の成稿から刊行までに増補・改稿の過程で「「ひさうの詞の論」が取り込まれた可能性」との推論は不可能である。

宇万伎・綾足の論争はあくまでも『雨夜物語だみことば』成稿後であろう。そして、成立は風間誠史も「明和六年十月以降、そう遠くはない時期と推定」されているが、『雨夜物語だみことば』の自叙と、両者の交際からして、そのように考えられる。

五

ここで、蛇足ながら『雨夜物語だみことば』によって、『源氏物語新釈』の誤読、不明箇所を補うことができるので以下に記す。

○六五頁下段「やう〱なん見玉へしか」→「玉へしる」。
○七六頁下段「空を見□たる躰也、」→「見ゐたる」。
○八〇頁上段「百年爾舌」→「百年爾老舌」。
○九五頁下段「其の□面人を」→「其無面人を」。
○九九頁上段「しらしげ」→「らうたげ」。
○九九頁下段「詞もなく」→「跡もなく」。
○一〇五頁上段「それとさして」→「それとさゝで」。

六

ところで、『源氏物語』「帚木」の巻の、ことに「雨夜の品定め」がなぜ単独に注釈されたのか、その意味はなになのか、という点が問題になる。

『源氏物語新釈』は『湖月抄』を概ね引きつつも、季吟説には見出せない新たな視点が導入されている。注視しているとかすかではあるが発見といってよい真淵の考えを見出すことができる。

すなわち、真淵は、「雨夜の品定め」中、頭中将の語りに耳を傾けながら、源氏の心中の

かみの品と思ふだに
たゞ藤壺に似たる人もがなと思召せともいまだみあたり給はぬを、くみとりて記者のいふ也

と、藤壺への心想をくみとる。これは、『雨夜物語だみことば』にも踏襲されて

いでやかみの品と

葵の上は．上の品なら御心につかず．たゞ藤壺に似たる人もがなと思召せどもいまたみあたり給はぬを．
くみとりて記者のいふ詞也．

とある。

季吟の和学から真淵などの国学への転換点に立つ注釈と考えられる。ここの場合、少し『雨夜物語だみことば』が『源氏物語新釈』よりも言葉を費しているが、このように、国学者の読みは「帚木」の巻の、「雨夜の品定め」が藤壺を描写したものという所に焦点をあてている。すなわち、国学の情を汲む注釈の転換的意味がここに存するといえる。

翻って、『源氏物語』の本文中、「雨夜の品定め」の末尾が源氏のモノローグで終結しているところも注目される。当該箇所を次に引用する（『源氏物語』一　新潮日本古典集成）。

よろづのことに、などかは、さても、とおぼゆるをりから、時々、思ひわかぬばかりの心にては、よしばみ情立たざらむなむ目やすかるべき。すべて、心に知れらむことをも、知らず顔にもてなし、言はまほしからむことをも、一つ二つのふしは、過ぐすべくなむあべかりける」と言ふにも、君は人ひとりの御ありさまを、心のうちに思ひつづけたまふ。これに、足らずまたさし過ぎたることなくものしたまひけるかなと、ありがたきにも、いとど胸ふたがる。いづかたにより果つともなく、果て果てはあやしきことどもになりて、あかしたまひつ。（傍線筆者）

『源氏物語』の本文それ自体も、源氏が「人ひとりの御ありさま」すなわち藤壺を比類のない人と思うにつけ、藤壺を想う胸の内が高揚し、おし潰されそうなほどの思いにかられ、源氏ひとり頭中将などの話も上の空で、ふつふつとした心中の様子がモノローグで描写されている（第Ｉ部「賀茂真淵の心理解釈―『源氏物語』「若紫」の巻をめぐって―」参照）。

つまり、『源氏物語』そのものの本文が「雨夜の品定め」において、源氏の藤壺への満たされない思いがモノローグのかたちで表現されていることがわかる。『雨夜物語だみことば』も上記の文章をもって、注釈の終結末尾に当てているのである。

野口武彦は『『源氏物語』を江戸から読む』（講談社　一九八五年）の中で、次の「品定め」論を展開している。重要なのは、いま言及した宗祇の『帚木別注』以降、五十四帖中とりわけてこの巻の持つ位置の大きさに注目してか、そしてなかんずく「品定め」の序説的重要さに留意してであろう、「雨夜何々」を称する注釈・批評の系譜がおのずとできあがるという事実である。前期安藤為章にも元禄十五年（一七〇二）、『雨夜品定抄』の著述があった（未見）。また、半世紀以上も時代は下るが、上田秋成の国学の師だった加藤宇万伎には、明和六年（一七六九）の自序を持つ『雨夜物語だみことば』がある。因是の『雨夜閑話』もまた、この系譜に属している。そしてその特色は、従来の「品定め」論の通例に反して、これが後の巻々に登場する女性たちのタイプの列挙ではない、少くとも、「作者の主意」でないと断言しているところにある。『帚木』は、他のだれでもない藤壺を描いているのだ、と因是はいうのである。

因是の、「雨夜の品定め」の読み方を提供されているのである。

源氏と、帝の后である藤壺との密通を描いた「もののまぎれ」は、『源氏物語』五十四帖を通じて陰に陽に要となり、「帚木」の巻の『源氏物語』の位置づけとして、『源氏物語新釈』やそれを引く『雨夜物語だみことば』は作品を味読する鍵を提示してくれているとおもわれる。

因是に加えて、真淵の正統な継承者を自認した村田春海が『雨夜閑話』に書入れをしており、真淵・宇万伎などから、春海へとの関係の輪の広がりから、真淵を中心とした国学世界での解釈がここに汲み取れる。春海は本居宣長と一線を画した人物であっただけに、「もののあはれ」論と同方向ながら、また一味ある読み方を提示し得たと考えられる。春海は、真淵門でもことに主立った弟子の内の一人であった人物だけに真淵・宇万伎の説を継承したと考えられる。

「雨夜の品定め」が『源氏物語』の中でもつ意味は、「雨夜何々」の系譜に立ちつつ、藤壺を描写し、登場する諸女性を紹介したという従来の説を覆すものである、ということである。

「帚木」の巻をいかに読むか、野口武彦はかくいう。

その意味で、葛西因是の批評的鑑賞眼は、たんにうがった読みであることを越えて、近代源氏学といえども無視することのできない一つの示唆を含んでいるといえよう。最低限それは、「雨夜の品定め」のうちに「もののまぎれ」を読むという一風変った着想によって、『源氏物語』の構想論（何をテーマにして書いたか）と成立論（どんな順序で巻々を書いたか）とをつなぐべき鎖の、欠けた一鐶をいかに想定するかについてのヒントを——もちろん当人は関知せぬことながら——与えてくれているのである。「雨夜の品定め」の随所に藤壺の面影を見る。（略）「人ひとり」といい、「おぼす事」といい、既存の諸注釈が藤壺のこととしている箇所を、すべて後日のリライトと考えるのである。はじめはなかったのかもしれないし、任意の女某であったのかもしれない。しかし、かくリライトすることによって、『帚木』巻という傍系の世界は、桐壺からいきなり三帖を越えて『若紫』へと飛ぶいわゆる源氏本伝の世界との接点を保つことができる。これが今日われわれが、因是の提起した——たぶん『雨夜閑話』の表面の主張に反して——と評価しうる、『源氏物語』の本伝（誕生から流浪を経て栄華の頂点まで）と、別伝（身分ちがいの女たちとの恋愛遍歴との諸相）との連続と非連続、整合と不整合という問題——つまりは、この物語五十四帖の全体が、それあっても統一ある文学作品として成立し、しかも構成されているという不思議な事実、を説明するためにも要請される一つの仮説だったのである。

つまり、『源氏物語新釈』『雨夜物語だみことば』から連続する春海説を通して『雨夜閑話』などの注釈を読むことは、『源氏物語』の「帚木」の巻の「雨夜の品定め」をどのように読むか、という国学の流れの中で培われてきた味読の方法を我々に提示してくれたものであった、といえよう。

『雨夜物語だみことば』の巻末の「附ていふ」の第三項に

一　おほよそふみに注かゝんこと．ことばにこそいにしへ今あれば注もかゝめ．ことばだにとけなば．こゝろはおのづからしらるべき也．しかはあれどいにしへのふみは．ことばみじかくしてこゝろながし．たゞすなほをもとゝはすれど．ことおほきはつゞめ．こともなきはのばへなど．うへはかざれり．此ものがたりいとかみつ代のすがたことばならねど．もとより上手のわざにして．ことば少にこゝろをこめ．あやどりかざれるさまかみつ代の手ぶりなせり．かれよむがまに〳〵とりかたきこともはたはべりなん．今かりに文にちかひにそへしことばによりて．ことば少なにこゝろをこめあやどれるさまをしり．かみに書いだしたることばを見てふることのこゝろをわきまへしらば．外の巻々もみなおのづからときえ．よろづのふるきふみ見るはしともなり．みづからふみかき．うたよむたよりともなりなんかし．さてこそわざとならひまなばねども．すこしもかどあらん人の．みゝにも目にもとまること．じねんにおほかるへし．

とある。

『雨夜物語だみことば』自体、「ふることのこゝろ」を弁え知ることが、全編を解き、ひいては他の書物を解く鍵ともなると宇万伎は考えたゆえに注釈がなされている。物語全体の心を採ることに主意が置かれており、『雨夜物語だみことば』中、「たゞ藤壺に似たる人もがなと思召せどもいまたみあたり給はぬを．くみとりて記者のいふ詞也．」に代表される「もののまぎれ」論の内包に合致する総括といえよう。

加藤宇万伎の『岐岨路之記』と秋成・与清

『岐岨路之記』は、『国書総目録』に

木曾路之記　一冊類紀行　著加藤宇万伎　※大阪名家著述目録・国学者伝記集成による

と書名のみが記されている。単独の完本『岐岨路之記』が現存しないことは残念であるが、この書名によって加藤宇万伎（一名、藤原美樹（うまき））の、数少ない著述に加えて紀行文の存在が示唆されている。

静嘉堂文庫蔵『美樹が浪華に赴く時人々贈りし詩歌』と題する写本があり、その冒頭に

宝暦十一年辛巳七月至同十二年壬午八月
浪速大城尓行年人々贐前之歌幷漢詩
且在大城中時人々贈歌併詩及自作歌数首
岐岨路羇中吟者別在日記　　藤原河津美樹記

と、宇万伎の書入れがある。この記述から、『岐岨日記』は宇万伎が大坂城勤務出向の際の、木曾路道中吟の歌日記としての副産物であり独立の一冊として作られていたことを知る。

上記書入れに続く本文は

あらたへの藤原かはつのぬしおしてる浪華の大城まもりにまけたまふ。まうちきみにつきて文月はつかまり道たちせむとす。今も猶つちさへさけぬへきあつさをもさけかてら舟をうかへてこそ馬のはなむけはせめとて

……

と餞別の様子が綴られていく。宝暦十一年（一七六一、宇万伎四十一歳）七月二十余日酷暑の折の出立から大坂滞在は宝暦十二年八月までの一年間とある。『美樹が浪華に赴く時人々贈りし詩歌』は賀茂真淵を中心に弟子たちが集い惜別の和歌を記すが、翻刻も含め別稿に譲る。

『岐岨日記』については、幸い宇万伎の弟子の上田秋成が刊行した歌集および真淵の門人の系譜に連なる村田春海の弟子高田与清などの著述中に触れられており、それらによって道中吟日記の内実にせまることができる。

具体的にその一としては、秋成が編纂した宇万伎の家集『しづ屋の歌集』（静舎（しづや）は宇万伎の号）中に抄録されたものである。『しづ屋の歌集』は秋成が師宇万伎の十三回忌の手向草として寛政元年（一七八九）に刊行を予定していたものであるが、寛政三年五月に、秋成が五十八歳の時であるが、江戸・京都・大坂の三都の書肆から刊行された。この時同時に、真淵の『縣居の歌集』も秋成が刊行しているのである。これは余談ながら、秋成は師宇万伎を経て得た真淵の学問のみならず、真淵が重視した詠歌についても孫弟子として歌集を出版し、世に普及のため尽力しており、人間関係からも学問ということからも、真摯に対処した人であったことを窺わせる。

『しづ屋の歌集』の跋によると、秋成は宇万伎が「よみすて給ひし種々のわづかに心にしるしとゞめて侍りし」歌を集めたものであることがわかる。全八十首の和歌を所収の歌集ではあるが、原本『木曾路之記』を彷彿と想像させる紀行文の一群（二十三首）の詞書・和歌を収めている。

また他の一を挙げると、与清の『擁書漫筆』に『岐岨日記』と題する一文があり『岐岨路之記』を考える傍証となる。『擁書漫筆』は大田南畝が序を附し、序文末尾に「文化十三年丙子仲冬之吉」の刊記を有する。与清は真淵旧蔵書入れ本に『宇津保物語』の書入れをするなど、縣居門下と関わり刊行をなしたこともあった。南畝は秋成と交流があり、両者ともに真淵門の宇万伎を顕彰するにやぶさかではなかっただろうと思われる。

そのことを示唆するものが、与清の日記『擁書楼日記』（『近世文芸叢書』第十二　国書刊行会　一九一二年）に見える。文化十三年十二月の項に

　朔日、晴、乙亥、ひらく月とくちう日いちたちよし火日なるよし江戸暦に見ゆ、太（大）田覃がもとより、擁書漫筆の序を書ておこせたり、中に一字誤あるを、訂してよといひやるとて、その使に防風ともやしをやりたれば、そのかへしにいひおこせたるからうた、莫レ道無二肴核一、爐邊酒不レ空、防風一束賜、可三以防二寒風一

と、自著『擁書漫筆』の序文を南畝に依頼した時の細かな指示のやり取りが記されている。そして同年十二月晦日、の項の末尾に次頁のように系図がある

与清は真淵門の織錦斎（にしごりのや）（春海の号）の弟子であるので、真淵門四大弟子であった宇万伎と春海は兄弟弟子に当たり、春海から宇万伎のことをなにかと聞いていたと推測することも可能である。真淵――春海――与清との関係は真淵――宇万伎――秋成との関係を翻り見ると、与清も秋成も真淵の孫弟子の立場になり、意外に両者が宇万伎の遺作をまとめる気持ちが自然に醸成されていたとも考えられる。とにかく与清自身、文化十三年（一八一六）の年末丁度一カ月間、『擁書漫筆』の序文のことで頻繁に南畝と往来して『擁書漫筆』完成の詰めに当たり全力を注いでいたらしい様子が日記に垣間見える。

人脈を見ると真淵一門とつながり、克明な日記の記述からも与清が『擁書漫筆』に、宇万伎の『しづ屋の歌集』『岐岨日記』を所収する関係にあったことが窺えた。与清が『岐岨日記』の冒頭に宇万伎のことを「賀茂真淵翁一門のめでたき学者」と記し、宇万伎自身が注釈を家に秘して世に出さなかったとも記していることからも、宇万伎の著述を顕彰する意味で刊行の運びに至ったのであろうと思われる。

原本『岐岨路之記』の存在は不明であるが、『擁書漫筆』の『岐岨日記』中に「浪華の任におもむきしをりの、岐岨日記といふが一巻あり。」とあり、既出の『美樹が浪華に赴く時人々贈りし詩歌』の『岐岨路羇中吟在日記』

○織錦門人の文脈、

- ○東麿 荷田宿禰 羽倉
  - 在満 荷田東之進
  - 真淵 賀茂縣主号縣居翁 岡部衛士
    - 春道 村田
    - 宇万伎 加藤大助
    - よの子
    - 魚彦 楫取
    - しづ子
    - 常樹 橘
    - 春郷 村田
    - 七麿
    - 千蔭 橘
      - 雄風 清原
        - 千古 一柳
        - 千幹 正木
        - 一虎
        - 照覧
      - 正通
      - 定良
      - 真澄 岡田
      - 千枝子
      - 千曳
    - 春海 村田
      - 浜臣 清水
      - 務廉 井上
      - 定時
      - 光彪 秋山
      - 正臣 山本清渓
      - 与清 高田号松屋
      - 当勢子 村田
      - 游清 本間
      - 貞治
      - 由豆流 岸本初雄風門人
      - 寛光 片岡初並樹門人
    - 宣長 本居
      - 大平 本居
      - 春庭 本居
      - 並樹 村田
      - 高直 号松屋
    - 秀倉 高橋

によって裏附けられる。『岐岨日記』の末尾に「これらはその日記の中に見えし歌どもなり。」と、与清は日記の所在を示唆しており、『擁書漫筆』に『岐岨日記』と題して収めたものと考えられる。

『しづ屋の歌集』の全八十首中、五十七首から七十九首までの三分の一強の二十三首の詞書・和歌が『岐岨日記』の部分に一致する。ちなみに最末尾の第八十首目歌は岩瀬文庫蔵『上田秋成にこたふるふみ　加藤宇万伎』の巻末歌と同じものが挙がる。この一首を除き、『しづ屋の歌集』の後半二十三首の詞書・和歌は『岐岨日記』の記述より詳細かつ機微こまやかな表現で記されている。例外が一首『しづ屋の歌集』になく『岐岨日記』に在る詞書・歌は

からくにとなにはとをひきてほこれる人に
四方にしく春の光はとりがなく東路よりぞ立はじめける

である。『岐岨日記』は全体として『しづ屋の歌集』から抜粋しているかのごとき印象を受けるが、この例外の一首を見ると、そうといえないかもしれない。『しづ屋の歌集』がこの一首を落した可能性もないわけではない。または原本『岐岨路之記』を別々に見ていたかもしれない結果生じた現象かもしれず、不明である。

上野から碓氷峠、塩尻、洗馬など中山道経由浪華入りする経路の記述は両者一致する。『擁書漫筆』の『岐岨日記』が存在したからこそ、『しづ屋の歌集』の二十三首が『岐岨日記』に相当するものであることがわかったといえる。

附記

『岐岨日記』（『擁書漫筆』三、『日本随筆大成』〈第一期〉12）

（目録）

擁書漫筆巻 第三

目録

（一～五項目省略）

六　藤原　宇万伎が歌

○静舎集　　○岐岨日記

（七～廿四項目省略）

（本文）

加藤大助藤原 甘樹は、号を静舎といふ。賀茂真淵翁の門人にて、めでたき学者也。また歌のこゝろよみ人にて、静舎集一巻あり。伊勢物語、古今集などの注釈は、こよなうよろしきことわりなりときこゆれど、家にひめて世に出さゞれば、見るによしなし。甘樹病にふしてあつしくなりしころ、鯉のあつものをほりしけるに。その子正樹が雪にきほひて、葛飾の向島より鯉を得て来て、てうじてすゝめし時。妻のやよ子に筆とらせて書せつるうた。

　おのづから氷もとけて得てしとふ鯉のためしを今も見るかな

宝暦九年七月。浪華の任におもむきしをりの、岐岨日記といふが一巻あり。上野国甘奈川をわたるとて、

　故郷のかたに流るゝかみな川水のまに〳〵ことづてやらん

碓氷の山をこゆる日、衣手いとつゆけくさむし、

　故郷を出しながらの麻衣うすひの山のみねの松風

塩尻の峰をこえて、洗馬へうつりゆく際は、かぎりもなきおほのらになんありける。こゝぞむかし甲斐と信濃の兵士どもが軍したる所にて、うたれたるものゝ墳どもおほかりときゝて、

　ものゝふのくさむすかばね年ふりて秋風さむしきちかうが原
信濃より美濃へうつりて、
　みすゞかる信濃の山路こえはてゝみのやすらけくおもほゆる哉
浪華にて十二月のつごもりに、
　一夜あけばことしといはん嬉しさに身につもる年もおもはざりけり
からくにとなにはとをひきてほこれる人に
　四方にしく春の光はとりがなく東路よりぞ立はじめける
弥生のなかばゞばかり、雨のふりける日
　おもふ人ありとはなしに春雨のふる里のみぞ恋しかりける
これらはその日記の中に見えし歌どもなり

加藤宇万伎の下坂

一

賀茂真淵（元禄十年〈一六九七〉生〜明和六年〈一七六九〉逝）は八代将軍徳川吉宗の第二子田安宗武に出仕。宗武は学問好きで有能な資質を持ち且つ為政者の子息であったため、その権力の膝元で資料の入手も自在になし得るという非常に恵まれた環境にあった。そのような状況の下、国学は真淵を中心に育まれていった。門人は世に三百余人といわれ、門人録記載においても実質百五十名程が名を連ね、真淵はまさに国学の大御所的存在であった。その主要な門下生として

古学は難波の契沖法師・荷田東磨宿禰などが魁せしにおこれりといへども大人の業を受し徒三百人にあまれるが中に藤原宇万伎・村田春郷・楫取魚彦・橘千蔭・錦翁・本居宣長・荒木田久老などその名世にとゞろけり

（高田与清撰『賀茂真淵翁家伝』、『賀茂真淵全集』巻十二　吉川弘文館）

と名声の轟いた門人の名前が見える。中でも藤原河津宇万伎すなわち加藤宇万伎（一名　美樹）（享保六年〈一七二一〉生〜安永七年〈一七七八〉六月十日逝）は筆頭に掲げられており、当代「縣門四天王」中の第一人者と目されていたことが認識させられる。宇万伎は旗本で公務を有する人物でありながら、学問では真淵に信頼された四大弟子中の一人として名が通っていた。

なによりも宇万伎の存在が評価されてきたことの意義は、一言でいえば上田秋成の師であり、真淵の学問を秋成に橋渡しをした、即ち秋成の開眼への介在者ということにつきる。宇万伎自身が注釈を家に秘して世に出さなかったとも記す（二一一頁）人物であった。そして秋成が唯一の師と仰いだ人である。いずれにしても学問的にみると秋成は真淵の孫弟子ということになる。質的には古代を謳歌するおおらかな真淵学と、古代学を学びつつ陰りを帯びた秋成学との相違はある（第Ⅰ部「賀茂真淵の「ますらを」考」参照）。

宇万伎は江戸から大坂城・京二条城に赴任する機会を得て、勤番の合間を縫い、拠点の江戸との間を幾度も往復している。秋成が師を「江戸人なれば」と評した所以であろう。秋成は下坂中の宇万伎と出会うことによって、一商家の若旦那から文学者・国学者として成長し、浮世草子作家から読本作家へと地歩を確立していく秋成像が浮び上る。人との邂逅が人生の良き羅針盤として作用した歴史上の出来事として、文学者・国学者秋成を誕生させた。

史上、秋成と同時期の、真淵と本居宣長との邂逅もまた、国学の地方への拡大化という視点から見れば、宝暦十三年（一七六三）五月二十五日松坂でのたった一夜の出会いは大事な出来事として人口に膾炙した話である。ひるがえって、宣長の学問は真淵との出会い以前に既に完成されたものであったが、対比的にいえば秋成が宇万伎を通じて間接的に真淵から享受した学問はまことに計りしれず、秋成が宇万伎との邂逅によってこそ国学者・文人となったことは重視してよい。宇万伎との出会いがなかったならば秋成の文学に携わる素地の完成、つまり国学の体得ひいては文学作品の制作へと、人生上の大転換をなし得なかったといってよかろう。そのような観点から、真淵学の影響が宣長への場合には学問幅の拡大につながったとすれば、宇万伎と秋成の関係は秋成の国学者・文人としての誕生を意味する。

二

宇万伎は江戸の地において、真淵門の四大弟子の一人として国学を学び、また真淵の多大な信頼を得て、『萬葉考』など著述の手伝いに尽力していた。真淵は延享三年（一七四六）五十歳で宗武に出仕、田安家の御用学者として宝暦十年（一七六〇）六十四歳で致仕するのであるが、国学は江戸のみならず地方へも幅広く伝播して行った。たとえば宇万伎のように、本業は旗本であり大坂城・京の二条城勤番になることによって、勤務の余暇に真淵学を伝え、京阪の地で宇万伎によって蒔かれた国学の種が秋成による独特の開花をするというケースもある。

では大坂の町人であった秋成がどのような経路で宇万伎から国学を学ぶことを得たのであろうか。秋成自身の述懐によると、宇万伎を秋成に紹介したのは、国学者として真淵門を吹聴していた建部綾足であったという。秋成は晩年の随筆に自己の学問経歴を記す。

○契沖の古語をときし書どもあつめて読んだけれど　（『膽大小心録』五）

○契沖の著書をかいあつめて、物しりになろうと思ふたれと、とかくうたかひのつく事多くて、道はかいかなんを、江戸の宇万伎といふ人の城番にお上りて、あやたりか引合して、弟子になりて、古学と云事の道かひらける。はしめはあや足か、教よ、といふについて学んたれと、とんと漢字のよめぬわろて、物とふたひに、口をもし〳〵として、其後にいふは、幸い御城内へ宇万伎といふ人か来てゐる、是を師にして、といふたか、縁しやあつた。江戸人なれは、七年かあいた文通て物とふ中に、五十そこらて京の城番に上つてお死にやつたのちは、よん所なしの独学の遊ひのみにて、目かあいたと思ふ。

（『膽大小心録（異文二）』、『上田秋成全集』第九巻　中央公論社）

明和二年某月三十二歳の秋成は契沖の書で学ぼうとした（高田衛『上田秋成年譜考説』明善堂書店　一九六四年）が、それだけでは満足できなかった。そこで秋成は最初綾足に学問を質問したが、全く漢字の読めない、口をもじもじする輩として酷評し、結果、「宇万伎の下坂」について聞かされたあげく綾足によって宇万伎に引合せられたという。

ところが従来問題にされ続けてきた綾足が介在したかどうかの有無に揺れる原因が『膽大小心録』の記録そのものにあって、諸本の異動で説が分かれるのであるが、天理大学附属天理図書館蔵本『膽大小心録』で秋成自筆の箇所に

（契沖の古語をときし）書ともをあつめてよんたれと、猶所にいふかしい事か有て、ふしきに、江戸の藤原の宇万伎といふ師にあひて、其いふかしき事ともをつはらに承りしか、此師も我四十四五さいの時に、京の在番に差れて上りたまひしか、ついに京にてむなしくなられし也。

と「ふしきに江戸の藤原の宇万伎といふ師にあひて」という言葉が使われていることも綾足の介在を否定するものでもなかろう。確かに綾足に会ったとか、不思議にといった言葉をそぎ落とした本もある。敢えてその介在を考えることもなかろう（高田衛『上田秋成年譜考説』）との説、また綾足の上洛は明和四年春以降（前田利治「綾足覚え書」、『国文学研究』第二十一集）と考え、宇万伎と秋成との出会いに綾足の介在を否定する説もある。が、秋成がわざわざ綾足の名前を出し悪口をいうのはかなりの懇意さもあったろうしまた秋成自身が唯一の師として崇めた宇万伎を紹介した人物名の記憶違いはなかろうと思う。

そして綾足の足跡を綾足の資料内部にひそむ徴証から得ることはできないだろうか。たとえば片歌唱導初期の書『片歌東風俗（あづまぶり）』は明和元年の序をもち、明和二年三月刊行されていて、序に「猶よし野の河のながれたへせぬばかり、つぎの巻々もかくして出すべし」という。吸露庵の号を附した片歌を拾い出すと

大仏のもの見遁して鹿の恋
野々宮に余所のとりゐやけさの雪
いそがしき蟹のはさみやちる柳
淀川やすぐに濁すや牛蒡ひき（最末尾句）

とある。大仏（奈良）・野々宮（京）・淀川（大坂）の地をわざわざ詠じ単に題詠の想像句とは考えられない。他の歌人の句もその土地土地を表現しているのが特徴でそのような意味で京大坂の地を綾足が片歌に詠んでいるのはやはり出向しての句作りだと思う。最末尾句に「淀川やすぐに濁すや牛蒡ひき」と大きな淀の川岸で牛蒡の土を洗う風物ものどかな生活臭の漂う実詠だろう。また「いそがしき蟹のはさみやちる柳」も「散る柳」で西行の和歌を典拠としており、秋成が若い頃に嗜んだ俳諧から冷泉家に歌道入門したのが明和元年頃とすると、綾足が珍しく「蟹」を詠み、「いそがしき」と擬人化したのは俳諧の号「蟹」の異名「無腸」たる秋成との交渉を意味していないだろうか。宝暦十三年九月真淵門入門から各地へ片歌唱導に赴いた綾足は京大坂にて秋成になんらかのかたちで出会ったからこそ悪口も記録されるはめになったのではないか。一方明和二年九月宇万伎は『声音問答』を加具波志神社に残しており下坂の折の著であろうし、宇万伎書入れ本『古事記』で「宇万伎耳遂会読」（『仮名書古事記』、『賀茂真淵全集』第十七巻　續群書類従完成會）と明和三年五月二十三日の会読・校正終了時点で宇万伎のみ先に終了していたのはやむなき理由があったと考えられ、次章で扱う明和二年大坂城在藩の可能性つまり下坂を意味しているのではなかろうか。

加えて綾足の上洛は、明和四年春以降（前田説）よりさらに早い明和三年六月五日附綾足書簡（本多夏彦『凉袋伝の新研究』）に

さきつ比、京のやごとなきかたへ撰て見え奉りし草枕といふ冊子有。下稿にはべれば、写しても参らせがたし。

まことにかた歌のうへなき集にぞ云々

とあり、「さきつ比」が前年か明和三年か明確でないが、明和三年六月五日以前、一両年内と考えられ、京で高貴な人に会い『草枕』を奉ったことがわかる。

とすると、秋成が契沖の書で学問を志した後に綾足と宇万伎両者の上洛下坂から、宇万伎の江戸帰府日附は明和三年七月二十九日以前（『枝直日記』、『近世文芸叢書』第十二　国書刊行会）における、三者のなんらかのやりとりも可能である。かく綾足の介在の可能性も否定できないとすれば、秋成に宇万伎を引き合わせたのはこの時期か。宇万伎・綾足の行動を従来説よりフレキシヴィリティをもって見、同時に秋成の「明和丙戌ノ秋、加藤美樹ニ従ヒ、皇学ノ古風ヲ学ブ」における「干支を表記している具体性もまた、一考に値する」（高田衛説）というのも納得できること、および綾足の引き合わせという言説を総合すると、遅くとも明和三年までにはもう知りあっていたと考えられる。明和四年入門説（中村幸彦説）もある。明和四年二月末、年明け早々宇万伎一行の住ノ江遊びに秋成が参加していることは秋成の人と急になじめない性格からして、間髪入れない行動に疑問が沸く。しかるに、早い出会いから、誓詞を交わしての入門であったかどうか不明だが、後に入門するということは宇万伎と秋成にも考えられることである。さらに明和八年（長島弘明説）も出され、新資料提出が待たれるところである。

真淵の書簡においても

綾足といふもの仰かたしされども己か門人に宇万伎といふ人の近所に借宅してこ、かしこ聞そこなひしを片歌とやらんをいひなんとて京へのぼりつとか承候必御交は有まじき事也の如く今時のはいかい発句てふものをせしものにて侍り此者従来虚談のみにて交り

（七月四日蓬莱雅楽宛書簡　明和六年『縣居書簡続編』、『賀茂真淵全集』巻十二　吉川弘文館）

と綾足の旗色は悪く、学問のみならず人格的評価もこき下されていた。綾足は片歌を唱導するために、入門し各地

を廻っているが、綾足が真淵門下であるとふれ歩いていることを遺憾とする書簡を、真淵が地方の弟子に送附している。とはいえ、真淵が嫌悪した当の綾足による宇万伎紹介が秋成にとって幸をもたらす結果となった。

不思議な縁ともいえようか、綾足との出会いが、当時最も学問の主流をなしていた江戸の真淵の国学へ、宇万伎を通じて秋成を導き、孫弟子の地歩を確立して行くことになる。国学を享受することによって国学者としての自覚を生み、ひいては読本の制作へと導くことになった。この視点を抜きに秋成を語り得ないのであるから、秋成への「宇万伎下坂」に伴い仲介の労を取ったことは、不明な点は多く残しながらも綾足の生涯の功績といえよう。

三

宇万伎は幕臣という公務の地位にあり、江戸を出立し大坂城勤番、さらに京の二条城勤番となった。単身赴任で着任中、大坂・京都と江戸間を頻繁に往復している。

まず秋成自筆『文反古稿』(『上田秋成全集』巻十　中央公論社)を挙げる。「藤原宇万伎ぬし、難波の任みて、、あつまに帰らせし時、奉れるふみの御答。」の末尾に

あつま路のふ士のしは山しはしはもなれて物おもふ別れするかも

の和歌があり

是は初めてたいめたまはりし時の別れ也。

とある、大坂城大番与力勤務を経て宇万伎の帰東に際する惜別の辞である。これに次いで、「師また三年経て後の御役立の時に、聞え給へる御文。」がくる。

一　萬葉考三四の巻収めぬ。十三十四取かへて参らす。木にのほりし一二の巻のほかは是のみ翁の手して書清

めおかせしなり。その残十四巻は、した書なからにて有を、尾張の黒成か乞へるにかしやりて、こたひのはた籠の中にあらす。たゝ問給へかし。

それそまなひのはし立なる。

使またせつれなあはたゝしさに、おくられし物の御ゐや申さす。何もなにも春めきて喜ひぬ。

是は三とせ経て後の役立の時也。


秋成と宇万伎が初めて対面してから、三年後の大坂勤務の時と注していう。秋成は自己の文中で翁と師を使い分けるが、上文でも同様「翁」は真淵、「師」は宇万伎である。

秋成の書簡に内容的に丁度合致する真淵の『萬葉考』出版の記事がある（十一月八日斎藤信幸宛書簡　明和五年、『賀茂真淵全集』第二十三巻　續群書類従完成會）。

一、萬葉巻一・二幷別記と三冊、京判にのほせ候を漸板四・五枚下し候、夏秋中いせ暦の判の為、ほり手の上手は皆いせへ行候よしにて、埒明ぬと申越候、さてさて延引苦候也、尤当三月以来昼夜かゝり、三・四・五・六是までの考之草をいたし、十月始めまでに一往終迄かへり、之の再考にかゝり、是は昨日までに出来、此迄黒生に見せ候て後中書いたし、来正月中判下のほせ候はんといそき候、

『萬葉考』の一・二巻の出版を宇万伎の尽力を得ていることが既に他の書簡（八月某日内山真龍宛書簡　明和五年、『賀茂真淵全集』第二十三巻　續群書類従完成會）に見られ、焦りを以て刊行にこぎつけたのだった。というのも

七十二歳まて眼力気象は不衰と存候へは、専一に此事を申也、

と体力・眼力の衰退に留意する七十二歳の真淵像が彷彿としてくる。黒成は江戸住み野間甚四郎といい、宇万伎とほぼ同年齢、宇万伎の養子善蔵と内縁。真淵自筆『萬葉考』が宇万伎・黒成の間を行き来、同内容の『文反古稿』で秋成の記す明和五年から遡ぼること三年前つまり明和二年に「御役立」があることになり、明和二年の宇万伎下

坂は従前参考にされなかったが、『萬葉考』出版に関しての真淵書簡を探ることによって解けることになった。

宇万伎は下坂し弟子となった秋成に真淵自筆『萬葉考』を貸与する。宇万伎が弟子に秋成を迎え貸与していることを伝え真淵が好意的に承諾していたなら、秋成の名前が真淵から出て来ることも予想されるがそれはない。

四

秋成は宇万伎からどのような学問を学んだのであろうか。

> 師（宇万伎）が教へし野中古道たとくしくてのみ。余年を経るほともこの集（『萬葉集』）を幾度ならねと読かへしつゝ、おのれひとり節を撃事も有を眼くらき病者の筆、走らすへくもあらて過ぬるにも、猶心動きて是に又煩はさるゝやうなれは、今歳此金砂十巻、口を銜て出るまゝを書あらはしぬ。（『金砂剰言』）

秋成は宇万伎を通じ真淵自筆の『萬葉考』借覧を契機として『萬葉集』を研究するが、上記からも苦闘の末自説を構築して行っていることがわかる。そして遂には従来にない私的な感情を汲む独自な注釈（第Ⅳ部「上田秋成と大伴旅人」参照）を展開するにいたるのである。さらに真淵が『萬葉集』における「ますらを」の精神を国学の精神支柱として唱導したことによって、また宇万伎の『土佐日記』注釈を参考に秋成も師注に附加するかたちで『土佐日記』注釈を行い「ますらを」観を継承し（第Ⅳ部「上田秋成の『土佐日記』注釈―「ますらを」観の一系譜―」参照）、さらに秋成は読本制作において「ますらを」精神を人物造形化しているのである（第Ⅰ部「賀茂真淵の「ますらを」考」参照）。秋成の功績として諸古典研究および小説制作という実践化、刊行による人々への啓蒙化という功績は実に多大である。

また宇万伎の著述『仮字問答』（『静舎随筆』）が秋成の国語学（『呵刈葭』）へ向かう契機となり、さらには宣長との論争へ発展し、当代国語学を多いに刺激したのである。多岐に渡る古典諸研究中、真淵の『源氏物語新釈』から宇万伎は『雨夜物語だみことば』として真淵学を祖述するかたちで帚木巻のみの注釈をなし（第Ⅲ部「加藤宇万伎著『雨夜物語だみことば』攷」参照）、その影響は秋成の読本に散見し得る。その好例を二、三挙げたが、真淵――宇万伎――秋成というルートからの視点によって氷解できることは多く、宇万伎の下坂は国学者・文学者秋成の誕生を意味する鍵となった。

【加藤宇万伎年譜】　※宇万伎年譜の作成を意図したが、あくまでも敲き台であり不備を追補していきたい。（項目は○を宇万伎、◇を真淵、★を秋成、□を綾足で表し他関連のあるものも入れた。）

○享保六年（一七二一）辛丑　一歳

・江戸にて生まれる。

○延享元年（一七四四）甲子　二十三歳

・十月十六日真淵の和歌会に参加する。（※真淵四十八歳）

「　十月十六日賀茂真淵亭和歌会兼題

宇万伎

友とちは千歳を松とふる人のむそぢばかりは数ならぬかも」

「（巻末歌）

宇万伎

我をめす君かみ声に夢さめて松にあらしの音をきく哉

この二くさのうたは真淵のなり

今日もかもわけて行らん大きそやをきその山の峯のしら雲

紅の飛きもの神もまもらなん旅行しらぬ君か行えを」（『賀茂の川水』）

○延享三年（一七四六）丙寅　二十五歳

・八月縣居門に入門する（「藤原河津宇万伎」と記入されている）。

○延享四年（一七四七）丁卯　二十六歳

・河津家へ入婿となる（河津祐之の養子・葛（七歳）の婿となる）。

○宝暦二年（一七五二）壬申　三十一歳

・七月油屋倭文子（縣門三才女の一）が没する（二十歳）。

○宝暦五年（一七五五）乙亥　三十四歳

・八月真淵亭完成祝賀和歌会に出席、和歌を詠む。

「　宝暦五年八月ばかり賀茂の大人の出居造り給ふに人々つどひて祝の歌よめる時によめる

昔なすま木の柱のふとしくもたてるこゝろハ代々に動かじ」（『しづやの歌集』）

○宝暦八年（一七五八）戊寅　三十七歳

・三月油屋倭文子遺稿集『文布』に村田春道が序を附す。

★なお同書に秋成が序文を附す。

「寛政二年（一七九〇）庚戌秋八月「三津の秋成しるす」序」（寛政二年九月刊）

・戸田淡路守氏房（京都所司代、大御番頭）に随行、上洛する。

・九月二十日真淵校訂『古事記』に書入れる。

（多和文庫に宇万伎書入本の『古事記』下巻奥書）

「右古事記上中下三巻以加茂縣主訂考之書校正
　宝暦八年戊寅九月　日　藤原河津宇万伎
　明和三年丙戌五月　三日於　縣居会読畢
　　此時俊明子福雄子
　　宇万伎耳会読畢」
○宝暦九年（一七五九）己卯　三十八歳
・氏房五十六歳で没する。氏房の没後、子の氏之が後を嗣ぐ。
宇万伎は引き続き氏之に随行する。
○宝暦十年（一七六〇）庚辰　三十九歳

・真淵弟子藤原福雄（さちを）上京の件の書簡
福雄（宝暦六年十月一日縣門入門、宝暦八年九月二十日『古事記』神代巻上巻の訓を誌した。）

◇（三月十四日梅谷市左衛門宛真淵書簡）
「○此長民は、かの福島茂左衞門甥にて、近年医をいたし候を、とかく京之医流を望候て、此度上京暫滞留可致候、見廻候はゞ疎事なく可被致候、学は数年われら門弟にて候、殊に懇意にいたし候、」（『縣居書簡続編』）

◇（三月十三日本居宣長宛真淵書簡　明和五年）
「○古事記私本可入御覧、御諸候処、去春以来遠国門人来候而、日夜に会談候故、延々秋来終候を、初冬之頃書笈中あされと見えず、此書は惣て他へ不出候を、左右（とかく）不見候へは延引に候、依之最前会読以後、福島長民（藤原福雄）といふ人、其訓をのみ記置候をかり候て此度遣候、文字無之ては所々不審も可有之候へとも、此人大かたは心得候て、仮字にしるし侍れは、本書とよくよみ合せられなは、却て本字なきもよき事も可有之候まゝ先遣候、○此長民中巻の会の時は京に上候て不記、末之巻は記したり、中巻・下巻は私本有之候まゝ、向来此初巻御返の上にて可遣候、私本は初学の時より訓義等書入候へは誤字も多く、それなから御見せ候ては惑可有之事故、閑ことに改め置候て可遣候、万一紛失之事惜候而申とやおほさん、然らは中巻以下有といふへからす、上巻のみを秘すへきよしなけれは、其意御承知あれかし、」（『縣居書簡続編』）

真淵『萬葉考』巻一・二同別記の編輯の手伝いに宇万伎・尾張黒主・村田春郷（春海の兄・春道の子）・藤原維寧・楫取魚彦が校正する。

○宝暦十一年（一七六一）辛巳　四十歳

・四月十日主君戸田氏之に随行、日光廟に参詣する。

「宝暦十一年あが君ふたらの大神の御祭の事うけたまはりて卯月十日あまり立出で給ふに従ひゆく道すがら詠める歌

夏きてもまだ袖寒きさごろものつくは山にのこるしら雪

ゆけど猶行き過ぎがたき杉村のしげきがなかにかほ鳥のなく」（『しづのや歌集』）

・五月十六日妻葛が没する（二十一歳）。

・六月二十七日大番組頭に就任する。

・七月二十日大坂へ出発する。（『静舎歌集』）

★六月十五日秋成の養父茂助が没する（実法院主宛書簡）。（秋成二十八歳）（実法院・菩提寺、八条の大通寺の内）

★秋、秋成は真淵書を書写する。

（真淵の「佐野昌次かもとを訪ふ記」奥書）

「（冒頭）神無月の　日あまりさの、ぬしのもとに深川といふ所にまかでけるにいとかりそめたること、は聞物からそこら清らにやども作りなして（略）

宝暦辛巳歳季秋写畢洛西隠士無腸誌」（『賀茂翁遺草』）

○宝暦十二年（一七六二）甲申　四十一歳

・秋、帰府の途に着く。

◇真淵京へ出向する。

・十二月二十日蓬萊雅楽宛真淵書簡

「○丹斎兄（筆者注・谷川士清、安永五年没、七十歳）なとの諸説も承度候、（略）あや布てふ物、丹斎生へ被贈候へば、復古の体被撰候との事、大慶いたし候、しかしながら、かれは女の翫なれば、よろづ女体につけて添削をもいたし候、丈夫の文歌等とは小子方にてはいと異也、右之如く今京以後は、男にして女を学べり、古の女も男を学びしにて、女とても皇朝魂となる国也、此事は誰も知事ながら、歌は別有事はいまだいふ人侍らず、（略）拙者も新写の本にて候、是は京寺町の五条に、天王寺屋と申書林より、近年上京の時（筆者注・『新撰字鏡』を）写したるを得候、本書京都に有るべし、（略）一白、松坂舜庵へも御面談之由、才子と聞候へ共、いまた、学業不弘候、何とそ宜くなれかしと存候事也、」（『縣居書簡続編』）

○宝暦十三年（一七六三）癸未　四十二歳

◇春（三月）真淵大和へ行く。

「宝の暦十まり三とせの春。春郷春海等と大和へまかる時に此みねを見さけながらにしてしるしぬ。長歌（略）」（真淵長歌の詞書、『賀茂翁家集』巻之四）

「ことし宝暦十三年のやよひばかり。おのれ大和の国を見めぐりけるついでに。みづからすりうつせり。」

（『仏足石記』）

◇真淵三月六日附畿辺歴覧の植田七三郎宛書簡

「昨日は得貴面、御丁寧之御事、辱御事に御座候、其刻風邪にて気分不宜候而失礼之体、御免被下候、五月上旬、帰路に訪尋を期候、

一、畿辺歴覧いたし候には、鎗為持候ては不宜故、今日自池鯉鮒駅帰し候、然者新井御関以東にては必用に候ま、、貴宅へ暫御預り置可被下頼置入候、五月上旬帰路之時受取可申候、乍御世話頼入候、為其如此御座候、客中故草々、以上、

三月六日夜

岡部衛士

追而帰路之節、其鎗持もの浜松まで貴所より頼可申候、其事も其時御世話可被下候、

植田七三郎様」（『縣居書簡続編』）

◇五月二十五日夜真淵は松坂にて宣長と面談する。

・八月十三日綾足の一子の受戒を祝った「しづや」の片歌二首が詠まれる。

「わぎもはじめて孕めるに、をとこならばかならず仏のみ子に奉らむとうけひけるに、宝暦十あまり三のとし葉づき中の三日、時正の日のはじめのあかつき、をとこにてたひらかにあれいでたり。かしらおろし給ふべき師には、かねて洞水禅師をなむたのみまゐらせし。さてみどり子の名はかのおもひ得しはじめより、年外沙弥となむとなへ侍る。同じ年のかみな月ついたち、戒うくる時によみてあたふる片ふた一トくさ

あやたり

むかしより釈迦(サカ)のみかごぞ吾子(アコ)となおぼしそ

神な月ついたちに年外法師のはじめて戒うけられけるを　青藍

初霜ゆまづ踏ならへ雪の山べを

年外さみの戒うけらる丶日、すいそうのず丶おくるとて　しづや

真ご丶ろのあへましとてなこのあかたまはや　おなじく

玉の緒をながくむすべこのたまのをに」

□九月綾足は真淵門に入門する。片歌の唱導を行う。

・十月『百人一首古説』奥書を記す。

「ぬとぬしハなげきぬる也然れハ見ん人こをもてまたくあかたぬしのこ丶ろとおもすあやまる事ありむへし古の道に入立ん人はのちに書るぬるものによりてわきまへたまへしかはあれどくはしきによりてわきまへたまへしかはあれどくハしきに過たるも童への道にはさても有なる違へる事のミをいかであらためはや

宝暦十三年神無月　宇万伎識

是百人一首古説　以源清良本模写畢

天明三卯年三月　源盤村」

・十一月二十七日『萬葉集旁注』を再考する。

「十一月七日於日本橋真木佐久檜物坊之不勢盧再考畢　藤原河津宇万伎」（『萬葉集旁注』巻二十）

○宝暦十四年（一七六四）甲申　四十三歳

・一月二日『萬葉集旁注』校訂終わる。

（六月二日に明和と改元）

「正月二日於日本橋檜物坊寓居校訂畢宇万伎」（『萬葉集旁注』）

○**明和元年**（一七六四）**甲申**　四十三歳

◇六月十七日宣長あて真淵書簡、『古言梯』出版未出来の旨遣る。

「近年新撰字鏡てふものを一巻得候へは、よほとかなを定めたる事有之、それは門人楫取魚彦てふ人、仮字の本を此度出判に候、いまた出来かね候、秋中に出来候は丶可遣候、百枚ほと有之候を一冊にいたすと申候、」（『縣居書簡続篇』）

◇七月真淵浜町に居を移し、縣居と号した（隠居）。

・八月楫取魚彦著『古言梯』が成立する。

・十一月十六日魚彦亭で竟宴・詠歌がなされる（真淵、千蔭、宇万伎、浚明、春郷）。

○**明和二年**（一七六五）**乙酉**　四十四歳

・四月『古言梯』の序文末に記す（「明和二のとし四月藤原宇万伎がいふ」）。

・五月『古言梯』を出版する（宇万伎序・真淵跋）。大坂書肆（五軒）「大阪　河内屋源　七郎」。

・宇万伎大坂城大番与力。

・九月『声音問答』（香具波志神社蔵）。

・　『種々問答』（香具波志神社蔵）。

○**明和三年**（一七六六）**丙戌**　四十五歳

□一月綾足、江戸吸露庵最後の（春興帖）。

□四月綾足『草枕』（片歌撰集）自序。

・五月二十三日、真淵『古事記』の会読を終わる。
（多和文庫所蔵宇万伎書入本下巻奥書）
「右古事記上中下三巻、以加茂縣主訂考之書校正
　　宝暦八年戊寅九月　日　藤原河津宇万伎
　　明和三年丙戌五月　三日於縣居此時会読畢
　　　　此時浚明子福雄子
　　　　宇万伎耳遂会読」（『仮名書古事記』）
□六月五日附、麦舟宛綾足書簡
「さきつ比、京のやごとなきかたへ撰て見え奉りし草枕といふ冊子有。下稿にはべれば、写しても参らせがたし。まことにかた歌のうへなき集にぞ云々」
・七月二十九日枝直を訪問する。
「七月二十九日美樹入来、十二月歌評、学書かし遣。」（『加藤枝直日記』）
★秋、秋成宇万伎に入門説あり。
「三年能ク故事ニ達ス、三条公（正親町三条公則卿）召シテ学バレタリ」
「明和丙戌ノ秋、加藤美樹ニ従ヒ、皇学ノ古風ヲ学ブ」（『歌島稲荷社献詠和歌』）
○明和四年（一七六七）丁亥　四十六歳
・一月五日附書簡で旧冬宇万伎大番与力の株本高二百俵を得、浅草へ引越した。
（一月五日附斎藤右近宛真淵書簡）
「（追而書）（略）河津宇万伎、大番与力かぶを求候て、旧冬おしつめ浅草新堀へ引こし候、是も大慶いたし候、

よきかぶにて本高二百表、地方故に三百表余に成候と申候、三年一度京か大坂へのほり候也、」（『縣居書簡補遺』）

・二月末、宇万伎一行が住の江に遊んだ。

★秋成が宇万伎に入門という説あり。

★秋成自筆『文反古稿』。

「藤原宇万伎ぬし、難波の任みて丶、あつまに帰らせし時、奉れるふみの御答。」（『名家遺文集覧』では七月十日）

「　　　　　　　　　　　　　　藤原宇万伎

秋もや、ふけ行ものから、猶つちさへさけぬへきあつさを、いかにものし給ふらんと、うしろめたかりしを、御せうそこをえておちゐ侍りぬ。ひと日まうのほりしふしは、何くれとあるしし給しそ忝なき。出たちもいとちかつきぬ。今さらに別れまいらするかなしさを思へは、何しに世にことにはなれむつれまつりけんと、中になん。故さとにいたらん後は、御ふみもて御問とも聞えたまはんと、をちなき御こたへも聞えかはし侍るるへし。こん年はあつまへまうて給ふへく、うちくにはおきても給ふとなん、いとうれしき事、いかてはかり給へ。けに数の御おくり物いとく忝く、ことに壁しろの料紙は、をりからわきてめて侍るなり。猶まうのほりて御ゐやも聞え、つきぬ御名残もとおもふ給ふを、きのふけふにひさき守等こゝに到りて、問かはし事とも、何くれといと事しけゝれは、又の御まのあたりははかりかたう、いよゝ尽ぬ思ひになん、いもの君へもくれくよきに聞えたまひてよ。

あつま路のふ士のしは山しはくもなれて物おもふ別れするかも

聞え給ふ御歌のかたしけなきに、こたへまつるのみ也、何事もかきり有る筆にはえつくしやらすなん。是は初めてたいめたまはりし時の別れ也。」（『文反古稿』）

・八月宇万伎江戸に帰る。

「難波なる秋成が馬のはなむけして白雲もいゆきはゞかる富士のねのあなたにかへる人のわかれハとよめるに

あづまぢの富士のしば山しばしばも馴て物思ふ別するかも

一とせの任はて、八月十日あまり大城を出て　日まり三日故郷に帰りぬうからやからつゝみなくてつとひゐたり嬉しき事限なし帰さの道ハ君にしたがひこしかバ夜もいをねぬばかり事繁くて何事をもえかきつけず」

（『しづのや歌集』）

・十一月十八日附真淵の宣長宛書簡で宇万伎を推賞する。

（十一月十八日本居宣長宛真淵書簡）

「ここにも藤原宇万伎（加藤大助といふ大番与力也）わが流を伝へて、ことに古事記神代の事を好めり、いまた其説は口をひらかねと、終にはいひ出へき人也、向来御申合候而、野子命後は御此事をはたし給へかしと願事也、ここにも可然門人多かりしを、或は死、或病発、或官務にて廃多くして、即今多からす候、向来はかの大助なと御文通もあれかし、そのよし今日も談置候也、己三十歳より今七十一歳まて学事不廃候へとも、万事はかゆかぬものなるを歎候事のみ也、」（『縣居書簡続篇』）

○明和五年（一七六八）戊子　四十七歳

・七月十八日附真淵書簡で『萬葉考』の出版に宇万伎上京を待望する。

（七月十八日斎藤信幸宛真淵書簡）

「一、萬葉素本を改め候事、出雲寺願申候、是は元来大望に候へ共、かなを改候事、判のなり入出来かね候はん、その上句読なき故よめかね候へは句をも附候はんと左様にては古判の直しよりは新板にと申候、其後さたも無之候、能々判もさて〳〵埒明かね、只一枚ほりて下候、尤加藤殿上京候へは世話いたし候はんと待候、」（『縣居書簡続篇』）

（『萬葉考』の一・二・別記の版下を京へ遣したのは明和五年二月末）

・五月宇万伎江戸を立ち京二条城勤番（大番与力として）のため西下する。

（五月十九日粟田土満宛真淵書簡）

「此度加藤大助殿便に先書認候中、又御状到来、弥御清福歓喜之御事也、先者御状も相届候也、とかくに麻布なとよりは甚遠く候へは遅滞かち也、」（『縣居書簡続篇』）

・『萬葉考』一・二版刻（京書肆）未出来に真淵は在京宇万伎の手伝いを期待するが埒明かず焦躁感つのる。

（五月十九日植田七三郎宛真淵書簡）

「小子種々之注釈などいたし候へども脱稿之物無之、其中先年仕候には又不調事も有之により、それら改書その外繁多にて労候也、かの萬葉一・二之判刻も京へいひ附候へども、いまた出来せずこまり入候、（略）此度二条御勤番衆之便、早々ながら如此御座候、多々可得御意候へども、とかくに繁多にて不任心候也、」

（『縣居書簡続篇』）

・真淵書簡にて宇万伎を摂津守に紹介し、守から『萬葉考』出版の宇万伎尽力を依頼する。

（五月二十日羽倉摂津守宛真淵書簡）

「拙者年々衰行候得共、心事のみは無別事、著述を以消日候、御安念可被下候、此度二条御番与力加藤大助といふ人上候便、前々御無音の罪を贖候のみ、恐惶謹言、（略）本書申候加藤大助は拙者門人に一二之間の仁にて、和漢ともによほと学事は有之、皇朝の古意はよく通達被致候也、御社参なから御尋も可申入候ま、、無御疎意御話可被下候、来四月迄逗留候之間、御近所ならは御出会なと被成候而も宜候へ共、二条御城迄貴所より遠所、御番衆は数度の城外も成かね候へは、左様の事には不及候へとも、御往還候て可然仁に候也、二白、萬葉一・二幷別記一巻出版之為、当地御書物師出雲寺和泉掾方へ談候へは、彼より京三条高倉東へ入升屋町の出雲寺申越候事、当二月末に候も於今一枚も出来して不下候、さて待遠有之候、尤此度右之加藤大助にも世話致へきよしに候へとも、よき御手寄も候は丶、早く出来候様に御指図奉願候、」（『縣居書簡続篇』）

・七月二十日『土佐日記新釈』完了（自跋）後、寛政三年（一七九一）秋成が修補を加え、享和元年（一八〇一）に改めて清書する。

・官金盗難事件縁坐する。

○明和六年（一七六九）己丑　四十八歳

・二月『語意考』（清書本・流布本の奥書）。

・真淵書簡で宇万伎・黒生を宣長に紹介する。

（五月九日本居宣長宛真淵書簡）

「御当地拙之門人才子ども近年多死去いたし、漸古言梯之序を書たる宇万伎（加藤大助といふ大番与力也）、尾張黒生といふのみ、今御当地にては有之候、（黒生は野間甚四郎といふ町人也）、惣而門弟に不仕合にて、本年も才学宜人二人まで死別いたし、老後力落し申候、随分被入御情、此学成落候様に可被成候、儒学いたすもの多かれど、皆先人之蹤を追候而、成功之人無之候、いまだ皇朝の学のみ漸ひらけかゝり候へば、此上天下に鳴べきは是也、（略）其小を尽、人代を尽さんとするに、先師ははやく物故、同門に無人、羽倉在満は才子ながら令律・官位等から半分之事のみ好候へば、相談に不全候、孤独にしてかくまでも成しかば、今老極、憶事皆失、遅才に成候て遺恨也、併かの宇万伎・黒生などは御同齢ほどに候へば、向来被仰合て此事成落可被成候、」（『縣居書簡続篇』）

・七月四日附書簡に、綾足宇万伎の近所に借宅する。

（七月四日蓬萊雅楽宛真淵書簡）

「○綾足といふもの、仰の如く今時のはいかい・発句てふものをせしものにて侍り、此者従来虚談のみにて交りかたし、されども己か門人に宇万伎といふ人の近所に借宅して、こゝかしこ聞そこなひしを、片歌とやらんをいひなんとて、京へのぼりつとか承候、必御交は有まじき也、」（『縣居書簡続篇』）

◇『萬葉考』一・二、別記出来。

（九月三日栗田土満宛書簡）

「一、萬葉一・二と其別記漸く出来、此節すらせ、先弐百部今日までに終而休み、又近日百部もすらせ候はん、」（『縣居書簡続篇』）

・十月以降『ひさうなきの辞の論』の宇万伎・綾足論争あり。

・十月三十日『雨夜物語だみことば』成稿（宇万伎自序）。

・十月三十日賀茂真淵没する（七十三歳）。

○**明和七年（一七七〇）庚寅**　四十九歳

・二度目の大坂在藩。帰東。

・十月十七日綾足京を出発、十一月十七日江戸に着く。

・十一月十八日綾足が宇万伎宅を訪れ終日語る。

・十二月宇万伎、綾足、千蔭の三人で歌を詠んだ。

○**明和八年（一七七一）辛卯**　五十歳

・三月頃『仮字問答』田安宗武の問に答えたもの（真淵没後、宗武との交渉を示す資料）。

（二月比、香具波志神社蔵『くさくさ問答』）

★一月頃『雨月物語』版刻、一月十七日秋成火災に会う。秋成三十八歳。

・八月宇万伎大坂城在番。

○**明和九年（一七七二）壬辰**　五十一歳

・三月『縣居歌集』（寛政二年〈一七九〇〉秋成校刊）宇万伎序、宇万伎編。

○**安永の交**

・綾足は安永になり、宇万伎・魚彦が校正した『宇比麻奈備』をこきおろし、魚彦の『古言梯』をも難じる（『邇飛麻那微』）。

○**安永三年（一七七四）甲午**　五十三歳

□綾足三月十八日江戸石町の仮寓で没する（五十六歳）。

○**安永四年（一七七五）乙未**　五十四歳

・三月『貝よせの記』（木村蒹葭堂）序文末「静舎宇万伎しるす」。

○**安永六年（一七七七）丁酉**　五十六歳

・四月二条城番（十一番組）、久留島信濃守通祐の組頭として上った。

・四月二十九日、病臥の宇万伎が宣長に『古事記伝』草稿の借覧を申し入れる。

「然処承及候得ば、足下古事記伝御著述被成候由、古事記之義は、僕事も多年実に心を入候て、漸此一両年已来少々見当心を得候様に覚候事も有之候。やがて書集も仕度候処、去々年より之病気にて一向一紙も認不申、心に少しづつたくはへ置候耳に御座候。此まゝにて死去も仕候はゞ地下之遺恨此事耳と奉存候。」（『本居宣長全集』二）

★蕪村書簡で秋成を気遣う。

（五月二十四日附正名・正作宛蕪村書簡　追而書）

「さても無腸はいかゞ御入候や。絶ておとづれもなく候。御ゆかしく候。宜御伝可被下候。」（『与謝蕪村書簡集』）

・『雨夜物語だみことば』上木。秋成の序を附して刊行する。

○**安永七年**（一七七八）　五十七歳

・六月十日没する（三条通大宮の仮寓で逝去）。墓碑同所三宝寺。

★秋成、宇万伎の妻に形見の黒髪送る、返歌

「　　　　　　　　　八代子

都より便につゝめる物おくりたまふを披き見て。

おもひきや我せの髪のおちをのみたよりのつてにかくて見むとは

ぬは玉のせこは黒かみ打なひきいませしさまのおも影に見ゆ

今までにかはかぬものをくろ髪のみたれてさらに袖しほるかな

しらせ給ふ事、いたつらにのみあかしくらし、まなひもし侍らねは、心におもふたまふさまにはえよみとりかね侍るを、恥らふへき御中らひならねは、見せ奉るを、とくかいやり捨たまひてよ。

師都の役立したまひて、道の空より病にかゝり、みな月十日と云日、みまかりたまひし、御葬りの時まうのほりあひて、柩に納めたてまつるにのそみ、みくしすこしそきて、阿妻の御めのもとへおくり参らせし。是は其御かへり言なり、我かたより申せしは、おほしと、めねはもらしつ。」

★『土佐日記注』秋成自筆本跋

・『静舍雑著』（『国学者伝記集成』）

○寛政三年（一七九一）辛亥

・宇万伎十三回忌

「　藤原の宇万伎ぬしの手向を、洛陽三条の三宝寺の御墓に、烟に上て奉れる
鳥か鳴く　あつまの国の　武蔵の海　大江の水戸に　高殿を　高知まして　天の下　まをしあつかり　すめろきの　みことのま丶に　民草を　靡けたまへは　物部の　八十氏人は　夜の守　昼のまもりと　かしこみて　つかへまつれり　国つちを　たひらの宮の　大城には　みこともち人　わりすゑて　外のへまもらひすめろきの　日のみことを　はゆまして　まをしたまへり　中のへは　千の軍を　こめおきて　取しはり千はや人　たはわさやすと　夜の守　昼のまもりに　召くはふ　天のかな機　足玉も　手玉もゆらに　神の織る　しつ屋のうしは　卯の花の　うきこともなく　出てこし　道の空より　煩ひの　神やつきけん　手束弓　杖につきつ丶　中の重に　さもらひしさへ　時鳥　来鳴く五月の　さみたれの　はる丶日もなく　末つひに　打こやしぬれ　さね床の　夜をすからに　故郷の　夜のすからに　故郷の家をそしのふ　昼はもよ息つきくらし　みな月の　照日を闇に　逝水の　過てむなしき　あら玉の　来経ゆく年を　手を折て　かきかそふれは　十あまり　三とせに成ぬ　すへもなく　ねのみしなかゆ　おきつき所

反歌

いにしへをけふにむかへて忍ふともいや年さかるあすの日よりは

夏秡

唐崎のみそきははて丶たか里に袂す丶しみ漕かへる船
大ぬさのしからみかけてと丶むとも流る丶夏の夕はらひ哉」（『藤簍冊子』一）

○天明・寛政の交（天明七年五月秋成（五十七歳）〜寛政四年十一月）

「上田氏書面云

一、此間、加藤善蔵大坂在番御勤被参、草庵を被訪候。何か物語のつゐて、斉明紀童謡之談に及候処、いかにも別紙申入候通、賀茂翁より先師へ附属のよしに候。先師没後野上甚(ママ)四郎と申人、善蔵とは内縁のよしにて、右巻物あつかり被申候。此人、本国上総にて、当時は故郷へ被帰候よし也。猶申談候事も候へとも、これは書通は申とりかたく候間、中略候。別楮申入候通、甲斐人被得候か若荷田之訓解ならは、彼村田春道かしわさに候也。此人もはやくの古人に成候得は、正すへからす候。仍之此度貴兄被遣候に、余か存疑を相添へ、加藤へおくり候也。なを甲斐人はいかゝして得たりや。又のたよりに正したまへかし。」（「甲斐人」＝萩原元克）（『荷田子訓読斉明紀童謡存疑』）

○年代不明

「河津長夫はすめら御国の書のまなびをわが道びきつるに。もとよりからの書をもよくよみつれば。いと才ことにして。いにしへにかへるこゝろざしふかゝりつるを。わづらひて十月十七日に身まかりにぬといひおこせたるを聞にいとくちをし。その後とむらひいひかはすついでに美樹がもとへ。

わが道もさそはん人をぬば玉のよみにおくりてまどふころかな

となん。又長夫が今はの時。

ますらをはむなしくなりてちゝ母のなげきをのみや世にのこさまし

といひて。またわれはこゝろざしとげざるをつぎて名をもあらはしてよなど美樹にいひおきしとぞ。此歌は憶良の大夫のますらをやむなしかるべき万世にかたりつくべき名はたゝずしてといふをおもへるなるべし。いとあはれにこそ。また菊の花をおくるとて。

白菊は冬だにかくてあるものをまだき、えにし露のかなしさ
ほかながらほかならずしもかなしきにうちのうちこそ思ひやらるれ」（『賀茂翁家集』巻之一）

○年代不明

「　美樹がち、のみまかりたるのちひとぐ夕郭公といふ題をかの家によむとてその見せたるついでによみておくる

藤ころもふかくそむてふすみの色の夕ぐれに問ほと、ぎすかな」（『賀茂翁家集』巻之一）

○年代不明

（九月七日加藤大助宛真淵書簡）

「一昨日御手紙被下、拝見仕候、然者古今　集文字等、改指上候、則御上被下奥書之趣も、御尤之思召、是又御申上被下候由、辱奉存候、奥書之事はいか、敷も存候処、可然被思召候旨、被仰下、甚大慶仕候、以上、」（『縣居書簡続篇』）

○文化七年（一八一〇）庚午

・一月『柳亭種彦日記』に養子善蔵の記述

○七日　曇　加藤善蔵との平賀半右エ門との同伴サン来ル、縄人許訪ひ晴山子にあふ、きのふなづなの代一とかぶ八文より三十二文くらひまであり夜六ツ半すぎにかへり、五ツ時より九ツ迄あさま夜延、夜八ツ前より竹町出火、山崎や金里子留吉見まひに来ル、種彦縄人許へ見まひに行、七ツまへきゆる、出世だんごといふくわしや日もとなり（ママ）（略）

○九日　晴　蝶々許八ツ過より訪ひ、暮前にかへる、伴さンお琴サンおいで、勝子山本へ行夜中道来ル、六ツ半頃より四ツ時迄さくなす、今宵ハはかどらず、夜半より風たつ吉田庄三郎との子息年礼ニ来ル

（『柳亭種彦日記』）

【加藤宇万伎関連の論文】

○重友　毅「秋成雑話」（『近世国文学考説』積文館　一九三三年八月）
○後藤丹治「雨月物語に及ぼせる源氏物語の影響」（『国語国文』第四巻第一二号　一九三四年十二月）
○佐佐木信綱「綾足家集」（「第二編歌人及び歌集の紹介」、『国文学の文献的研究』岩波書店　一九三五年七月）
○小川寿一「土佐日記聞書は池田正式の講注か」（『国語と国文学』一九三八年五月）
○井上　豊「語意考について」（『国語と国文学』一九三八年五月）
○丸山季夫「加藤宇万伎」（『日本及日本人　上・中・下』第三八〇～第三八二　一九四〇年一・二・三月　のち『国学史上の人々』丸山季夫遺稿集刊行会　吉川弘文館　一九七九年）
○上田布佐「加藤美樹と「雨夜だみ詞」」（『学苑』七ノ十　一九四〇年）
○池田亀鑑「宇万伎本の本文の展開」（『古典の批判的処置に関する研究』岩波書店　一九四一年二月）（『土佐日記注』についての論文）
○岡田希雄「古言梯の開版期に就いて」（『国語国文』第一二巻第四号　一九四二年四月）
○丸山季夫「珍本雨夜物語たみことば」（『日本文学教室』一一号　一九五一年　のち『国学史上の人々』）
○中村幸彦「上田秋成の師」（『上田秋成集』附録　日本古典全書　一九五七年二月）
○中村幸彦「宇万伎と秋成」（『山辺道』第四号　一九五八年三月　のち『中村幸彦著述集』巻十二　中央公論社）（天理図書館蔵『文反古稿』紹介）
○中村幸彦「秋成伝の諸問題」（『解釈と鑑賞』一九五八年六月）

○高田　衛「加藤宇万伎入門年代考」（『上田秋成年譜考説』明善堂書店　一九六四年十一月）
○島原泰雄「和歌―冷泉家入門・加藤宇万伎入門―」（『解釈と鑑賞』第四六巻七号　一九八一年七月）
○飯倉洋一「『呵刈葭』上篇と宗武・宇万伎の「仮字問答」」（『文献探究』第一五号　一九八五年二月）
○飯倉洋一「宇万伎の古道論」（『文献探究』第一六号　一九八六年九月）
○原　雅子「住吉御文庫本『土佐日記』（加藤宇万伎注・上田秋成補注）」（『すみのえ』二〇〇号記念特集号　一九九一年四月）
○原　雅子「加藤宇万伎著『十二月の名考』攷」（『芸文東海』第一七号　一九九一年六月）
○原　雅子「加藤宇万伎著『雨夜物語だみことば』攷」（『梅花短大国語国文』第四号　一九九一年七月）
○原　雅子「加藤宇万伎著『種々問答』攷」（『鈴屋学会報』第八号　一九九一年七月）
○原　雅子「秋成と大伴旅人」（『読本研究』第五輯上套　一九九一年九月）
○原　雅子「真淵の「ますらを」考」（『江戸文学』七　一九九一年十一月）
○原　雅子「秋成の『土佐日記』注釈―「ますらを」観の一系譜―」（『すみのえ』通巻二〇三号　一九九二年一月）
○原　雅子「宇万伎の『岐岨路之日記』と秋成・与清」（『混沌』第一六号　一九九二年六月）
○原　雅子「賀茂真淵の国学と著作観」（『千里金蘭大学』第五号　二〇〇八年十二月）

賀茂真淵の国学と著作観

一

賀茂真淵は江戸中期、国学の領袖として、学問研究に身体を削り自己の学問を形成していく。自己の学問を研磨し伝播する手段として、書簡を多用する。弟子を育成する手段として、一例を挙げれば学問の問い、答えのやりとりのために、本居宣長とは一度会っただけであったが、あとは詳しい手紙のやりとりが行われたことは膾炙されたことである。真淵は学問の伝播のために労を惜しまず、支持してくれる人々や弟子に長文の書簡を送附している。江戸時代の手段として最大限に書簡を有効利用した。

書簡集には真淵の出自にかかわる岡部家、植田家、梅谷家といった親族を含む関係の人々、真淵を顕彰する人々や、弟子の中でも本居宣長の系譜により伝承されてきた人々、内山真龍や栗田土満への書簡が目につく。真淵の筆まめぶりから推察するに、大部の書簡が伝承されず、散逸の運命を辿ったと推測されるものは、江戸の火災で灰燼に帰したものも含め多かったであろう。

一方、宣長の場合、松阪において子々孫々、諸資料が散逸せぬようにとの家訓があったのではないかと思われるほどである。公家の冷泉家の御蔵のごとき資料伝承を、町人家において実践してきた稀有な家である。京都、大坂や江戸のごとき火事が頻発しなかったことも幸いしている。

真淵の著述、書簡によって真淵の学問の目指した方向が見えてくる。弟子たちとわが国の古典作品の会読を行い、それを著述していく。そういった際に真淵は弟子に指示を与え、出版の尽力を依頼するこまめな書簡を送附する。

真淵真筆の新資料が「大学共同利用機関法人　人間文化研究機構　国文学研究資料館」（以下、国文学研究資料館と称す）に存する。真淵の書簡集『賀茂真淵全集』第二十三巻（續群書類従完成會）には入っていない、新資料と認定し得る書簡である。

従前の真淵書簡には弟子を中心として、人と人とをつなぎ、学問を進捗させることを促すものや、あるいは厳しく学問の在り方を説く書簡などが顕著で、真淵学に通底するものであった。

しかし、今回わたくしが目にして驚くべき内容の書簡が国文学研究資料館に収められていた。

東京都品川区戸越から立川市に二〇〇八年度の初春移転、四月から立川市在の国文学研究資料館としての出発と重なる。遡れば『国文学研究資料館報』第五十三号（一九九九年九月）の中に、一九九七年東京古典会で入札購入されていたことを知る（鈴木淳、国文学研究資料館）。

桐箱に「和学者書簡集」中の一軸（「拾三」と朱書）には、「加茂真淵、本居宣長、平田篤胤、加藤千蔭、村田春海、楫取魚彦、石塚龍麿、荷田蒼生子、上田真幸、屋代弘賢」、もう一軸（「拾四」と朱書）には「加茂季鷹、僧似雲、密庵僧慈、滋野井公麗、橘守部、加納諸平、村田泰足、内藤広前、一柳千古、近藤光輔、佐々木春夫」の書簡が納まる。

本章で扱う国文学研究資料館の真淵書簡は、賀茂真淵自筆であり、これは真淵の晩年、自筆の書簡などに見られる特徴、全体に縦の行の各行が、右から左の方向へ斜めに流れて書かれる傾向にある。おそらく目の疾患からくるものであろうが、その疾患は不明である。

従前、真淵が弟子に宛てた書簡には、自己の著作について、高齢に鞭打ち切磋琢磨する様子や、目もうとくなり

「学問がはかゆかぬ」と研究の進捗を歎く真淵の姿が散見する。

ところが、今回の書簡の特徴は、弟子の加藤宇万伎を怒る、憤怒の相の真淵が窺える。しかし、女性の弟子青木菅根に宛ててしたためており、愛弟子の宇万伎に直接宛てたものではない。宇万伎は直接、真淵から苦情、怒りの書簡を受け取っていないようである。また、なんらかの書状が現存していれば詳細が明らかになるが、今のところ該当の書簡に関わるものの出現はなく残念ながらいきさつはわからない。

自己の著作が勝手に本人に許可なくやりとりされ、〈また貸し〉が行われていることへの、真淵の怒りを顕わにした書簡である。宇万伎が貸し与えた弟子は自分の知らない人物という。真淵書簡にこれまで弟子を学問上のことで叱責することがあるし、さまざまな怒りを手紙にしたためることはあっても、資料の〈また貸し〉に対して、本気で怒っている書簡は初めてではなかろうか。それには真淵なりの意味があった。

語気強い発言のあと、真淵は自分にことわってから使用することと、みずから勉強するためであれば著書を貸してよいと、学者らしい意見を附け加えているのである。真淵の率直さや、寛容と人のよさを感じさせる。真淵と弟子間の緊張感の漂う学問をめぐってのやりとりを垣間見せる。

真淵が渾身を込めた研究結果であること、ことに新研究の『萬葉考』の扱いについてかたく流出を避けるべく注意を与えたものである。資料の扱いとして、真淵のいうことはもっともなことで、なぜ真淵が記したような状況になったのか、宇万伎からの情報はこれに関しても見当たらず、具体的な事情は定かではない。真淵は学問の進捗に関して積極的に人々との交流を結び、領袖として地位を確立した人物である。国学者としてその姿勢を貫いた卓越した人物である。が、その琴線に触れた宇万伎の負の行為とはどのようなものだったのだろうか。興味深い書簡であるといえる。

二

ここに、国文学研究資料館蔵の真淵書簡を紹介する。

「賀茂真淵書簡　青木菅根宛」年次月日不明

（国文学研究資料館蔵　巻子本二軸『和学者書簡集』請求番号「ヨ一―一二八―一（二）」）

書簡

「すがねさま　　あがたぬし」（端裏書）

（糊附けあり）

最前の萬葉朱引ばかりと
に候へば出来候はん。御こし給へかし。
又けふ十の巻を遣候。他へ御見せ候
事は
必なり候はず候也。
一　新まなび下巻来候はゞ御こし
給へ。うまきの門弟へかし給へる
とは、いかに御心得候にや。すべて
おのれが情を入、こしらへし本をば
ここの門弟にても、又がしの時は

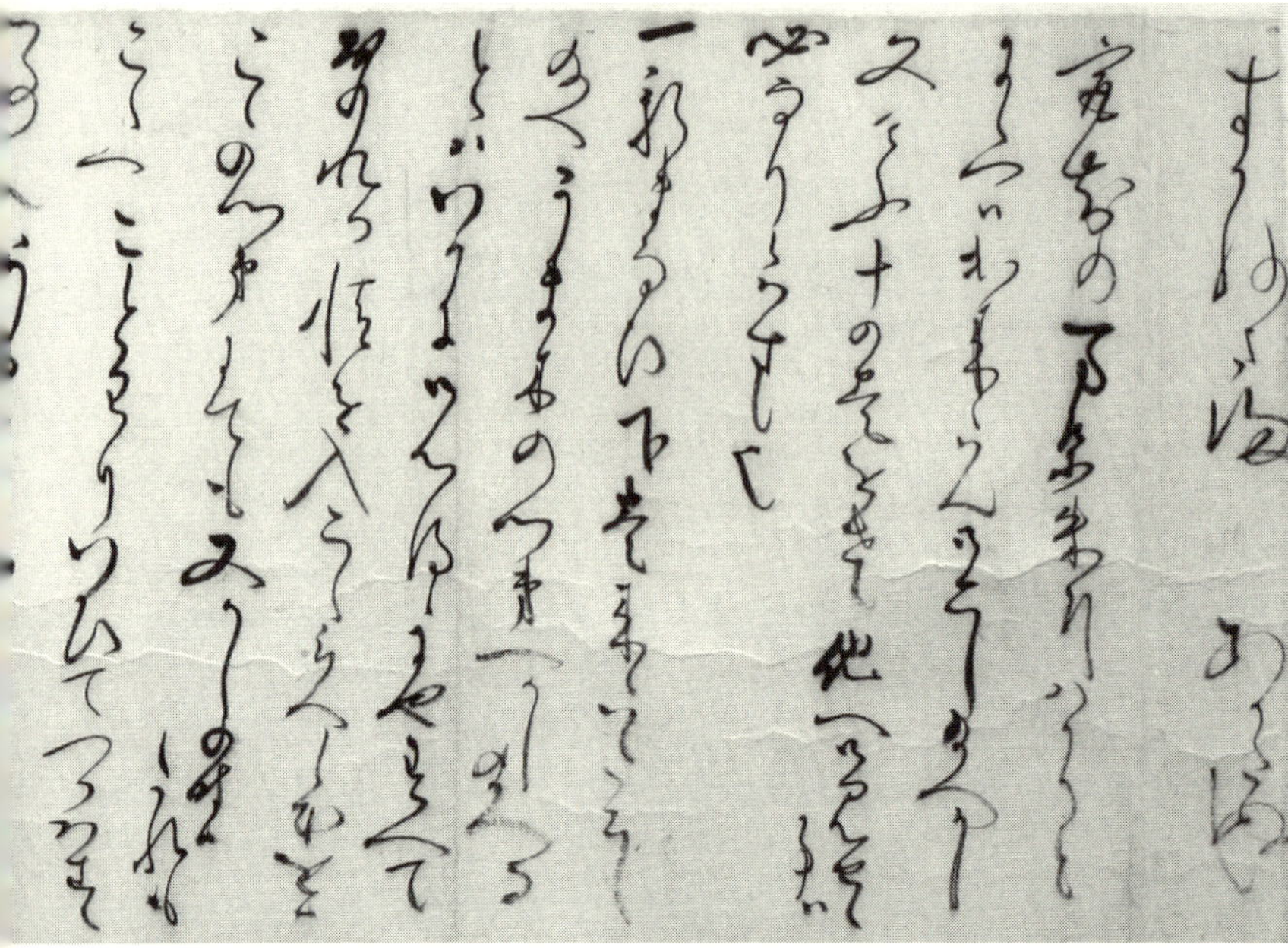

賀茂真淵書簡　青木菅根宛（国文学研究資料館蔵『和学者書簡集』）

たれも
こゝへ、ことわりいひてつかはす
事也。うまき門弟とても
おのれ
知人にも侍らず。たとひ知ても
ことわりなしにはなり不申候。
すべて本をたゞたくはふるのみと
おぼすにや。よく御みづから見給はん
ためにこそかし侍れ。さ様にみだりに
し給ひては、かさねては心おかれ
侍るべし。急に用有て申進候。
早々御とりかへし御見せ給われかし
此萬葉はことに〳〵大切なれば
他へ御見せは御成候はず候也。

此後の書入給はる新表紙のわろく成也。青
色
ちよとう表紙を御附置可被下候。

上記、真淵書簡の五行目に『新まなび』下巻の完

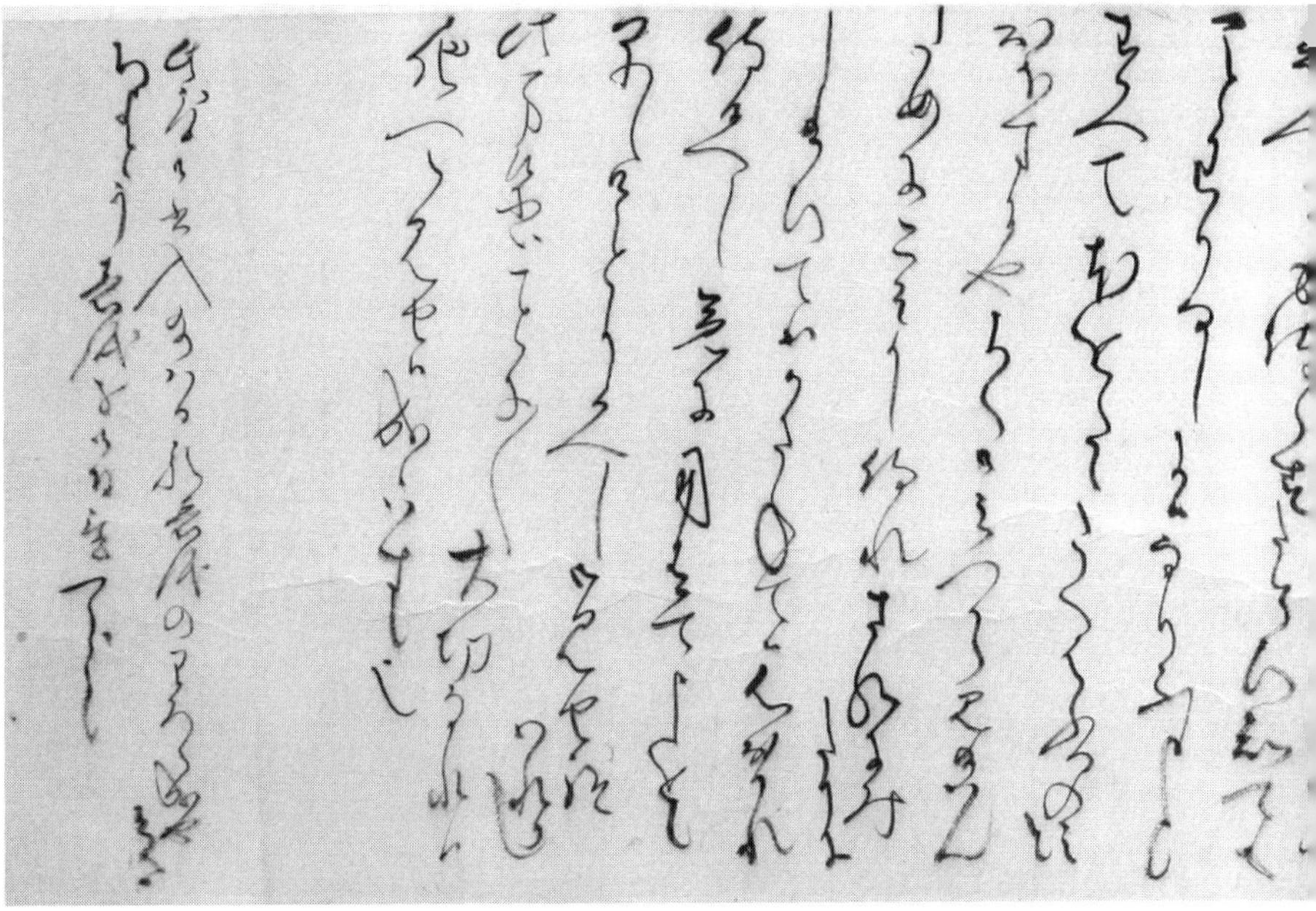

成が記されている。ちなみに、真淵は後進に向け『うひまなび』を明和二年の春に著わし、その後ただちに同年秋に『邇飛麻那微（にひまなび）』を著述している。『にひ学び』の成立は「明和二年七月十六日にしるしぬ　賀茂真淵」と本文末に真淵の手で著わされている。

その『新まなび』において、真淵は加藤宇万伎が自分の門弟に断りなしに、著述を貸して与えていることを遺憾とし怒っているのである。この門弟の名前は記されていない。原本は真淵の真筆であり、墨つぎによりひときわ墨筆濃く「又がしの時は」（本文九行目）が強調された如くみえる。文面に真淵の〈又がし〉への批判が顕わに吐露されている。

『にひ学び』の成立は「明和二年七月十六日にしるしぬ　賀茂真淵」と本文末に記されたものである。

真淵が力を割いてやっと成った『萬葉考』巻十も貸すべからずという。真淵が情をこめて懇親、尽力して注釈をしたものであることがこの手紙からわかる。のち、真淵の意識とは異なった狛諸成等の増補訂正を経て、通行の巻十五が当てられることになる。

原本は真淵が尽力して注釈を施していたのである。

真淵書簡の宛先は「すがね」とある。藤原菅根といい武士青木朝恒の妻である。歌人として活躍し、国学に身を入れて真淵の『萬葉集』会読にも出席していた。生没年は、下記に示す『あかたゐすさみくさ』奥書より「寛政八年（一七九六）は七十一歳」で存命、没年は不明。従前の不明をぬりかえ、生年は逆算して享保十年（一七二五）となる。江戸人である。真淵の弟子として、国学研究を宇万伎等とともになす。

別の一本、真淵から青木「すがね」宛書簡があるが、これも年代不明である。以下に、真淵と弟子の学問交流の参考として掲げよう。

御風けはよろしきや、こゝにも此てしにくしてなん、さるは此哥集の上巻に、おのれか序、又哥に朱てん傍書なとせし本御もち候はゝ、是に御書入たのみ入候、遠き国へやらんとするに、こゝになけれは也、もし風気のなごりにて筆取給ひかたくは、此本直に御かへし候へ、外へ申すへし、必御心おかで聞え給へ、くるしからす候也、御快は此一巻はやくたのみ入候也、いそく事に侍り、

二十八日　　　　　　　　　　　　　　あかたぬし

すかね君

当書簡はまことに短い書簡ながら、みずから序をしたため、和歌の指導の朱点や傍書の書入れなど、夥しい草稿本のやりとりを真淵の常ながら窺わせる書簡である。真淵は本の返却、催促や早急の依頼など、仕事を早くするこ

とに終始する。遠い国にやろうとするが、ここに無いという状況をかんがみても、真淵の本は著述されると、遠近にかかわらず自分の手元を離れて弟子たちの手に移るといった夥しいやり取りの状況が窺える。

菅根は真淵が没した後も、諸成らによる『萬葉考』の増補校訂などに臨席し関わっていた女性である。『あかたゐすさみくさ』を狛諸成（毛呂成）が七十四歳の時に記したとあり、奥書に藤原すがね七十一歳で寛政八年（一七九六）五月二十七日から始めて六月二日に書写終了の旨記されている（以下、専門以外の方が目を通される場合、原資料の逐次収集は時間的にも難渋を極めるのではないかと想定し、煩雑を承知で全文に近い資料紹介を試みたい）。

あかたゐの門に遊ひ人いと多かりしかまたしきほとに身まかりあるはことわりのよはひにして過にしもありて今ふたりみたりのこれりし人〳〵はいとうとうとし諸成大人はあかたゐの門つ人にしもあらねと大君ゆ仰ことにて田安中納言の君に奉らし同殿にてをちのかみに立てつかうまつりたまひひめもす夜すから御かたはらにて物まなひ給ひかの君と御もろ心にをちをしぬひしにおのれはやくよりなれ聞えまつししかはをちの身まかれ後は御かはりにとたのみつるにいとねもころにはらからの如おほして物をしへ道引給ひつゝかゝるふみなとおかいつめ給ひ見よとてもておはせいみ心さしの深きを思ふにもかたみに老行かいとわひしくて

世の中に老すしなすのくすりもかともに在つゝことゝはましを

諸ともに見しよの月をおもへれはあやしく袖に影そやとれる

つこもりにし後はやみにのみまとへるを道ひかれむと頼おもふ心や空にかよひけむめてたき言にことの葉そへて見せ給ふにおほろにものこることのはひろひつゝ見よとて月のかけそさしぬる

藤原

寛政八のとし五つき二十まり七かの日にはしめてみな月二日の日に写はてぬ七十まりの一のよはひ

すかね

菅根自身は早い段階から真淵に学んでいた、とみずから記す。が、諸成は縣居門でない。田安宗武家臣として真淵学に親しんできた人であった。菅根と諸成は真淵が卒した後も真淵学のために尽力するのである。

菅根のことは、『萬葉考』巻七序に「真淵かともとせし藤原菅根にとひ、同しともなるもとの藤原宇万伎がかきつけおけるふみらこひ得て、これをたつきに生したてなめとおもひなりぬ」と記されている（天明五年三月十九日狛諸成）。田安宗武側近としての諸成であり、その交流を知る。諸成は真淵の原注釈を独自に変更していった。研究するに際し真淵と諸成の真意、差異がどこに存するかといった点などを明確に把握し注意しなければならない。

真淵は画期的な『萬葉考』研究にふさわしい「縣主」という号を書肆や弟子に示していくことと連動しているようである。

真淵の「縣主」と署名された書簡を洗い出しておく。真淵が「あがたぬし（縣主）」「あがたい（縣居）」の署名を使用している書簡を『賀茂真淵全集』第二十三巻（續群書類従完成會）から拾い記す。これに国文学研究資料館蔵の賀茂真淵のすがね宛書簡も加わることになる。

縣居書簡続編（岡部譲編）

「縣主」	五六	明和元年一〇月二四日	内山真龍宛書簡
「あかたぬし」	五七	明和元年一二月二二日	森繁子宛書簡
「縣主」	五九	明和二年三月一五日	本居宣長宛書簡
「縣主」	六〇	明和二年六月二二日	内山真龍宛書簡
「あかた居」	六二	明和三年八月二六日	内山真龍宛書簡
「縣主」	八六	明和六年二月二〇日	内山真龍宛書簡
「縣主」	九〇	明和六年九月二三日	栗田土満宛書簡

「かもの縣主」　九三　年代不明（明和三年カ）　二月五日　植田七三郎宛書簡
「あかたぬし」一一七　年代不明某月某日　真田ふち子宛書簡
「あかたぬし」一二九　年代不明某月某日　森繁子宛書簡
縣居書簡補遺
「あかたぬし」一四　宝暦八年一二月二二日　梅谷市左衛門宛書簡
「あかたぬし」一七　宝暦九年某月某日　外山女宛書簡
「あかたぬし」四一　年代不明　青木すかね宛書簡
「あかたぬし」五一　年代不明　御かた〳〵の君へ宛書簡
「縣主」という呼称の意味づけや理由等について、真淵みずから規定していう。次の書簡は宝暦七年九月八日加藤又左衛門（筆者注・加藤枝直）宛である。真淵が力を入れた手紙ゆえ長いが引用する。

又左衛門様　　衛士

昨日者御報御清書御示等辱拝見、然処田安にて心安き学生の人々、其外へも為見候処、拙名を御記被成候事、御子弟或は御家来筋にも聞え可申様に皆々申候、拙者は不苦と奉存候事、最前も得貴意候通に御座候処、右之通に候へは、将来の評判も如何に御座候まゝ、御改被下候様に仕度奉存候、若御同心に御座候はゝ、賀茂真淵をは御止被成、吾縣主なと被成候か、又は賀茂翁とも被成可被下候（哉）、縣主は拙姓ニ候間、去年以来より拙者別名の様に諸方にても書音に記候人有之候、書林の礼にも縣主と記申候、是等は自分の事に候へは、中上候も非礼に可思候へ共、無是非御相談仕候事に御座候、又翁は萬葉の家持の家臣が鷹を失候時の歌にもをちがとよみ、又山田翁ともみられは、決て御あかめ候事には無御座候、縣主はかはねに候へとも、賀茂縣主といふ時は少しあかめ候様に成可申哉に候、○姓のみいふは物語なとに、わか子をも家礼をもさしては、姓のみ申せし子と多有之候、其中にも真人・朝臣なとは高姓なれは、今にてはいかゝ候はんや、縣主・稲置なとの類は別て不苦事と相聞え候、其上右申上候通、拙之号の様に人も存候ての事に候へは也、猶思召如何候半哉と奉存候、以上、

九月八日

又左衛門様

衛士

回呈

即刻御帰被成候由にて、早速貴報辱拝見、然に評の訳申上候処御承知被下、吾師縣主と可被成思召候由辱奉存候、只実名をたに御抜被下候へは他人の難なく候事故、大慶奉存候、思召之通、四字抜三字御入被下候が可然奉存候、（吾賀茂真淵〇四字御抜被成候て、吾師縣主は三字に候へとも、つり合能く御入被成候は丶、能可有之候）、此所はかり御張候て御書可被下候、為是一枚御改書に不及と奉存候、以上、

八日

身分制の中での田安家の学生（がくしょう）や弟子での評判を配慮しながら縣主、賀茂真淵という呼称をしていった真淵の心情が吐露されている。

国学の領袖として、まことに相応しい縣主、賀茂真淵の名前を師として弟子に称していく真淵がいる。

また、浜松市立賀茂真淵記念館蔵の森繁子の長歌の詞書に

あがたぬしの伊勢やまとなどへゆき給ふをおくるとて

とある。宝暦十三（一七六三）二月から田安宗武の命を受けて、江戸から京、奈良、伊勢への旅への槍道中の出立の長歌詞書に、弟子繁子は縣主と記し、縣主の師への呼名も弟子間に定着してきた証がみえる。面映い槍道中であ

り、途中で真淵は槍を預けるのである。この旅の縁を得、明和元年（一七六四）に本居宣長の入門も加え、真淵学のさらなる発展への、学問的な昂揚を見せる期である。

真淵が浜町に移り「縣居」と称したのは明和元年（一七六四）七月五日で、心穏やかな日々で最後の執筆や版行に尽力できる住居である。六十八歳の時であった。

「縣主」（縣居書簡補遺の右記の一四、一七の書簡）、「縣居」は浜町の住まいにちなむことであった。師としての格を意識した真淵だからこそ、本章で採り挙げる〈また貸し〉の如き問題をも戒めて、弟子が学問に対して配慮すべき在り方を教えていった。

真淵学の総仕上げをしていった時期、対外的には「縣主（あがたぬし）」の称も伝播し、内的には国学をさらに深化させていくにふさわしい真淵に合致した呼称といえるのではなかろうか。

「縣主」と署名された国文学研究資料館蔵真淵書簡は、『にひ学び』の成立の、明和二年（一七六五）から真淵の没年明和六年十月三十日にかけて、成立の上限と下限の年を設定しておきたい。『萬葉考』巻十は真淵みずからが渾身を込めて注釈していたことは確かであった。『にひまなび』は、『萬葉考』序および巻一を基に真淵が伝播をはかりたい内容であった。

折しも最晩年まで『萬葉考』『うひまなび』『にひまなび』五意考といった真淵国学の著述を大成していく期と重なる。

三

加藤宇万伎の栗田土満に当てた書簡がある。中村幸彦『賢愚同袋』に紹介されている（『中村幸彦著述集』第十二

中央公論社)。その解説中に

掛川宿の鈴木清左衛門へ文中の趣に従って出した書状は十一月五日の日付で、『縣居書簡続編』四〇に収められる。ただしこの編者は「悴名を改次郎左衛門と申候、首尾能去年は加増も被下弐百表に相成云々」に基き注して、養子定雄が出仕の宝暦十一年、その翌十二年の状と推定されたが、内容と前掲の書の一致は、明和四年のものなのに疑いはなく、かえって、誠に読点を加えた如くよんで、宝暦十一年に出仕した定雄が、この状の前年明和三年加増二百石になったと考えるべきである。加藤大助は縣門の先輩美樹で、この年四十七歳、漬松茸は、この春江戸下り以来、何かと教導された土満が御礼のしるしであろう。美樹からの礼状は、

預貴簡忝拝見、先以御帰郷已来無御恙被成御勤候段、珍重仕候。段々入御念候、御紙上御丁寧之至り、殊ニ何寄之品、御恵投被下誠珍味不浅忝賞味仕候。夏中も預御示候処、其砌より手前ニ大病人有之候而甚取込罷在候。其上月番用ニ付一向不得手透、乍存御無音仕候。其段御用捨可被下候。且秋扇方、御一封被遣則御書物返進いたしくれ候様、申越候条御届申候。是も当夏中より大病誠ニ命ひろひやう〳〵此二三日歩行仕候仕合ニ御座候。右ニ付書物者先達而私方迄差越置候間御届申候。後萬々便ニ可得御意候。当時も取込候中

不取敢。早々。
乱筆御用捨可被下候。恐惶謹言。
十月二十七日　　加藤大助美樹（花押）

栗田求馬様

尚々追而寒気節折角御凌可被成候。くれ〲
思召ニ付、何寄之名産被賜下、千万忝奉存候。尚
期後音之時候　以上

とある。

中村幸彦は書中の「御書物」は『うひ学び』であろうとし、宇万伎から土満へは届けるつもりであったが、次の書簡によって、届けられなかったとしている。

そして、次の紹介も続いてなされた。

その間の事情は別紙に記した美樹の追而書が説明する。

追而「にひまなび」一冊返進御届申候段、認候処よ
ほどかさ高ニ御座候。少ク（ママ）た丶み候而も殊外もめ
候間此便ニは進不申候。御届申候心当も御座候
はゞ其段可被仰越候。右之方迄御達可申候。
浜町よりもかさ高ニ而被遣がたき由ニ御座候。依之

書状斗別便進申候
う万伎

当時のことゆえ書物の送附には嵩が高く、小さくたたみこむのも大変であったようだ。

書簡の年に関して、真淵書簡の年号の特定には手を焼き、いまだに疑いのままのものも存する。本章の宇万伎の土満宛書簡を「明和四年」としている。

ところが、賀茂真杜考証「平三郎の仕官を報ずる書簡の年代について」（『会報』二十一、『賀茂真淵全集』第二十三巻　續群書類従完成會　一九九二年二月）により、「明和二年」と近年、見直しがなされた。

真淵は悴の改次郎左衛門とすることおよび二百表の加増に関して、真淵から岡部次郎兵衛宛書簡では「当八月十八日に被召候て御近習番本役被仰付、高二百表被下候旨被仰渡候」とあって明和二年のことという（賀茂真杜）。また、真淵から梅谷市左衛門宛書簡では「平三郎事、八月十八日に被召候て御近習番本役に被仰付、向後二百表被下候との御事、千万難有奉存候」明和二年某月日としている（賀茂真杜）。

悴の出世に安堵した真淵の姿が窺える。

折しも、真淵が『うひまなび』を著述した時期に合致し、国学研究の到達と悴の件との二重の喜びを得た真淵ではなかったか、と思われる。

本章の冒頭に引用した中村幸彦引用箇所の前にくる書簡がある。『賀茂真淵全集』第二十三巻の四〇番書簡、真淵から鈴木清左衛門宛である。ここには、年号を明和三年とされた。

一九九二年正月に全集が出版され、同じこの本に挟みこまれた会報がある。会報は二ヶ月後の同年二月の刊記をもつ。

全集では明和三年、二ヶ月後の会報には明和二年と改められているのである。

宇万伎への上田秋成入門が問題になるだけに、何年のことかということは重要だ。江戸時代も、書簡に年号を記す習慣が無かったゆえ、搦め手で年号を特定する方法を取らざるを得ない。真淵研究に限らないのであるが、年号の問題が揺れを生じさせている。真淵を中心に、多くの弟子、縁者などの資料を可能な限り収集し、モザイクをはめ込むように年号を特定できないかと苦慮しながら調査をおこなうものである。

四

『にひまなび』をめぐって、真淵と弟子になった栗田土満との間の書簡のやりとりがある。真淵は栗田土満宛の書簡で次のようにいう。

七五　五月一九日栗田土満宛書簡　明和五年

此度加藤大助殿便に先書認候中、又御状到来、弥御清福歓喜之御事也、先者御状も相届候也、とかくに麻布なとよりは甚遠く候へは遅滞かち也、

一、初まなひ・にひまなひ此度遣候事、先書に申せり、但にひ学は旁へかし候て、いまたかへらす候て、さて〳〵延引きのとく故、此方の本を添て遣候、かくては書躰はわろけれとも、其許にて御改書被成候頼入候、御改書の後、此本もはや返しに不及候、

（略）

皇国の古事千万なるをおきて、他国の事を用んやは、此事

田安中納言（今十五日中納言に任給へり）の御膳にもしか被仰し也、

注　田安宗武卿の任官、明和五年五月十五日　従三位、権中納言。五十五歳没。加藤大助は一条御番として上京。

土満が真淵に入門したのは、明和四年である。

当真淵の土満へ宛てた書簡中、残念ながら、この冒頭に記す加藤大助（宇万伎）からの真淵への手紙は現存していない。宇万伎が元気に遠隔地で過ごしていることを知らせている手紙である。宇万伎から遅滞がちの理由を土満に知らせてやる師真淵がいる。この時の宇万伎から真淵宛書簡が現存していればなんらかのかたちで『にひ学び』のことも知れたかもしれない。やりとりの片方がない現状ではそれは知ることはできず残念である。

宇万伎が『にひ学び』を旁へ貸したという。その旁は誰なのか、不明である。その本はまだ返却されていない。

土満は真淵弟子になっているゆえ、宇万伎の弟子ではないから、問題の真淵書簡の謎の人物に土満は当たらない。

真淵は土満には書体は悪いが、こちらの本を気の毒に思うゆえ送るという。真淵はこの本は返さなくてよいとまで書き足している。

国文学資料館蔵真淵書簡で記したごとき、宇万伎が弟子に師真淵の著『にひ学び』を〈また貸し〉していた事情が発生していた。が、真淵は栗田土満へはわざわざ、こちらの書体の悪い写し本を返さなくてよいと贈呈しているのである。

『にひ学び』は著述後、国学の根本をやさしく説いたものとして弟子の間に伝播されている。

ちなみに、『にひ学び』は明和二年（一七六五）に記されて、写本でかなり伝播する。一例として、本居宣長の

長男春庭が十三歳の時に写した『にひまなび』が写本として存する。宣長が題簽を記した本が本居宣長記念館にある。このように国学を学ぶ上で、なにをどのように学んでいくかを書写しながら学んでいくのである。『萬葉考』の序文の内容をかみくだいた初心者への必須本と考えられる。

版本として刊行されればさらに広く読まれることになる。伊勢神宮内宮の神官であった荒木田久老は『にひまなび』の刊行に踏み切る。序文には寛政十年（一七九八）三月十五日とある。

版本の序文に

物皆は新しき善しといへるを学びの道こそ古りぬる善きとて、吾が師加茂の大人の教へさとし給へる書の巻々多かるが中ににひまなびといふ一綴の有なるを難波人の世に広くなし置きねと催さるゝによりて、此度板に彫らしむる事にはなりにたり。まことや、この学のみ盛りに栄えて、是ればかりの物すら人皆の持てはやせる事となりぬるは、喜ばしく嬉しくて、咲く花の愛での盛りと古言は開け満ちぬよ時の行ければ

寛政十年やよひもちのころ

従四位下荒木田神主久老

と賀茂真淵の学びの道を版本にすることを薦めたのは難波人の言葉によってだという。江戸の真淵学を上方で学びたいという難波人、出版に尽力する伊勢の神官らによって徐々に拡大をみせる国学の伝播への動機づけには目を見張るものがある。

五

真淵国学を考える場合、弟子になったものの疎外感のある建部綾足も鍵の人物となる。

綾足は賀茂真淵、加藤宇万伎、上田秋成などと接触のあった人であり、綾足側からの資料を拾い出してみる。

綾足は真淵が出仕していた徳川吉宗の息田安宗武との交流が真淵に入門する前からあった。それは書簡「宝暦七年九月六日、断簡」(『建部綾足全集』第九巻)に記述がみえる。

(前欠)今日田安へ罷出候間、御尋下候処残念、此間申上候通大風流に候。何とぞ終日とまりがけに、御出可被成候。(後略)

どのような理由で田安家へ出かけたのかは不明であるが、綾足は田安家へ罷り出ることを許された関係にあったことを窺わせる書簡である。出自が弘前藩家老武士の出、のち兄嫁との不義ゆえ出奔することになったが、母とのとりなしゆえか江戸で会い居を構える。すでに絵画、俳諧において活躍していた人物である。田安家からの要望か、誰かの口ききがあって出入りが可能になったのか、不明である。真淵とは別筋から綾足が田安家へ罷り出、真淵の姓の岡部を「岡辺」と間違って記すなどということからすれば、綾足にとって真淵の存在は特別視するには値いしないのか、その大きさを知らなかったのかのどちらかであろう。このような綾足の学問認識、風合いの違いが後に真淵を怒らせる因となっていったのかもしれない。決定的にいえることは、この時点で国学への認識はいまだ有していなかった人物といってよいのではないかと考えられる。

真淵の高弟宇万伎が自宅裏へ引っ越してきたと記す書簡がある。

「宝暦十三年秋頃、断簡」(『建部綾足全集』第九巻)に次のようにみえる。

(前欠)田安公の御和学者岡辺(ママ)衛士殿の高弟美樹主野亭の裏の明家へ移り申され候て、萬葉集と伊勢物語講釈はじまり候。聴衆多く候。此節御上り被成候へばと奉存候御事に候。野子も、和学右の岡辺(ママ)先生へ入門仕候。大儀を存立候間、容易の事にあらず候。(後欠)

綾足は宇万伎が自宅の裏の空地へ引っ越してきて、『萬葉集』と『伊勢物語』の講釈を始めたという。講釈との捉え方ゆえ、国学の注釈という学問とはかけ離れた感覚であったことは確かであることがわかる。それにしても当時の一般認識として、国学の認識は低い認識であったと推察する。儒学が聖堂を構え堂々と武家社会での学問を奨励していたことからすれば、綾足認識からも窺えるごとく新進の国学が世にいまだ地歩を得ていない学問であったともみえる。

しかし、綾足は宇万伎と近所のよしみを得て、認識としては和学者の岡部衛士殿すなわち真淵へ入門を果たす。綾足の記録は『縣居門人録』に「宝暦十三年九月　建凉岱（綾足）」と入門が記される。この時には、真淵は先述したごとく、すでに「縣主」と側近の弟子からは呼ばれ、縣居にて国学の領袖として意識高く国学に邁進していた大人（うし）（先生の意）であった。

軽い感覚でいる綾足からすれば、入門といったことも気軽な気持ちから流行を追うごときつもりで入門したのかもしれない。綾足自身、入門が大儀を立て容易な事ではなかったといっているわけであることからして、そのように考えられる。

ここで綾足の「此節御上り被成候へばと奉存候御事に候」とはどのようなことであろうか。一考として「御上り」が京・大坂への上京を奨めたものではなかろうか。すでに綾足は都の京・大坂を往来し、上方にこそ国学の研究対象とした古典文学を生み、それを享受する人々も多いことを宇万伎に語ることもあったのでないかと推察する。

綾足が真淵入門を果たす同年の秋初数ヶ月前の書簡に、宇万伎が講師で会読を綾足の家で始めたという興味深い書簡がある（宝暦十三年七月、断簡、『建部綾足全集』第九巻）。綾足の当時の状況を知る手掛りとして全文を挙げておく。

拝見、未残暑□御清安珍重奉存候。扨々いそがしく罷在候。貴集も、東起折角出勢、最早四五句に成候。又々説もふやし、問答もふへ申候。面白き集に成候。草稿は反古の様に成候条、遺し候てもよめかね候半。新たに書せ候も費な事と存候。やがて出版は、明題と違ひ間もなく条候、夫迄御待に成候様にと奉存候。（中欠）松本の集も相とゞき候が、是はみじかき物に御座候。野子紀行と貴集は、よほど長き者に御座候。（中欠）いやはやく〳〵、此節命かぎりいそがしく居候。近日、萬葉集・伊勢物がたり会読、於野亭はじまり申候。講師は、和学者参（後欠）

綾足は『片歌二夜問答』、『片歌草のはり道』を出版し多忙であった。宇万伎も綾足もわが国の文学の再発見や新規になにかを生み出そうと燃えていることが窺える。この書簡の最末尾の萬葉集や伊勢物語の会読講師は宇万伎であったようだ。綾足と宇万伎の距離の近さを感じさせる間柄であったと認められる。

しかしながらここで、意外にも綾足の権威を全く無視した、有名な書簡を挙げよう。真淵が綾足をけなして弟子に送りつけた書簡である。一端綾足は真淵に入門を果たしていたわけだが、真淵の書簡に記された綾足は門人としてどころか、嘘つきよばわりされたひどいものである。後世のわれわれが読むことを真淵が想定していたとは考えられないが、権威者ゆえの記録資料として、綾足の業績が消されてしまう負の面も生じることは確かである。真淵から蓬萊雅楽に宛てた、明和六年七月四日附の書簡である。上記引用の綾足側資料と齟齬がみえる。それにしても、真淵の綾足批判は手厳しい（『賀茂真淵全集』第二十三巻　續群書類従完成會）。

『縣居門人録』に「宝暦十三年九月　建凉岱（綾足）」と真淵入門を果たしている。

（前略）

〇綾足といふもの、仰の如く今時のはいかい・発句てふものをせしものにて侍り、此者従来虚談のみにて交りかたし、されども己か門人に宇万伎といふ人の近所に借宅して、こゝかしこ聞そこなひしを、片歌とやらんをいひなんとて、京へのぼりつとか承候、必ず御交は有まじき也、谷川氏をも問いしとや、さこそ此ぬしは一言にてさとられ候はんと存候、此府にても、今一人随人影といふもの、是は土左殿の駆使のものなるを、志有とて谷丹四郎が頼し故、数年書会なとへも連らせ候て、己か先年未練の説をは多く聞しものなるを、遂に土左を亡失せし故、町役所へも屈有之、もはや故郷へ不得帰候へは、老母再会もかなはず、旁忠孝にかけ候故、此方をも断侍り、然るを猶こゝかしこに居候て、存の外世間虚談をして、さま〱板彫なども為と聞ゆ、かゝる類多く候て、もし野説又は野子か意など思ふ人も有べく苦しみ侍り、其外にも松坂より出しものにさる類も有とか、（是は尾張屋太右衛門とか中者也、是も少はおのれが説を伝聞し也、）もし右の類のもの参るとも、御面話なき様にいたしたく候、此よし谷川翁へも御伝へ給らんかし、右のものとも哥はいまだ調はず侍るに、古風などいひ騒を世には知ものなければ、さても在ことゝ思ふらんや、己は元来不才故、三十年学て漸六旬を過候て、凡意を得しに、猶不足のみ多し、その己等よりも猶劣れるもの、いまだ六旬にも不至して何事をかいはんや、皇朝の学は千年以来断しを今好みぬれと、とかく百歳を賜らでは大半にも行べからぬ事也、勢力有ほどの齢にてせし事は、多くは非のみ也、己か書しもの多く世に散てあるこそ、はづかしけれ、其好むかたに引れて、非をも是と思ふは、わかきほどの事のみ、（後略）

真淵はこの三ヶ月後に逝く。学問への厳格な思いが真淵をして語らせ、口を突いて出てきた心情の吐露とみえる。重みのある言葉は一人雅楽のみに語ったものではなく、弟子に行渡らせたい在り方であったかもしれない。百歳を生きたところで到達し難い学問の前に小さく恥じる真淵の姿が浮かぶ。真淵は全く綾足を警戒し信用していない。が、実態が詳らかにされておらず、自分の主家の田安家へ綾足が罷る自由さや伝統から外れた片歌を唱えることも含め胡散臭い学問と、許せないものを感じていたようだ。

綾足は江戸から京・大坂へ勤番となった宇万伎と大坂の上田秋成との架け橋をしたのではないか、といわれる。秋成側の資料『膽大小心録』（異文二）の中に綾足が次の如く記される。

契沖の著書をかいあつめて、物しりになろうと思ふたれと、とかくうたかひのつく事多くて、道はかいかなんを、江戸の宇万伎といふ人の城番にお上りて、あやたりか引合して、弟子になりて、古学と云事の道かひらける。はしめはあや足か、教よ、といふについて学んたれと、とんと漢字のよめぬわろて、物とふたひに、口もし〳〵として、其後にいふは、幸い御城内へ宇万伎といふ人か来てゐる、是を師にして、といふたか、縁しやあつた。江戸人なれは、七年かあいた文通て物とふ中に、五十そこらて京の城番に上つてお死にやつたのちは、よん所なしの独学の遊ひのみて、目かあいたと思ふ。

秋成も真淵同様、綾足についてよく言わない。古学で道を開くためには、究めた師につくことが求められ、綾足では歯が立たず埒が明かなかったことを秋成の前で露呈してしまうことになったのだろうか。秋成は漢字が読めないことをなじっているわけで、綾足は並みの日本語としての漢字ならば書簡等をみても十分習熟している。これはただわれわれが使う漢字のこととは思えないふしがある。

秋成自身、漢籍を深く読んでおり、其のあたりの専門的知識を綾足に要求したのかもしれない。中国の漢籍を読みこなしていなければ、傑作『雨月物語』は生まれなかったのである。その構成の大きな枠組みや、登場人物の心理的表現は中国漢籍が基となっているからである。

宇万伎との縁を得たことの喜びは大きかったであろう。なぜならば秋成は宇万伎のみを生涯師として遇しているからである。

秋成は『膽大小心録』で文人たちの悪口雑言をはいてきた。この場合、かならずそれなりに事を成した人物が悪く記述されており、名もないごく一般の庶民へは慈愛の目で描写されてきている。それからすると、綾足も文人として秋成の内心ではそれなりに成してきた人物として、よく遇されている人物であるともいえる。なによりも師宇万伎の紹介者としての恩義は生涯にわたり深く感じていたであろうと推察し得る。

六

真淵に完膚なきまでに批判され、こきおろされた綾足であるが、本人は知ってか知らずか、江戸を中心に実に幅広く長崎も含め飛び回り俳諧、片歌を中心とし、さらには国学を講じることまでして、学問文化への伝播に努めている。

綾足が上方を訪れたのはざっと見ても次の如くである。

元文四年（一七三九）に大坂。二十一歳
延享二年（一七四五）に京都。二十七歳
宝暦元年（一七五一）大坂・京へ。三十三歳
明和四年（一七六七）上京、国学講ず。四十九歳
明和六年（一七六九）大坂。五十一歳
明和八年（一七七一）上京。五十三歳

ところで、真淵の斎藤右近宛書簡に宇万伎のことが記述される。明和四年「正月五」（浜松市立賀茂真淵記念館蔵の原本には日附の五のあとの「日」はない。）の日附とされている。『賀茂真淵全集』續群書類従完成會本では、原本と少し異動と揺れがみえる。

尚々書きの次の文章に注目してみよう。既章の第三で真淵の悴「平三郎」について注目してきた。

両所へ之返書御届可被下候、平三郎加増により、去暮なと安心いたし賄い候、御悦可被下候、久々拙者共にこまり候を、数年にて安心に及び候、河津宇万伎、大番与力かぶを求め候て、旧冬おしつめ浅草新堀へ引こし候、

是も大慶いたし候、よきかぶにて本高二百表、地方故に三百表余に成候と申候二(之)（筆者注・「三」と翻字されているが、原本は「三」には見えない。同文中、他の箇所に「三」の字があるので比較するが、字体がことなる。「之」と読める。考慮の余地あり保留としておきたい）年に一度京か大坂へのほり候也、

この書簡でも、平三郎と真淵は記している。真淵は明和三年十一月五日、鈴木清左衛門宛書簡では悴の名を改め平三郎から、次郎左衛門に変えると記す。尚々書箇所での内容は明和二年のことである。ここで注目したいのは、「去冬に宇万伎は与力株を得て浅草新堀への引越しを終わっていた」という。

高弟の宇万伎の生活について悴のことの如く心配する真淵がいる。弟子の中でも宇万伎には自分の家族のごとく接して気にかけている。

宇万伎が上方、京と大坂において勤番につく。宇万伎が真淵の本を貸す某なる人物は誰なのだろうか。真淵が知らない弟子とは誰だろうか。江戸の弟子、遠州地域や上方での関わる人物を消去していくと的確な人物にいきあたらない。

そこで頭に浮かぶのは宇万伎の弟子といえば、上田秋成が浮かぶ。しかし、年号も一切なく、いつどこでだれがどのようになにをしたか、ということがよぎる。

綾足の上方への足跡は右に挙げたごとくほぼ三十年間にわたり、往来している。宇万伎は綾足とは懇意だったはずゆえ、上方の情報を宇万伎はかなり得ていたのではなかろうか。

宝暦九年（一七五九）に宇万伎は浪花に赴き、『岐岨日記』を記している。また、戦場の秀詠がある。

真淵が縣主、縣居という呼称を弟子に行渡らせる交、宇万伎は中年の働きざかりに国学に勤しみ、多忙な勤務に明け暮れたと推察できる。

明和五年浪花在番での事件に縁坐するもいくほどもなく許される。

また、突発的なことが起って危急に対処することを要求されることも出てくる。江戸と上方への往来はかなり心身ともに負担を強いられたと推察される。

以手紙申上候先以御案内被成御揃候而、御安全被成御座候旨、珍重ニ奉存候。然者、此度堀大膳亮殿道中ニ而御死去ニ附急ニ代御番被仰附当二十日比出立仕候。右ニ附先達而被仰聞候御書物幸之事故、問屋迄御届申候。若上方へ御出も被成候はゞあの方可得貴意候。来三月迄は京都ニ罷在候。

右ニ附甚取込早々如此ニ御座候　以上

右記書簡の「堀大膳亮」が道中で没したことに伴い、宇万伎は京都への出立を急ぐことと、来年三月まで上方へ逗留する予定とし、土満に来ることあればと誘いを記すのである。

堀大膳亮は堀椎谷家の人物で宝暦五年（一七五一）に相続、将軍家初見、従五位下出雲守大膳亮直著二十一歳、さらに二十八歳で七番組大番頭、明和五年（一七六八）三十八歳卒す。

宇万伎は書簡中、明和五年（一七六八）、来年三月まで京都に滞在するという。このような事態への対処にも積極的に動いたのであろう。

宇万伎弟子が誰であったか、不明で某とするか、あるいはその内の一人には上田秋成が強力に挙がる。江戸時代の習慣としての弟子入りの場合、綾足は「大儀」と記していたが、束脩や格を重んじる儀式が存した。真淵は宣長との一対面で弟子とすることを決定し、あとは書簡で学問のやり取りを宣長とは行ったことは有名である。師の薦めを受けて三十四年間をかけて『古事記伝』を完成させたのである。

縣門四天王の一人の高弟としての宇万伎から、真淵は宇万伎の弟子が誰なのか、一切聞かなかったのであろうか。自分の知らない人物と書いていた。不思議な感じがする。明和六年真淵が没するまでに秋成の名前が宇万伎から漏らされることがなかったのだろうか。

あるいは、第二章の国文学研究資料館蔵真淵書簡に、宇万伎弟子であり真淵自身は知らない、と記しつつ、本を集めているようなことを書いているところからして、真淵は内心無視できる人物ではないと直感的に考えたのかもしれない。

推測ながら、真淵が著述をどんどん真淵の承諾なしに宇万伎がその弟子に貸すことには抵抗を感じる人物であったともいえよう。

宇万伎の〈又がし〉の相手は不明で特定できない。新資料の出現により明らかになれば幸いである。それを期待しつつ、〈又がし〉の相手については擱筆とする。

隔靴搔痒、真淵国学と秋成等弟子孫弟子等との不明点はいまだ多く存する。

宇万伎以外は師とよぶことはなかった秋成ではある。しかし、真淵没後、真淵本や師の宇万伎の本を出版し、その国学を系譜として繋いでいった。〈又がしの又がし〉であってもよい。秋成の学問には真淵の色濃い影響が宇万伎以上にみられる。

秋成は学問上の、私淑した真淵の孫弟子といえる。宇万伎は秋成にとってたった一人の師であり京で逝った師を懇ろにしたのである。秋成は国学者として、さらにその知識を生かして読本作家として普遍性を備えた思想性の高い稀有な作品を残した。二〇〇九年（平成二十一）は秋成の没後二百年記念が二〇一〇年に時期を一年ずらして実施された。

国学の領袖真淵、宇万伎の系譜に連なる秋成を顕彰し後代に伝えていきたい。

本居宣長と加藤宇万伎

一

江戸時代中期、賀茂真淵は晩年に至るまで、国学をいかに発展させ、存続させようとしていくのかという課題（拙稿「賀茂真淵」、『日本古典文学研究史事典』西沢正史・徳田武編　勉誠社　一九九七年十一月）を抱え込み、いかに対処していくか真剣に取り組む姿を我々に垣間見させる。具体的には自己の学問の中で、取り残した『古事記』研究を中心の課題とする。真淵は七十三歳で泉下に入るまで、弟子たちに学問を課題にした書簡を送り続け、益々円熟味をみせる。真淵の学問への熱情と持久力は枯れることはなかった。真淵の学統および門人の盛況を江戸末の文儒であり、また村田春海の学統に属する高田与清（姓は小山田、田中ともいう。弘化四年〈一八四七〉没）は簡潔に次のごとく記す。

古学は難波の契沖法師・荷田東麿宿禰などが魁せしにおこれりといへども大人（筆者注・真淵）の業を受けし徒三百人にあまれるが中に藤原宇万伎・村田春郷・楫取魚彦・橘千蔭・錦翁（同上・村田春海）・本居宣長・荒木田久老などその名世にとどろけり　（高田与清撰『賀茂真淵家伝』吉川弘文館　一九〇六年）

真淵は『真淵門人録』や、与清もいう門弟三百余人の領袖として、余裕のある学者あるいは歌人として、堂々とした態度をみせてきたと同時に、神経の繊細な、孤独な学問への取り組みを生涯に渡り継続してきた内面をも、後述する書簡などで具体的に知り得る。晩年真淵が死を間近にして、年齢的に追及し切れなかった、焦りにも似た悲痛な面持ちで、二人の弟子に学統、ことに『古事記』を含めた、あとの研究を託し懇願している状況が窺える。

上記、与清が紹介している真淵の著名な弟子の中に、本章で取り挙げる名前が在る。真淵亡きあと学問研究を託した二人、本居宣長と加藤宇万伎を中心に本章で述べる。真淵は両者の仲介をしつつ、交流するよう労を取ろうとするが、そのゆくえを本章で追っていく。

真淵たちが書物を蒐集し、国学と不即不離にある古典の注釈を学問として研究していくのであるが、当時の環境はどのようなものであったのだろうか、本章に入る前に触れておきたい。

真淵は、時代の子として、すでに環境基盤の整備が整い、情報の入手が可能な恵まれた状況にあった。すなわち八代将軍徳川吉宗の第二子の田安宗武に五十歳で出仕し、六十四歳で引退した真淵は将軍家の膝元にあって、集中的に蒐集された全国レベルでの善書を得て、情報の検索が容易に行える恵まれた学問的環境にあった。真淵自身のひたむきな研鑽と、江戸期にあって珍しく門弟に女子が多く、男女を問わず弟子として育てる包容力をもって、古学・歌学を国学として転換し国学の隆盛期を出現させた。門下生が江戸のみならず、本居宣長の松坂学の出現をもたらしたように、各地に伝播の働きをもたらして行くのである（第Ⅰ部「賀茂真淵の「ますらを」考」参照）。

ちなみに、吉宗が次男宗武に田安家を下賜したのは享保十五年（一七三〇）十一月のことであり、田安家が中絶するのは、安永三年（一七七四）八月二十八日、田安家二世治察の死去に伴い出来し、十四年間田安邸の無主時代が続く。そして、天明七年（一七八七）六月十三日一橋治済の五男慶之丞（斉匡）に田安邸相続の幕命が下り、田安家再興となった（辻達也『江戸幕府政治史研究』續群書類従完成會　一九九六年）。真淵にとって田安家の中絶は没後のことで知る由もないことであった。なにはともあれ、真淵が時代の子として、恵まれた最高の環境で書物に接することができたことは江戸へ出て、田安家に出仕したことも大きな要因として推察できる。

視点を移して、江戸幕府管轄の書物蒐集の歴史を参考にひもといておこう。

徳川家康が江戸幕府を開闢する前年、すなわち慶長七年（一六〇二）に徳川家の蔵書庫が江戸幕府城内に御文庫として紅葉山に創設された。紅葉山文庫と呼ばれる。歴代の将軍が御文庫を充実すべく図書の蒐集を順次行っていくのである（福井保『江戸幕府の参考図書館紅葉山文庫』郷学舎　一九八〇年）。同書によれば、天和（一六八一〜一六八三）・貞享（一六八四〜一六八七）頃には長崎奉行が参府の御礼として、新着の唐本を献上する習慣があったという。輸入本の舶載書物の導入に加えて、諸大名からの献上本も数多くなされ、蒐集の充実に貢献していたことがわかる。

幕臣やさらに、本章では真淵の一門人として名前を紹介するにとどめる、町奉行下与力の加藤千蔭は自著の『萬葉集略解』を献納している例もみられ、国学の在り様を示す一面として特記できよう。献上本も含めて、書物蒐集の整備は中央集権的な様相を反映した国家事業の一環と考えられる。

八代将軍に吉宗が就任するにおよんで、享保七年（一七二二）諸国に命じて古逸書の採訪を行い、紅葉山の所蔵の巻数を調べ挙げ、それ以外の巻数があれば提出するよう命じ、内容を調査し保存本、偽書、重複本、不要本など廃棄本を含む図書の整理ならびに蒐集が行われた。享保二十年（一七三五）までかかって処理をしていったのである。幕府の多大な権力のもとに図書の整理が実行されていく吸引力には目を見張るものがある。

幕府の学問の整備について既出の辻達也『江戸幕府政治史研究』に詳述されている。吉宗の享保期、幕府の首脳部の学問に対する在り様は不熱心であったらしく、吉宗と接触の多かった儒者の室鳩巣は『兼山麗沢秘策』『献可録』に著述し、そのことにふれている。幕府の急務として、吉宗は法秩序に従順な精神を教育を通じて養成をめざした。さらに庶民教育へも関心を抱き、儒教による被治者教育の重要性を考え、そのための方策を実施した。

吉宗は政策運用のためにどのような方策をとったのだろうか。評定所の大岡忠相に命じ、法律書の作成にむけて与力の上坂安左衛門と加藤枝直を選び、『六諭衍義』の体裁にならって編纂するよう指示した。当時の中国語の俗語の翻訳に難航し、結局は俗語の翻訳に通じていた枝直が一人で編集し、享保九年六月十五日におよび将軍に提出の実現の運びとなる。公的には判例集として編纂された最初のもので、『享保度法律類寄』と名附けられたのである。

公的職務を遂行した枝直の一面を示す史実であるが、真淵門の一人として語学力を駆使して法律書の編纂をもやり遂げたという側面を知り得興味深い。中国の俗語をよくするという流行は文人にも影響し、服部南郭一門にも重大な影響を与えたことは日野龍夫『徂徠学派』（筑摩書房）に詳しく、また真淵学との交流の接点を有したことを示すものでもあった（第Ⅰ部参照）。

知識人ならではの中国語の俗語翻訳を通して政治に、文学にと活躍した枝直の事跡として、国学者の、ことに真淵の門弟の一面を知るエピソードである。

二

真淵の門人の中でも、ことに側近の〈縣門四天王〉と称される四大弟子がいる。加藤宇万伎・加藤枝直・加藤千蔭・楫取魚彦などである。

真淵は〈縣門四天王〉を中心とする弟子も加わった歌会を催す。宇万伎も座に連なり和やかな歌会で詠んだ和歌をみておく。一首のみ宇万伎の爽やかな和歌（★印）を紹介する。活気に満ちた、晴の歌会である（第Ⅱ部「新出和歌「賀茂真淵等十二か月和歌」攷」参照）。

遠江国十二景賀茂真淵家ニテ讃歌

国原　　賀茂真淵
ひはりあかる春の朝けに見渡せハ遠の国原かすみたなひく
鳥羽山　　かとり魚彦
五月雨は晴にけらしな時鳥とはの横山夕日さすなり
秋葉山　　藤原宇万伎
★秋葉山霧立わたる千はやふる神のいふきのきり立わたる
鹿島　　村田春郷
青浪のうつ浪はやき鹿島川かしこき瀬をもわたるなるかな
岩水寺　　真淵
岩水のしつくの洞のつらゝ石いくつらつらの代をか経ぬらむ
社山　　真淵
四方はみな壁立のほる社山大国ぬしやつくりましけむ
砂川　　源　春海
久かたのあまの名におふ水無瀬川中瀬にたちて月を見る哉
（『賀茂翁家集拾遺（石川依平編）』）

領袖としての真淵の立場と希望満ち溢れる雰囲気を伝える歌会である。本章はこのような晴の場とは逆の、真淵の褻の、内面的に学問や出版で苦悩する真淵の姿をとらえていくものである。

宇万伎は享保六年（一七二一）江戸で誕生し、安永七年（一七七八）六月十日に五十八歳で京都の三条通大宮の仮寓において没した。墓碑は同所の三宝寺にあるが、現在は積木のごとく山状に合綴され、左・右・裏面が他の墓石とコンクリートで固められ、無縁仏として集合され痛ましい状態にある。正面の墓碑銘「藤原美樹之墓」と刻まれているのが見えるのみである。三宝寺側は、取り出して移動してもよい、好きなようにしてもらってよい、といっており、真淵と秋成の縁を有する宇万伎の墓を歴史遺産として祀り保存を考えたく思う。宇万伎は自己の家系の系譜の正式の姓としての藤原ならびに加藤の姓を、あるいは名前の宇万伎ならびに美樹の字を組み合わせて姓名に使用しており、墓碑銘は格式を重んじた書き方が撰択されたと思われる。

号は「静舎」と著わし、「しずのや」と呼び、秋成が「藤原の宇万伎静舎は住む家のよび名なりき。」と、享和二年（一八〇二）の『西帰記書後』（『秋成遺文』）に著わしている。真淵の側近として、真淵から気兼ねなく頼られ、真淵の学問の講義や出版の手助けをした人物であった。真淵の信頼がことのほか厚かったことを意味することとして、真淵と宣長との松坂一夜での邂逅がある。すなわち、宝暦十三年（一七六三）五月二十五日かねてより有望視していた若き宣長と宇万伎との接触を期待し、取り持ちの労を取ろうとしたことである。

ここで真淵とその学統の生没年などを示し、その年齢差をみておく。

・生没年

賀茂真淵　七十三歳没
　元禄十年（一六九七）三月四日
　　——明和六年（一七六九）十月三十日

加藤宇万伎　五十八歳没
　享保六年（一七二一）
　　——安永七年（一七七八）六月十日

本居宣長　七十二歳没
　享保十五年（一七三〇）

——享和元年（一八〇一）九月二十九日
上田秋成　七十六歳
享保十九年（一七三四）六月二十五日
——文化六年（一八〇九）六月二十七日

・入門期
縣居門人録
延享三年（一七四六）八月　藤原河津宇万伎（二十六歳で入門）
宝暦十四年（一七六四）甲申正月　いせ松坂　本居舜庵「宣長」（三十五歳で入門）

明和四年（一七六七）十一月十八日、真淵が七十一歳の時宣長に宛てた手紙がある。真淵の、学問に真摯に向き合ってきた人ならではの言葉が窺え、学問を弟子に託する気持ちが痛いほどににじんでいる内容の書簡である。

故に古事記の文ぞ大切也。是をよく得て後事々は考え給へ。己先にもいへる如く、かの工夫がましき事をにくむ故に唯文事に入ぬ。遂に其実をいはんとすれば老衰存命旦暮に及べればすべなし。こゝにも藤原宇万伎（加藤大助といふ。大番与力也。）わが流を伝へて、ことに古事記神代の事を好めり。いまだ其説は、口をひらかねど終にはいひ出べき人也。向来御申合候而、野子命後は御此事をはたし給へかしと願事也。ここにも可然門人多かりしを或は死、或病発或官務にて廃多くして即今多からず候。向来はかの大助など御文通もあれかし。そのよし今日も談置候也。己三十歳より今七十一歳まで学事不廃候へども万事はかゆかぬものなるを歎候事のみ也。
（本居清造編『本居宣長稿本全集』第一輯）

ここで真淵が強調する点は『古事記』への重要性、藤原宇万伎の紹介、宇万伎への学問評価および宇万伎と宣長が交流して真淵の後を託していくことを依頼している。真淵の数多い書簡の中で、「己三十歳より今七十一歳まで学事不廃候へども万事はかゆかぬものなるを歎候事のみ也」という文言は真淵の晩年の、学問とはこのようなものだという嘆息まじりの独白のように聞こえる。

さらに、同一線上にある内容の明和六年五月九日附の真淵から宣長へ宛てた書簡がある。同書も真淵の老齢・孤独な心境を宣長に訴え、宇万伎を再度紹介し、学問の後継者としての依頼を切々と訴えたものである。

漸古言梯之序を書たる宇万伎（加藤大助といふ、大番与力也）、尾張黒生といふのみ今御当地にてハ有之候、（黒生は野間甚四郎といふ、町人也）惣而門弟に不仕合にて去年も才学宜人二人まて死別いたし、老後力落し申し候、随分被入御情此学成落候様ニ可被成候、いまた皇朝之学のみ漸ひらけかゝり候へは、此上天下に鳴へきハ是也（略）先師ハはやく物故、同門ニ無人、羽倉在満ハ才子なから、令律官位等から半分之事のみ好候へハ相談ニ不全候、孤独ニしてかくまても成しかハ今老極、憶事皆失、遅才に成候て遺恨也、併かの宇万伎、黒生なとハ御同齢ほとに候へハ、向来被仰合て此事成落可被成候、但令義解、職原抄、古装束、古器物等之事も、一往心得されハ不足に候、此事も末にハ、何とそ書入候本ニ而も伝へ可申候也、是ハむつかしかれ共物方なれハ得やすし、只皇朝之丸様の意こそ得かたけれ、猶可申述候へとも余繁文多事故遺候也

五月九日　　まふち

宣長兄

是も臥学燈下之状御推察可被成候、萬葉巻三之清書判料を書かゝり申候、さて〳〵労候也、

（『本居宣長稿本全集』）

真淵のように学問で極めた人が、学問をやる人間の常としての孤独な心情を訴えた書簡であり、心を打たれる手紙である。そして、わたくしが心魅かれるのは、真淵が人として宇万伎を信頼し、遠隔地にいる同じく信頼した宣長へ、師を通じて弟子の和・輪をはかる真淵に感服させられる。

時を経て、宣長が宇万伎も自分と同じく『古事記』に心を寄せる同朋として和歌を詠じて贈っている。詞書の舜菴は宣長の号である。

明和七年（一七七〇）庚寅詠　　舜菴

藤原宇万伎古事記に心よする事おのれとひとしきよし聞てよみて遣す

むつ玉の　あふとしきけは　風のとの
　　とほくも君は　おもほえぬかも

楫取魚彦かりよみてやる

風のむた　言は（の）[イ]かよへと　いほへ山
　　中にへたてて　ともしきあきみ

（『石上稿』、『本居宣長全集』第十五巻）

真淵門弟たちの学問を通じての、交流の開始を感じさせる和歌である。真淵没（明和六年十月三十日）後、宣長が〈縣門四天王〉の二人宇万伎と魚彦の元に、まだ知己を得ていない遠隔の真淵門へ宛てた丁寧な、睦まじく思う気持ちを和歌に託している。

宣長はことに宇万伎について、「古事記に心よする事おのれとひとしきよし聞て」とある人物であり、師真淵から両者が知己となりやっていくことを幾度となく催促されていた懸案の課題として、真淵が没してしまった後、宣長の心に響いたに違いない。

三

宇万伎から宣長に宛てた一通の書簡がある。現存唯一の貴重な手紙である。

真淵の長年にわたる懸案だった宣長と宇万伎の交流および、学問の研究課題への協力など、真淵没後におよび漸く、宇万伎や宣長が動き出した。師の遺志を継いだかたちでことが運ばれている。

安永六年（一七七七）四月二十九日附の宇万伎から宣長に宛てた次の書簡である。この後、四十二日目の六月十日に宇万伎は没する。

未得拝見候得共呈一書候、向暑之節愈御平安可被成御勤珍重仕候、兼而得貴意度希候得共未時節候、僕事去々秋中より持病之痞積気に御座候処、去春に至腹内揖、瀉下不相止至旧冬候ては実に大病に成決垂死仕候処、色々治養仕幸に得生気、至当春快に趣候処当四月は二条大城を守候任に相当候、大病後中々全快にては無之候得共、黙止子細も有之乍病中押て当月上旬出立仕候処、旅中は幸に無恙此表へ著仕候処、著後長路のつかれにや甚草臥、手足面部などにも浮腫強有之、惣体草臥強平臥に罷在候、生死の程も難計候得共、此一両日は少し快方に御座候、然処承及候得ば、足下古事記伝御著述被成候由、古事記之義は、僕事も多年実に心を入候て、漸書集も仕度候処、去々年より之病気にて一向一紙も認不申、心に少しづつたくはへ置候耳に御座候、此まゝに死去も仕候はば地下之遺恨此事耳と奉存候、右に附御述作の伝何卒一覧仕、御同意之義も御座候はば、たとへ僕著述不仕此まゝ死去仕候ても遺恨少き事と奉存候間、相成候事に御座候はば、何分御草稿神代の条計成共先々御借被下候様奉願候、乍病床一覧仕度候、万一此上得全快候はば、当九月下旬には任はてて下向仕候間、参宮相願候て乍序御尋も申上、乍暫も御面会も仕度希候、先々古事記伝の御草稿、何卒御借被下候様奉希候、愈御借も被下候はば、此表飛脚屋高倉通御池下ル処近江屋喜平次方迄、右書物御封被成候て、二条御城内加藤大助と申宛名にて被遣被下候得ば、早速相達申候、序凡例大意など御認候はば、右と神代条之御注計も先々拝覧仕度候、偏に奉願候、何分御許容可被下候、此一両日は少々病之間に御座候に附、早々得貴意度如此御座候、書余は期重便候、恐惶謹言

四月二十九日　　　　　　　　　　　　加藤大助宇万伎

本居舜庵様　　　　　　　　　　　　（『本居宣長稿本全集』）

上記の書簡と同年に、高田衛『上田秋成年譜考説』（明善堂書店　一九六四年）の安永六年（一七七七）の項に

四月上旬、宇万伎、病をおして上京、二条城番勤役につく。

とある。

宇万伎没の安永六年六月十日の丁度四十二日前に、宇万伎から宣長に宛てた書簡である。この現存の一通が宇万伎と宣長の交流を示す貴重な資料となる。宇万伎が亡くなる四十日ほど前の書簡で宇万伎の年齢は五十七歳、宣長は四十八歳であった。

手紙の内容は宇万伎が体調を崩し、自分の死の影を感じているような辛さの漂う手紙であり、生死を彷徨している感がある。

しかし、こと学問に関して「古事記之義は、僕事も多年実に心を入候て、漸書集も仕度候処、」といい、宣長の『古事記』研究の成果を借り出したい旨、熱意を以て頼み込んでいる。病床の身ながら、果たさなければ遺恨となり、万一全快したならば、九月下旬に任果てて下向の折伊勢参りのあと、面会もしたいと記す。重要なことは『古事記』の神代巻の重要性を前提として、草稿の借覧の依頼が眼目となっている。次のごとく、三箇所にわたり、言葉を違えていう。

何分御草稿神代の条計成共先々御借被下候様奉願候、

先々古事記伝の御草稿、何卒御借被下候様奉希候、

序凡例大意など御認候はゞ、右と神代条之御注計も先々拝覧仕度候、偏に奉願候、

宇万伎が必死で宣長に訴えた要点であるといえる。

既出の真淵（七十一歳）から宣長に宛てた明和四年（一七六七）十一月十八日附の書簡において

故に古事記の文ぞ大切也。是をよく得て後事々は考え給へ。（略）こゝにも藤原宇万伎（加藤大助といふ。大番与力也。）わが流を伝へて、ことに古事記神代の事を好めり。いまだ其説は、口をひらかねど終にはいひ出べき人也。向来御申合候而、野子命後は御此事をはたし給へかしと願事也。

（『本居宣長稿本全集』）

と、宇万伎が『古事記』神代巻を好んでいることを紹介した点と符合している。次いで、やはり既出の『古事記』に心を寄せる、明和七年の詠歌はみてきた通りである。以上のような応酬の後、宇万伎は病により亡くなっている。ところで、宣長から宇万伎へ『古事記伝』に関する草稿は送附されたのか、否か。どのような結末になるのだろうか。

この結論を出す前に、宇万伎と秋成の衆知のことではあるが、関係を概略しておく。宇万伎が江戸から勤務で単身赴任で、京都・大坂に下向し、その時に秋成は巡り会う（第Ⅲ部「加藤宇万伎の下坂」参照）。秋成は宇万伎を通じて江戸の最新の真淵の国学を学ぶ機会を得、国学者として数多の古典の注釈をなす。さらに文学制作者として読本『雨月物語』『春雨物語』を著わし、読本作者として確たる地位を築いていった。秋成はその間、宣長と国学論争を行ったりもしているが、江戸中期の宝暦・明和・安永・天明期に個性的な人々が魅力的に絡みあう人間模様をえがき、後世に数多の功績を残していることは興味深い。宇万伎と秋成の関係を簡潔に記した、秋成の言葉を随筆によって引用しよう。

ついに御こたへなきに、心さびしくて、契沖の古語をときし書どもあつめてよんだれど、猶所々にいぶかしい事が有つて、ふしぎに江戸の藤原の宇万伎といふ師にあひて、其のいぶかしき事どもをつばらに承りしが、此師も我四十四五さいの時に、京の在番に差されて上りたまひしがついに京にてむなしくなられし也。齢は五十あまりにて有りし也。

（『膽大小心録』）

秋成は唯一の師として仰いだ宇万伎の死への弔をしている。宇万伎の予期せぬ急死で秋成は葬儀や後の整理を行い、江戸在住の宇万伎夫人に遺髪を送附したりしている。なお、秋成は宇万伎の十三回忌の法要も営み長歌を残すが、本章では触れない。

ここで、本題の宣長から宇万伎へ『古事記伝』草稿の貸借如何にもどろう。

結論からいえば、宇万伎は宣長から『古事記伝』の草稿を貸与されていた。おそらく病身ながら感激しつつ『古事記伝』の草稿を手にしたか、あるいはそれさえも朦朧とした意識の中であったのか、事実は不明のままである。が、宇万伎側へは確かに宣長から『古事記伝』は送附されていた。宇万伎は同草稿を自己の研究に資する間もなく亡くなったのである。宇万伎没後、礪波今道を通して宣長へ『古事記伝』の草稿は返却されていた。

返却の期間は宣長の和歌の詞書から、安永六年（一七七七）の六月晦から、七月三日の内に返却されたことがわかる。六月十日に没しており、二十日余（二十から二十三日まで）の間に宣長のもとに『古事記伝』の草稿が返却されたことになる。

・安永六年（一七七七）丁酉詠
・六月二十六日庚申会　立門空曙恋
・　同　当座　　　夏祓

いと大事にする書を藤原宇万伎か京なるもとへつかはしけるに宇万伎ほとなく身まかりにけれはなくなりやしなんといと心もとなく思ふほとに宇万伎か友なる礪波今道かとかくたつねてかへしおこせけるいとうれしくて今道かもとへ

君かする　しるへしなくは　かへる山
かへらてよそに　ふみやまとはん

・七月ノ三日七夕糸

（『石上稿』、『本居宣長全集』第十五巻）

本章中、現存唯一の宇万伎から宣長へ宛てた手紙を通じて、宣長が律儀に早々に病床にある宇万伎に自分の大事な草稿を貸していること、現代のようにコピーを取っておく手段のない時代ゆえの、宣長の「いと大事にする書を藤原宇万伎か京なるもとへつかはし」たところ、宇万伎の訃報を聞いた宣長の正直な「なくなりやしなんといと心もとなく思」って心配していた時に、今道を通じて返却されてきて、「うれしくて」和歌を詠んで贈っていることを宣長側の資料『石上稿』により知った。宇万伎と宣長は会っていない。宇万伎は任果てて伊勢神宮下向の折、立ち寄り会いたい旨は伝えていたのではあるが。

ひるがえって、宣長は『古事記』の研究を真淵からの教授によることを『玉勝間』に懐古している。三十五年をかけて『古事記伝』として完成させた、師真淵への弟子としての宣長からの爽やかな、人口に膾炙された言葉である。

おのれあがたゐの大人の教をうけしやう

宣長、縣居大人にあひ奉りしは、此里に一夜やどり給へりしをり、一度のみなりき、その後はただ、しばしば書かよはしきこえてぞ、物はとひあきらめたりける、そのたびたび給へりし御こたへのふみども、いとおほくつもりにたりしを、ひとつもちらさで、いつきもたりけるを、せちに人のこひもとむるままに、ひとつふたつととらせけるほどに、今はのこりすくなくなんなりぬる、さて古事記の注釈を物せんの心ざし深き事を申せしによりて、その上つ巻をば、考へ給へる古言をもて、仮字がきにし給へるをも、かし給ひ、又中巻下巻は、かたはらの訓を改め、所々書入れなどをも、てづからし給へる本をも、かし給へりき、古事記伝に、師の説とて引たるは、多く其本にある事ども也、そもそも此大人、古学の道をひらき給へる御いさをは、申すもさらなるを、かのさとし言にのたまへるごとく、よのかぎりもはら萬葉にちからをつくされしほどに、古事記書紀にいたりては、そのかむかへ、いまだあまねく深くゆきわたらず、くはしからぬ事どももおほし、されば道を説給へることも、こまかなることしなければ、大むねもいまださだかにあらはれず、ただ事のついでなどに、はしばしいささかづつのたまへるのみ也、又からごころを去れることも、なほ清くはさりあへ給はで、おのづから猶その意におつることも、まれまれにはのこれるなり、
（『玉勝間』二の巻）

以上、宣長と宇万伎の関係は『古事記伝』草稿の行き来にのみ終わり、真淵の期待したような両者の関係は宇万伎の急死により不発に終わった。宇万伎の病死を覚悟しながらのあくなき『古事記』研究への熱意から宣長へ貸借を依頼しており、また宣長は自分と学問を共有できる人に自分の大事な草稿を送附し貸していた律儀な交際の在り方を我々は知り得た。宣長は手元に書写の『古事記伝』の草稿を残していない元の原稿であるだけに、送附途中での紛失を考慮し躊躇したことであろう。

宣長は草稿への思い入れなどを認めた和歌や書簡などに本音を漏らしていたが、『古事記伝』の草稿のゆくえは宇万伎から再度宣長本人にもどり安堵したことを明白に物語る資料を得た。宇万伎が死の直前に、宣長の『古事記伝』の草稿を送附され研究に着手できたことは、無量の、かつ最後の喜びとなった。

そして、真淵が信頼した二人の弟子宣長と宇万伎とを最終的に結びつけた『古事記伝』の草稿は宇万伎のたっての希望通りに宣長から送附され、宇万伎への得難い見舞いとなった。さらに、宇万伎没後の葬儀を執り行う弟子や人々は、宇万伎への手向けとして最高の供養として『古事記伝』の草稿を手にしながら、宣長への返却を最優先させたことは、その後の『古事記伝』成立に言葉に尽くし得ない貢献をしたといえる。

賀茂真淵と本居宣長の学問

一

新資料の現出は研究にとって潤いの一滴となり、大河へと注ぐ。事実が新たに加わることによって、研究は資料によって補完されて行き、紡がれていくものである。その都度都度の、「一滴一涑」という収斂していく在りようを表現する言葉もまた、琴線に触れる。その時々の今が大事となる。そして、遥かな境地とは言え、禅語「百尺竿頭、更に一歩進めよ」の言葉が頭をよぎる。

本居宣長研究の進捗は本居宣長記念館の宣長資料の宝の蒐蔵、本居宣長全集の充実に支えられて、国学研究では重きをなしている。鈴屋学会からの要請として、本居宣長の師である賀茂真淵研究の不足が指摘されており、賀茂真淵研究を手懸けていたわたくしに持掛けられた。進捗が滞っているわたくしへの鼓舞の意味もあった。

賀茂真淵と本居宣長との学問の接点や、関連研究のさらなる補塡充実などが必要であろうという問題起しに、わたくしにとって今回の鈴屋学会発表の意味があった。研究の照準とすべき問題点である。

くしくも賀茂真淵を祀る縣居神社において新資料が入手されており、三浦寛宮司の御好意によって資料提供を得ることができた。本章をなすに当たって、その資料に関わって論じていくものである。

本章にて、要点として、次の三点を挙げて論述しようとするものである。

一　本章で紹介しようとする資料が新資料であること。
本居宣長から栗田土満宛の書簡である。

加えて、本居宣長の自筆書簡であることが判明し、真の資料としての価値が附加された。

二　賀茂真淵と本居宣長との学問関係について触れる。
『仮名書古事記』（賀茂真淵著）と『古事記伝』（本居宣長著）の在り様について、一例を挙げて考える。

国学が古典作品を学問として解明していく中で、文学作品として享受されてゆく契機を生誕させる画期性。

三　本居宣長の師への顕彰
本居宣長から長男本居春庭を中心として、本居家の賀茂真淵に対する並々ならぬ顕彰の意識について触れる。

遠州国学への連環を促がす。


上記よりの視点をもって国学研究のささやかな論考としたい。

二

本章は江戸時代中期、本居宣長（享保十五年五月七日～享和元年九月二十九日没、七十二歳）が弟子栗田土満（ひじまろ）（土麿・土万呂、元文二年～文化八年七月八日没、七十五歳）に宛てた新出の書簡を資料とする。末尾に「本居宣長」の署名がある。二百二十八年の時空を経て、未公開資料を紹介し、公刊し得ることは喜びである。

通常の本居宣長の字は周知のごとく、律義に、整然と桝目に楷書で分かりやすく筆が運ばれる。二〇〇五年の春季「鈴屋学会」大会のある発表において、普通に本居宣長の字を一般に即した考え方を研究者が解説する場に遭遇した。それほどまでに、一般には本居宣長の字は画一化が強調される所があるということである。

本居宣長自身も読み易く丁寧に書くことを信条としていたようである。相手に誠実に伝えることを倣いとし、結果として本居宣長が書いたものは数多く後世に伝承された。後世に自己の学問を伝えることを目的とし、本居宣長の子孫も継承していくことを意図としてきた御蔭であるといえよう。

ところが、本章で紹介しようとする当書簡は通行の桝目におさまる一画一画はっきりした楷書体の字体とは一味違っている。筆墨による字は異なった筆運びの妙味がある。料紙は普段使用の楮紙とは異なり、美しい紋様が刷られた和紙である。一筆をおろす時の緊張と高揚が伝わってくるようだ。この和紙に記された字はのびやかに美しい書体である。

当書簡巻末の署名は「本居宣長」と署名されている。一般に見られる本居宣長の字体すなわち桝目におさまる楷書とは一見、齟齬を感じさせる。「本居宣長」と記された署名があるだけに、当書簡は字体の点からどのように考えたらよいか、困惑させられた。先入観への拘泥から離れなければ、真実は明らかになり得ないのではないか。そのような印象を感じざるを得なかった。

本居宣長は資料を扱う際に、みだりに新資料であるということを戒めている（『玉勝間』）。本居宣長の言葉は文献博捜の学究ゆえにこそ重みを増す。特定するには慎重にと、言葉をかみしめながら取組むわけである。

当書簡の、「本居宣長」の署名の字体をどのように考えたらよいか。通常に見る本居宣長字体と差がある。ゆえに当資料はかえって、いささかの困惑を生じさせると同時に、研究の妙味と奥深さを味あわせてくれるものとなった。いかなる展開となるのか、魅惑的な稀な資料と向かい合い、研究の楽しさを堪能させるものとなった。

当資料の来歴は不明ながら、縣居神社に納められたのは二〇〇四年十二月に入ってである。本居宣長の師の賀茂真淵を祀った神社である。本居宣長の栗田土満宛ての書簡が奇縁にも両者の師である賀茂真淵祭祀の縣居神社に二百二十八年の歳月を経て納められた。不思議な巡り合せといえよう。

賀茂真淵は遠州浜松の地において生を享けた（元禄十年三月四日～明和六年十月三十日、七十三歳）。江戸の地で国学者として活躍し、没後、江戸時代末期に縣居神社として奉祀されている（天保十年縣居翁霊社が建立、高林方朗（みちあきら）の発願により縣居神社の社号許可を得た）。現在、縣居神社の土地が供出されて、同一敷地内に静岡県浜松市立賀茂真淵記念館が建立されている（一九八四年十一月開館）。当館では賀茂真淵を顕彰し、資料蒐集に尽力されている。賀茂真淵の号、縣居にちなむ名称の神社ならびに記念館であり、賀茂真淵の生を彷彿とさせる台地（遠江国敷智郡伊場村、現浜松市東伊場）の鎮守の森に存する。

賀茂真淵晩年の弟子であった栗田土満は、賀茂真淵の没後、本居宣長の弟子となる。ちなみに栗田土満は遠江国城飼郡平尾村平尾八幡宮祠官を父とする。賀茂真淵と同じ遠江の生まれであり神職の家系である。賀茂真淵と本居宣長という二大国学者の薫陶を授かった栗田土満は遠州国学の発展に寄与する存在となった。

本章で取り挙げる紹介の当資料は本居宣長が栗田土満に宛てた書簡であり、新資料として世に出現したことになる。

本居宣長は栗田土満を弟子として遇し鍛えあげて行こうとする。遠州と松坂を結ぶ遠州国学のルートも重視される。今では遠州鉄道での移動が可能であるが、江戸時代、すでに遠州国学は文化サロンを形成し往来していたのである。賀茂真淵から栗田土満へ、さらに栗田土満は本居宣長の弟子として国学を学ぶ。国学者たちが点から線へと輪を広げているといえる。遠州地域の資料の整備も今後の課題であり、遠州国学の研究への着眼をも期待したい。

当資料に戻ろう。本居宣長の栗田土満宛て書簡は表装され掛物として桐箱に納められている。桐箱の蓋表に「本居大人書簡」「木枯森搨碑」と筆で直書されている。箱内には二軸の掛軸用の軸の溝があり、二掛軸が元来は存在したと想像し得る。現在は前者のみ現存しており、後者は欠本となっている。なお、「搨」の字は搨の異体字である。「木枯森揚碑」が出現すれば〈連れ〉の発見となり、一対が揃うことになる。

「本居大人書簡」の掛軸を繙くことにする。この掛軸一本に、二書簡が上段と下段の二段に分けて、表装されている。当二書簡ともに、本居宣長が栗田土満に宛てたものである。しかし、上段と下段の署名は本居宣長であるが、字体が上段は本居宣長のよく見かけられる四角い楷書の本居宣長であり、下段はのびやかな字体の「本居宣長」と記す署名である。同一人の署名とは判明し難いものが上下に表装されており、字体の変化に当初まどわされる二書簡であった。

下段の書簡（未公刊）を記す。新資料である。

本月十七日之御状相達し
忝拝見仕候　漸甚暑ニ相成
申候処　愈御平安御座被成
奉賀候　此元拙生無恙罷在候
乍憚御遠念被下間敷候　去
年御答申上候神社位階之
事御心ニ叶申候由悦申候
古事記伝之義上巻之分
漸成功畢十六冊ニ相成申候
尚又追々中巻ニかゝり可申
奉存候　蓬莱氏は十四巻迠
写し被申候　当地御門弟中ニも

追々写し申し候へ共いまたはか行
不申候　神代之事解したる
書かす〳〵有之候へ共如仰
いつれも〳〵たゝ漢意ニ溺レ而
空理をのみこちたく考え候故
皇朝の古意ニかなへるは一つも
無之候也　僕幸ニ先師翁之
古学ニ仍而漢意ヲ清く
洗濯而清々敷皇国之古意
を以て是を解ン事ヲ欲候也
一新年之御詠拝見仕候　甚憚
多候へ共任仰愚意不隠
加キ入返上申候　あなかしこ〳〵
失礼御免可被下候
一蓬莱への御書早速相届
申候　尚期後音早々
恐惶謹言
本居宣長
六月二十四日

栗田民部様

当書簡はまことに美しい杉の目紋様の料紙に記されている。宣長の升目に嵌ったごとくの通常の字体とは異なり、伸びやかに記された字である。

当書簡とは別に、既に同料紙が使用された書簡が存する。それは本居宣長記念館に蔵されている。新出の本章と同様の、杉の目料紙に書かれた掛軸がある。本居宣長自筆と鑑定された掛軸である。

上記書簡において、本居宣長は『古事記伝』巻十四を荒木田経雅に貸し書写させている。『古事記伝』の完成が克明に本居宣長によって記されているので参考となる（『本居宣長全集』第十七巻）。本居宣長は著述した『古事記伝』について書簡の中で弟子に言い伝える。

書簡「安永六年十二月五日　栗田土満宛」において

一、古事記伝、上巻一冊之分、十五六巻大氏出来寄り申し候、

とある。また、「安永八年六月二十九日　栗田土満宛（土満写）」書簡よりは以前であると、『古事記伝』を作成する段階の出来具合により確認できる。当資料は『古事記伝』十五巻成立以前に相当し、「安永七年六月二十四日栗田民部宛　本居宣長書簡」と考えるのが妥当となる。

加えて、同日の宣長書簡の、「安永七年六月二十四日　荒木田経雅宛　本居宣長書簡」に次のようにある。

漸大暑ニ相成申候処、彌御平安御務被成候由、奉敬賀候、拙生無事罷在候、

乍憚御安情可被下候

宣長の書簡は類型化した書き出しの天候の文章と簡潔な学問内容で綴られることが特徴といえる。誰が目にしても問題になる書簡ではない。公あるいは歴史をつねに考慮していた宣長の書簡の書き方であったと推察し得る。書簡にしたためる文字も楷書で読み易いことを念頭に宣長は常に書いていたのではないかと思われるほどである。身

口意の三悪業は自ずと避けたのであろう。学問に一点集中していた本居宣長の姿が彷彿とする。書き出しの「大暑」も当日を偲ばせる類似の文章であった。まさしく同日に書き送った書簡が一本、新たに出現したことになる。安永七年六月二十四日附の本居宣長筆ということになる。

本居宣長記念館所蔵に同料紙を使用した本居宣長自筆の書簡があり、図録『21世紀の本居宣長』（朝日新聞社、二〇〇四年）に一部記載された。しかし、前半部分のみの記載で、後半部の料紙文様の箇所は図録に記載はない。第四節にて詳述する。

縣居神社が当資料を入手されたのは平成十六年十二月、京都の思文閣図録による入札とのことである。本居宣長、栗田土満の研究者髙倉一紀は情報を得たものの一足違いで入手が叶わなかったとのことである。国文学存亡の機にこそ、かたやの逸話に触れておきたい。

当書簡がともあれ、本題の問題の資料である。

二

箱書「本居大人書簡」の二書簡の内の、上段の書簡の翻刻を示しておく。第一節で挙げた新資料の本居宣長書簡に加えて、縣居神社蔵の本居宣長書簡栗田民部宛（上段）を記す。

一筆致啓上候　漸暑気に相成候節
愈御安全御座被成候哉　承度奉存候　愚老
無事罷在候　乍慮外御掛念被下間敷候
然者旧冬十二月当正月二月都合

三度之御状つき〳〵相届忝致拝見候
いつも〳〵殊の外多用故いまた御返事
も不申御無沙汰いたし候ほと御ゆるし可被下候
一　甲斐人萩原氏当春貴君へも御尋
被申候由此地へも見え申而ゆる〳〵逢申
則入門被致候　如仰厚志之人に而歌も
よく出来申候　彼国地理之書述作
甚宜出来候物に御座候
一　駿府人野沢昌樹と申仁　右萩原氏へ
被頼候由に而駿河国木枯森八幡社前へ
村長石上某石碑を建てられ右石碑へ
彫申候皇朝文　愚老へ認呉候様に石上氏
頼之由野沢氏より萩原氏へ之書状萩原氏
持参に而相頼まれ申候　夫故右之文相談申候
右野沢昌樹生は貴君御懇意被成候よし
かの文出來いたし候はは貴君へむけ
差し出し野沢氏へ御達し被下候様に致度
旨被申置候　右之通に而手附宜候由夫故
此文貴君へ御頼申候間野沢氏へ御達し

被下度奉願候　先は乍延引御返事且
右御頼かた〳〵如此御座候　尚期後信　草々
恐惶謹言
宣長
五月八日
栗田民部様

上記は『歴史と国文学』第七巻第四号に翻刻の記載がある。天明七年五月八日栗田土満宛書簡である。本居宣長の通用の典型的な字体で書かれている自筆の書簡である。

冒頭の挨拶、ひとつ書きの二項目は、入門し、和歌もよく出来ることと、地理の著述を褒めている。当書物は、どのようなものであるか不明である。ひとつ書きの三項目の四行目に、本居宣長は「皇朝文」を依頼された旨を記している。本居宣長が皇朝の文の依頼を受けており、石碑という、歴史上長期に渡って残るものへの依頼は本居宣長の地位の確立を保証するものである。本居宣長への信頼を示唆する道標といえる。

本居宣長が駿河国から依頼を受けて仕事をしており、本居宣長の知名度を窺わせる。石碑の碑文の作成という後世に残る仕事を携わっていたことを知る。自己の仕事を版本で残すことにも専念した宣長の、世に知られていない仕事の側面でもあった。野沢昌樹なる人物の特定は未定である。

三

箱書表記の搨（摺）本（縣居神社蔵）は、現在欠本である。駿河国の木枯森八幡社前碑詞より碑文を起す。

駿河国安倍郡木枯森八幡社前碑詞（題は「木枯森碑」横書、碑文は縦書である）

「木枯森碑」

「木枯森者、駿河国尓在事者、古今六帖之歌以斯良延、安倍郡尓在事母、風土記尓所見而、宇都母那志、抑此森者、彼六帖在乎始登為而、後撰集在歎木之歌、又定家之卿之、下露乃言之葉何登、自古、於世名高久所聞弖、今母佐陀迦尓、服部乃邑云邑之地尓在而、伊登神佐備在処尓奈母有祁琉、伊都伎祭神者斯母、掛麻久母可畏、広幡之八旗大神、然婆加里奈流名所尓斯、鎮伊坐者、此母甚比佐々那流社尓、許曾波伊麻曾加流良米、此社、近伎年来、由々斯久荒坐斯乎、邑長那琉、石上長隣伊、勤志美有人尓弖、可畏久歎愁而、心乎起志、力乎致志弖、又美麗玖修造奉礼流、神伊都伎能洂牟加志佐波、更尓母不言、古偲雅情乎母、世乃人能心将有、聞喜備見喜而、森之木葉乃、年乃葉尓繁栄而、無絶世如事、万代麻伝尓、不偲米夜不仰米夜、如此言者、天明乃七年云年之、五月乃月立、伊勢人本居宣長　武蔵左潤書幷篆額　」

こがらしのもりは、するがのくににあることは、ここむろくでふのうたもてしらえ、あべのこほりにあることも、ふどきにみえて、うつもなし、そもそもこのもりは、かのろくでふなるをはじめとして、ごせむしふなるなげきのうた、またさだいへのまへつぎみの、したつゆのことのはなにと、いにしへより、よになたかくきこえて、いまもさだかに、はとりのむらといふむらのところにありて、いとかむさびたるところになもありける、いつきまつるかみはしも、かけまくもかしこき、ひろはたのやはたのおほかみ、しかばかりなるなどころにし、しづまりいますは、これもいとひささなるやしろにこそはいまそかるらめ、このやしろ、ちかきとしごろ、ゆゆしくあれましを、むらのおさなる、いそのかみのながちかい、いそしみあるひとにて、かしこくなげきうれひて、こころをおこし、ちからをいたして、またうるはしくつくりまつれる、かみいつきのおむかしさは、さらにもいはず、いにしへしぬふみやびごころをも、よのひとのこころあらむ、ききよろこびみよろこびて、もりのこのはの、としのはにしみさかえて、たゆるよなきことのごとく、よろづよまでに、しぬはざらめやあふがざらめや、かくいふは、てむみやうのななとせといふとしの、さつきのついたち、いせびともとをりのりなが（以上、碑文の読みを附す）

この地が『古今六帖』『風土記』『後撰和歌集』など古来の歌集および藤原定家などによっても銘記されてきた点をあげ、「いにしへしぬふみやびごころ（雅情）」を称えている。末尾に「天明七年五月一日　伊勢人本居宣長」の署名がある。遠州国学の形成に携った本居宣長の事績がここにも垣間見られる。現在では遠州鉄道があるが、文化ルートは既に江戸時代の国学者によって築かれていたことを知り得る。本居宣長の普段知り得ぬ仕事の確認である。

四

上記の縣居神社蔵の掛軸について、資料として詳述したい。掛軸の上段・下段ともに本居宣長から栗田民部へ宛てた書簡である。

下段の書簡の検討をおこなう。料紙は薄茶と水色の杉の目紋様の美しいものである。料紙の美しさと、書体ののびやかさがことに下段の方は目を引く。

上段は本居宣長の通常の楷書字体の署名であり、下段は本居宣長と署名されているものの、非常にのびやかな花押に見えるほど美しい。上段は本居宣長自筆と認定した。

問題は下段の「本居宣長」という署名である。本居宣長自筆とするには、あまりにものびやかで花押のごとき署名である。本居宣長の書簡の写しか、あるいは自筆かの認定が下し難い筆であった。

そこで、まず書簡が書かれた時期を特定することとした。

「安永六年十二月五日　栗田土満宛」書簡に

一、古事記伝、上巻一冊之分、十五六巻大氏出来寄り申し候、

とある。そして、「安永八年六月二十九日　栗田土満宛（土満写）」とある。『古事記伝』内容の出来具合からして考えると、「安永七年六月二十四日」と結論する。安永七年は一七七七年である。旧の六月下旬であるので、陽暦だと七月あるいは八月に入っている。当書簡冒頭の時候は「大暑」と記す。

疑問を解決する手掛かりが本居宣長記念館に納められている本居宣長の文献にあろうかと、藁にもすがる思いで記念館を訪れた。

当書簡が本居宣長自筆であると吉田悦之（本居宣長記念館主任研究員・現館長）は同じ料紙に記した本居宣長の掛軸を即刻持参下さり見せて下さった。本居宣長の書体は楷書の崩さない字体に加えて、本居宣長の心境が書体に反映している様々な書体を実感した。本居宣長記念館に蔵された、常態でない本居宣長の書体と料紙の書簡に、原本に触れることの重要性を再認識させられた。爽やかな感動に浸ることができた。

二〇〇四年刊『21世紀の本居宣長』展示図録に掲載した一書簡の前半部のみが記載されている。後半部は残念ながら記載されていない。この後半部には本居宣長が使用した料紙が使用されており、縣居神社蔵掛軸と同じ料紙が使用されているのである。

本居宣長から、一つは伊勢神宮神官荒木田経雅に宛てた書簡であった。そして、他の一つが当資料の栗田土満に宛てた書簡である。それらは、本居宣長から二人に宛て同年同月日附で出されたことになる。本居宣長は、挨拶に次いで学問についてしたためている。その姿勢は本居宣長の多い書簡で一貫している。相手の身分に関らず、本居宣長は学問について詳述する姿勢が貫かれている。

当料紙に記された縣居神社蔵の掛軸の字体も、本居宣長の高揚した気分が反映したものか、まことに稀に見る伸び伸びした華やかな書体で記されたのである（縣居神社蔵「本居宣長書簡」軸装、杉の目模様（地肌色、模様茶色・水色）料紙縦一六・一糎、横五九・五糎）。

五

大野晋をはじめ本居宣長は賀茂真淵との邂逅がなくとも本居宣長は偉業を成し遂げたという学者もある。本居宣長は若年の頃京都に遊学の折、僧契沖の著述に出会い自己の学問を早く成し遂げた人であるとの評価も常々与えられてきた。本居宣長の『新古今集』歌への愛着と、師賀茂真淵の『萬葉集』推奨の齟齬などによって、師は必要なかったとの言説はしばしば、本居宣長の学問について囁かれるところである。確かに環境、能力、決定的著述との出会いが学問を完成させる場合がある。

本居宣長の生涯をかけた学問はいかに形成されたのであろうか。

本居宣長の自立した緻密な思考に加えて、人との邂逅によって成し遂げ得た学問も、本居宣長学の一面ではなかろうか。師賀茂真淵と本居宣長との師弟関係によって確立した、決定的な学問のあり方も見なければならない。生涯、命をかけた両巨頭は学問を結実させるべく尽力したのである。

賀茂真淵の『冠辞考』に触発された本居宣長が求めた松坂の一夜の賀茂真淵との対面は宝暦五年であった。賀茂真淵は三十歳以上も年齢の離れた本居宣長の鋭利な頭脳を一面において見抜いたと考えられる。賀茂真淵と本居宣長は運命的な出会いをして後、『萬葉集』を始めとして学問の質疑応答を書簡で五年間も継続している。賀茂真淵は本居宣長の指導を通じて、師の立場から同業の研究者として、深く刺激を受けつつ本居宣長に敬愛の心を抱くほど変容していったとわたくしは考えている。ついに、本居宣長は『古事記』研究を三十五年間の歳月をかけて『古事記伝』として完成させたのである。

江戸時代に入っても、漢文の『古事記』はむつかしく読むことが出来なかった書物である。賀茂真淵は『古事記』の会読を八回も行い、『仮名書古事記』を著わした。漢字交じり平仮名文で『古事記』を書き上げた。賀茂真淵は漢字を非常に少なく、大半は平仮名の表記を使って記したのである。漢文から平仮名ですらすらと読めるように記したことは画期的なことであった。文学作品としても享受される種を国学が蒔いたことは評価されるべきだとわたくしは考えている。

しかし、賀茂真淵は頻りに「はかゆかぬ研究」だと記している。後を託す人物として、長年専門の学者を多く輩出してきた賀茂真淵は本居宣長にその任をと白羽の矢を立てたのである。ことに明和三、四年頃から没する七十三歳まで、若い本居宣長に祈るような気持ちであとを託す旨の書簡をやりとりする。また、四大弟子の一人の加藤宇万伎に書簡を送り本居宣長と親交を持つべくはかったりもする。

『仮名書古事記』の八回の会読を行って、宝暦八年につくり、そして『劈頭古事記』を賀茂真淵は著わしたのである。『古事記』研究への深化は窺えるものの、賀茂真淵自身としては決して満足するものとはいえなかったのであろう。さもなければ、弟子に学問の新たな展開を要求することはしなかったであろうと考えられる。

賀茂真淵は中年から老年に至り晩学であると自己が認識するほど学問に心を入れる。その様子は次の書簡からも窺える。

真淵書簡栗田求馬宛（明和四年十月二十八日）

よりて古事記・萬葉其の外、宣命・祝詞をよく心得、自己に古哥を詠、古文を書て後、其古言を知て紀をも訓へしとおもふ故に、真淵四十年来此事に心を入、漸六旬以後意を得たり、然れは日本紀は文字は捨て、傍訓をこそ尊とまめ（今訓の中、大半は、除て古訓をいふ）、是を抹去（ケシ）は天下の過失や、か、れば此人取かたし、向来は文通有とも用有こと少なかるへし、何とそ今一度拙者存命の間、御下向あれかし、此度は神代紀の訓を始めとして、其上我等かうたを談候はん也、猶後来可得御意如此のみ也、

賀茂真淵は「六十歳以後、意を得たり」と言いつつ、存命中逡巡しているのである。賀茂真淵の書を見るに、自筆中、目も患らい字の行が右から左へ斜めに歪むこともある。しかし、ひたすら学問の完成を願う熱意の人である。栗田求馬すなわち栗田土満へ、古学の中でも『日本書紀』の研究を奨励しようとする書簡である。弟子に課題を投掛けているのである。

ところで、『古事記』研究の版下について触れておく。栗田土満の国学研究への関わりを本居宣長との関連で挙

げるならば、『古事記伝』の版下書きにおいて大役を仰せつかることになる。本居宣長は『古事記』の本文を書き、『古事記伝』の部分は長男の春庭に指名した。巻十八、十九、二十、三、四、五、六、七、八、九、一、二、十、十一、十二、十三、十四を本居春庭がやったが、失明という悲事に遭遇する。そこで、本居宣長が巻十五、十六、十七の版下を自書し、巻二十一を門人の栗田土満に版下を書かせたのである。

巻二十五から二十九を次女の美濃にやらせている。巻三十から三十四を門人の植松有信、巻二十二から二十四も同様か、巻三十五から四十四を本居春庭門の丹羽勗（つとむ）が記した。賀茂真淵の『古事記』研究への希求は、本居宣長が三十五年の歳月をかけて継承し『古事記伝』として完成させたのである。

賀茂真淵自筆による鈴木梁満に宛てた最晩年の書簡には次のごとく記されている。

一、神代巻の訓にいとわろき事多し、

（略）

是はかの信幸又土万呂かたに有をかりて改められよ、そも又古書なれは塵を払ふが如く、見ることにわろき事も出来ぬれは、いまた必とはいひかたかれど、凡は古へにかなふへし、是をもて紀をもよみ給へ、紀にもおのれか訓あれと、いまだしき事有ば、今しばし過ずはかしまいりかたし、此訓の事、おのれ四十年はかりの願にて改めぬれと、猶清う定めかぬめり、文字も誤り多く、文もみたれて、前後せる所も落し所も少なからず、然るを後世の学者流は、本文をはそらに見やりて、空理を作りて強てその所々に加ふる故、よく論ふ時は一つとして古へにかなへるはなし、多は儒仏の意也、いかでわが朝の人代の古へをつくさずして、神代を伺ふ事を得んや、よりて己れは四十年願ひて人代を凡につくして神代に及へり、ことし七十三の齢にて身おとろへ、心しれ行ぬれは、今はせんすべなかれど、命の限りとして朝夕つとめ侍るのみ、

上記、明和六年三月六日書簡にも晩年の鈴木梁満、栗田土満など弟子たちと賀茂真淵学の在り様が彷彿と浮上し

て見える。賀茂真淵は最晩年の最後となった書簡に学問へのこだわりを弟子に指導しつつ、八ヶ月後同年十月三十日に没するのである。死期の迫る、七十三歳の身で、命ある限り具体的な学問の方法を詳述し送附し続けていたのである。

栗田土満は七十五歳で世を去る二年前の最晩年に『神代紀葦牙（あしかび）』を完成させている。遠江の弟子内山真龍は『日本紀類聚解』を著述し、弟子たちに学問の成果は現われつつあったのである。賀茂真淵と本居宣長の、両者の弟子たちの研究については今後の課題として在る。

附加するならば、賀茂真淵は元来の『古事記』の漢文表記から明和五年『仮名書古事記』として読めるようにした。文学として面白く読むことを主眼にした。古典文学への誘いを行った。古学で扱った学問を、文学すなわち古い日本の神話としての読みを可能にした。会読により推敲、練っていったものである。賀茂真淵は「しろをさぎ」と読んだ。翌明和六年『語意考』に記す。流布本（明和六年二月）に「乎佐芸（ヲサギ）と宇佐芸（ウサキ）　萬葉」、清書本（明和六年二月）には「乎佐芸（ヲサギ）と宇佐芸（ウサギ）」とあり、両用の思考が窺える。

本居宣長は『古事記伝』においては、従前の〈白うさぎ〉の「白」の字は間違いで「素」とし、意味は「裸の義」で、漢字に傍仮名を振り〈アカハダ〉とした。賀茂真淵の「しろをさぎ」「うさぎ」から本居宣長の「素うさぎ」へ国学の思考を知る一例である。

賀茂真淵が生涯かけた〈いにしへ学び〉、すなわち日本の古典に関する学問の真髄を探究しようとした。国学の研究が対象とする古典文学作品の中で、自由に読み解かれなかった本が読書の対象として楽しまれる本になって行ったことも、ひとつには国学なる学問がもたらした御蔭によってである。

六

本居宣長が自己の学問を形成していく上で師賀茂真淵に対してどのように考えていたのであろうか。なみなみならない師賀茂真淵への顕彰が窺えるのである。

本居宣長の「みたまのふゆ」は自身の文学上、学問上の意識を深く顕在化したものとして注目したいものである。「恩頼」はオンライと音読みされる場合もある。次に簡略図を示す。

西山公
屈景山
契沖
父主念仏者ノマメ心
御子守ノ神
母刀自遠キ慮リ
真淵
紫式部
定家卿
頓阿
孔子
ソライ

タサイ
東カイ
垂加

本居宣長の絶対意識はみずからを生誕せしめた父母を最上部中心に据えていることに窺える。父母を超える人物はいかなる歴史上の人物も存在せず、かならずその下位に位置しているのである。そして、注目すべきは本居宣長にとって、父母を除き、生きた人間として交渉があったのは学者あるいは文学者、歌人として、唯一の人物は賀茂真淵であった。他は歴史上の人物を掲げ、本居宣長がいかに歴史文化を重視していたかを知る。中国、我国の錚々たる人物よりは父母に隣接して賀茂真淵は重視されているのである。

本居宣長が真に何を目指し、さらには賀茂真淵の学問がどのように享受されていったのであるか、表に出にくい点は今後の課題として深めて考えていきたいところである。

本居宣長は賀茂真淵十三回忌に長歌を制作した。冒頭に

わが学びの親でおられた縣居大人は、此高き尊きいにしへ学びのわざをし始め、おこし給ひて、天の下に万代にほどこしたまひ残し給ふ、

と述べ「いにしへ学び」開学を顕彰している。さらには、賀茂真淵を〈ぎょく（玉）〉に喩え

大人を玉ならば　あはひ白玉　真白玉

と称え

白玉の光はやけにしその光はや

と称える。金銀、瑠璃、硨磲、瑪瑙、珊瑚、琥珀に連なる真珠のごとき光の意であったか。本居宣長は賀茂真淵を〈真白玉〉と、国学の巨頭として顕彰したのである。

本居宣長の長男の本居春庭も、次の和歌三首を詠んでいる。
本居春庭自筆懐紙「賀茂大人をしのひてよめる」（賀茂真淵記念館蔵）

春庭

十年あまりふりし時雨の
音にのみきゝてもそての
ぬるゝけふかな

かれめやはのこすかたみの
ことの葉はいく千代霜の
置かさぬとも

いかにしてむかしのみちを
たつねまし君かしをりの
なからましかは

賀茂真淵の残した「ことの葉」、「むかしの道」すなわち古道は賀茂真淵のいしずえとなった枝折り（しをり）があればこそ辿って尋ね得ると称えた的確な歌である。敬虔な学者本居一門の、賀茂真淵への顕彰が窺えるのである。
かく言わしめた賀茂真淵の最晩年で締括ることとする。
此訓の事、おのれ四十年ばかりの願にて改めぬれど、
と、三十代に学問を始めてから『古事記』の訓を定め、「古へにかなふ」べく尽し、四十年間熱を入れてきた御陰

で『古事記』の神代から人代に及ぶようになった。賀茂真淵は没する直前の七十三歳におよび身が衰えて致し方ない。しかしながら、尽力して勤めるつもりであるとなおもいう。

賀茂真淵は精心誠意、学に賭け、弟子本居宣長を中心に次の世代へ、わが学びを手渡していったのである。今後、資料に即きつつ学問を探求して行かなければならないと考えている。両領袖ともに、放身捨命、行のごとき思念であったと推察する。

Ⅳ

上田秋成の『土佐日記』注釈

――「ますらを」観の一系譜――

一

江戸時代中期つまり宝暦・明和・安永・天明の時期にかけて、自由な雰囲気の中で学問は著しい発展を遂げる。この時期は享保の改革と寛政の改革における締附けのはざまにあって、たがが緩み人々が自由を謳歌する状況が醸し出されていた。学問も自由な雰囲気の中で羽ばたく。

この江戸中期前半、江戸において賀茂真淵を中心として国学の隆盛をみる。国内の改革および鎖国の抑圧に抗して、和学や契沖のように言葉の解釈に留どまらず、言葉の背後にある思想を追求し、つまり古代当時の人々の精神に戻ることを提唱する復古の思想が真淵によって説かれる。古代人のおおらかな、直な心を賛美し、学問および生き方の規範としたのである。真淵は八代将軍徳川吉宗の第二子田安宗武に召し抱えられ優遇された条件の基に、資料の面からも恵まれた学問の状況にあった。

ところで、諸々の古典文学を対象に注釈がなされていく中、『土佐日記』に関する研究は他の文学歌学書に比べ、僅少且つ後回しにされてきた感がある。遡れば儒学・和学の細々とした研究から、国学へ、先蹤としての真淵も著書は残さず、他著の中に「真淵説」と言うかたちで、その説を残すのみである。しかし、真淵は『土佐日記』について同じ人の書つれど、土佐日記はかの序よりまされり、かれは（筆者注・『古今集』のこと）強てかき、これは有ことをたゞに書しなればなり、

（『賀茂翁遺草』巻之十六、『賀茂真淵全集』第二十一巻　續群書類従完成會）

と述べ、「有ことをたゞに書く」ことに即いている点で、「強て書」かれた『古今集』より「まされり」と高い評価を与えているのである。

上文の巻末に「明和二年七月十六日に加茂真淵がしるしぬ」とあり、明和二年（一七六五）真淵六十九歳の発言である。

それを継承した、縣居門の筆頭弟子の一人である加藤（一名、藤原）宇万伎の注釈が完本で存在し、さらにその宇万伎注に自説を加えた上田秋成説が従来説を転換した。当時としては深読みともいえる「ますらを」における「めめし」肯定は、真淵の理想とは質的に異なった新たな変化を伴っている。

「ますらを」は真淵によって提唱された復古思想のキーワードとして重要な言葉であった。弟子たちの間に伝播・普及し、さらに読本の制作にまで影響を与え、人物造型されていったこと、および真淵と秋成の生きた時代や出仕先あるいは身分などの相違から、真淵の謳歌の思想と秋成の陰りを帯びた思想のことなども含め、既に述べた（第Ⅰ部参照）。そして、秋成は自己の信じる文学の読みをなした。人情の普遍性が注釈を通して打ち出されているのである。師の手向けに為された注釈に深く影響された結果ではなく、秋成が生涯を、あるいは人間を深く考え、人間を愛した故に滲み出た感慨であったように思われる。

秋成の『土佐日記』注釈の特徴をもう一点挙げるならば、萬葉歌人大伴旅人を用例として自己の発想の契機としていることにある。それを敷衍して『萬葉集』注釈の中で、大伴旅人については秋成は同様の結論を出しているのである（第Ⅳ部「上田秋成と大伴旅人」参照）。『土佐日記』さらに『萬葉集』においても人情の機微を細やかに取り扱った注釈である。秋成の文学観の一環、ひいては人生観の一環が『土佐日記』注釈を媒介にして透視し得ること

になればと思う。

概略的に遡源するに、中世歌学の大御所藤原定家が『土佐日記』の貫之自筆本を臨摸したことに始まる。本文校定を為し、定家の学問は以後の注釈に継承されながら、江戸に入り寛文初年北村季吟の『土佐日記抄』が刊行されるにおよび普及をみる。なお季吟が人見卜幽の『土佐日記附注』説を密に採り入れたとの本居宣長論もある（大杉光生編著解説『宣長校合土佐日記抄本居宣長記念館蔵』和泉書院）。本章では、成立の前後に触れないが、このような和学の軋みから脱し、真淵門を中心とする日本古来の思想を扱う国学において意義を検討する注釈がなされた。真淵説は直接に本として著わされることはなかったが、他本に様々に表記されることによって内容を把握し得る。

寛文八年（一六六八）刊の『土佐日記抄』京都大学文学部閲覧室蔵本に真淵説の墨筆書入れがある。

ちゝもこれをきゝていかゝあらんやうのこともうたもこのむとてあるにもあらさるへし

の箇所に

真淵云哥、このむとてかやうによむにもあらず。思ひに堪ぬ時のわざ也となり。

とある。

ちなみに『土佐日記抄』で季吟説は本文注に

かやうに心よハきさまの事とも書つらぬへきわさならじとの心にや。此詞よく〳〵思ひいれて見侍るへし

とのみ記されている。

つまり『土佐日記』中、唯一明記される父親の嘆きを、和学における『土佐日記抄』説が「心弱きさまの事ども」にこだわって注がなされているのに対し、国学における真淵注は「思ひに堪ぬ時のわざ」とずばり深切の情を言い切っているところに、和学から国学へ、延長線上にありつつ深化の読みへ、自己追及性、自己認識性からの視点への転換が窺われる。

二

真淵講義の聞書きをさらに享受したものとして、宇万伎の無窮会図書館蔵織田文庫蔵本『土佐日記新釈』がある。研究史上、未紹介本であること、宇万伎の単独注であること、の二点に価値が見いだされる。

書誌

○大本一冊　清書本　写本

○表紙　薄茶色刷毛目模様。二箇所黄土色紐で綴じてある。二六・六糎×一九・一糎。

○題簽　左肩にうちつけに「土佐日記新釈　宇万伎作」と楷書で墨書。

○内題「土佐日記」

○構成　扉（一丁）「紀貫之官位」を記す。墨附九十八丁。遊紙（一丁）。墨筆の書入れ・頭注、朱筆の頭書あり。

巻末にある識語

明和五のとしふみつき廿日にかきはてぬ

此ふみの注書むとみとせ四とせのさきおもひたちけるにいとみたりし事ともうちつゝきてえなんその事におよばさりけるをことしみやこにきて大城守るいとまにしの小屋にして筆をおこしやかてをはりぬなほかうかへて改めつへし

藤はらのう万伎

明和五年（一七六八）七月二十日に注釈を完了している（宇万伎四十八歳、秋成三十五歳）。この年の五月に宇万伎は京二条城勤番（大番与力）のため江戸を立ち西下して来たのである。三～四年前から懸案だった『土佐日記』注釈を京勤番の折に成し遂げた様子が窺える識語である。宇万伎の注釈は全体的に簡略な注釈で、語を俗語・平語（ただごと）・古言・冠辞などに重きを置いて注釈したものである。たとえば「こころやりとは俗にそふ心はらしといふほとのことなり」、「（「おほろけ」を注して）凡俗語には言ひなれたる語を理なく略きてつかふ事おほし」などである。

宇万伎注に加えて、秋成が後に自己注を附して、『土佐日記』注をなすのであるが、それが写本で何本も伝わり、その中で誰の説かを述べていないために生ずる誤解を解く、あるいは説の特定に有効であり、ひいては宇万伎・秋成の注釈の相違の観点を如実に窺わせる資料となるところに『土佐日記新釈』の意味があるといえる。

池田亀鑑「宇万伎本の本文の展開」（『古典の批判的処置に関する研究　第一部』岩波書店　一九四一年）における論文に紹介されているのは、無窮会図書館神習文庫蔵本『土佐日記』注の方で、宇万伎注に秋成注が附加されたものであり、無窮会図書館織田文庫蔵本『土佐日記新釈』とは別系統の、附加説本である。上記と同様の識語が附され、これが『上田秋成年譜考説』に翻刻されているが、文字の異動が少し見られるので、無窮会図書館織田文庫蔵『土佐日記新釈』の正しい翻刻を上記に記した。

ちなみに、無窮会図書館織田文庫蔵本は、宇万伎説だけが書写された墨筆の写本である。宇万伎説に秋成説が附加された『土佐日記』注釈（『土佐日記解』）を生む契機になっている本であり、説の字下げによる併記が誰の説かを確認するのによい資料である。無窮会図書館織田文庫蔵本『土佐日記新釈』によって、明確に単独の宇万伎説を知ることができ、秋成の説と明白に区別し得る。したがって、従来の推定部分を誰の説か特定できる意義ある貴重な本である。

秋成の講義を弟子が記した本としては、稿本のかたちを残す住吉神社御文庫蔵本・大阪府立中之島図書館蔵本・大阪天満宮蔵本『土佐日記』注がある。本文・注の墨筆に加えて、頭注の朱筆までそのままに透き写しで墨筆・朱筆を両用し清書された写本が三本作られている。

三

それをさらに清書本のかたちにした、秋成自筆本の、京都大学文学部閲覧室蔵本・天理大学附属天理図書館蔵本の二本『土佐日記解』が存在する。加えて、大阪天満宮御文庫蔵に「土佐日記」との題簽をもつ自筆本系の転写本一本が存在する。もちろん上記二本は稿本系の大阪天満宮御文庫蔵本とは別本のものである。秋成は宇万伎の『土佐日記』の注を師の没後、享和元年（一八〇一）六月、二十五回忌に浄書（外題「土佐日記解」天理大学附属天理図書館蔵・「土佐日記」京都大学文学部閲覧室蔵）している。

既出の池田論文は、住吉神社御文庫蔵本・大阪府立中之島図書館蔵本・大阪天満宮御文庫蔵本が透き写しの稿本の形態をもつ清書本が三本作られていることには触れていない。京都大学文学部閲覧室蔵本が自筆であることは疑問視されており、天理大学附属天理図書館蔵自筆本の存在は記されていない。これらは秋成の、『土佐日記』注釈の写本がいかに多くつくられたか、またその流布が広範であったことを物語っている。

各々外題は異なり、講義録の形態をもつ稿本のかたちをとり、どれも写本である住吉神社御文庫蔵本『土佐日記』・大阪天満宮御文庫蔵本『土佐日記静舎抄』・大阪府立中之島図書館蔵本『土佐日記』は透き写しによる同本で、多少の文字の異同はあるものの、「大人云」などの書込みをそのまま忠実に転写した清書本である。

これら三本の注を〈親本〉として、のちに秋成自筆で京都大学文学部閲覧室蔵本・天理大学附属天理図書館蔵本となった〈子本〉を作成した、という〈親子本〉の関係の系図が描ける。

書誌　大阪府立中之島図書館蔵本『土佐日記　上（下）』

○大本二冊　稿本の形式を残す清書本　写本。

○表紙　薄茶色布目模様。上・下共　縦一九×二糎、横二七・〇糎

○題簽　左肩「土佐日記　上（下）」と墨書貼附。

○構成　上巻　遊紙（一丁）序（五丁）本文（五〇丁）

　下巻　本文（三六丁）。墨附九一丁。

○字高

　序　一八・五糎　一〇行（半丁）

　本文　一一・五糎　一〇行（半丁）

書誌　住吉神社御文庫蔵本『土佐日記　上（下）』

○大本二冊　奉納本　稿本の形式を残す清書本　写本。

○表紙　薄茶色布目模様。

　上・下巻共　縦一九・二糎、横二七×〇糎。綴角に藍色布の包囲あり。

○題簽　左肩にうちつけに『土佐日記　上（下）』と楷書で墨書。

○内題　『土佐日記』

○構成　上巻　遊紙（一丁）序（五丁）本文（五〇丁）

　下巻　遊紙（一丁）本文（三六丁）。墨附九一丁。

○上下巻末に「奉納　森本専助」と墨書。上巻序一丁オ・下巻一丁オに「住吉神社御文庫／奉納書籍禁賈買」の朱印。

書誌　大阪天満宮御文庫蔵本『土佐日記静舎抄　一（二）』
○大本二冊　奉納本　稿本の形式を残す清書本　写本。
○表紙　茶色布目模様。一・二巻　縦一九・四糎、横二七・三糎。綴角に焦げ茶色布の包囲あり。
○題簽　左肩にうちつけた「土佐日記静舎抄　一（二）」と行書で墨書。
○内題「土左日記」
○構成　上巻　遊紙（一丁）　序（五丁）　本文（五〇丁）
　　　　下巻　遊紙（一丁）　本文（三六丁）。墨附九一丁。
○二巻裏表紙見返しに「明治七戊年／十月／奉納人／大坂書林／会社中」と墨書。（一巻は「大坂」の字を欠く。）
　一巻序・二巻一オに「天満菅廟御文庫奉納／書籍標印不許売買」の朱印。

京都大学文学部閲覧室蔵本『土佐日記』・天理大学附属天理図書館蔵本『土佐日記解』はともに秋成自筆本で、同形態の本である。しかし、両者を比較すると、文字の整理などの点からして、天理大学附属天理図書館蔵本が京都大学文学部閲覧室蔵本に先行して作られたといえる。そして、自筆本を転写した大阪天満宮御文庫蔵本「土佐日記」（外題）を加えた三本は、上記三本の「大人云」という書込みにおいて、「大人云」の部分を外し、注のみを本文注の自説に入れた、大阪府立中之島図書館蔵本などの三本とは形態の異なる清書本として作られている。つまり、多少の文字の異同はあるものの、六本内容的に同じものが書写されたものである。

書誌　天理大学附属天理図書館蔵本『土佐日記解上（下）』
○大本二冊　自筆本　写本
○表紙　肌色に銀色でぜんまい模様。上下共　縦一九・五糎×横二五・五糎
○題簽　中央に青の題簽に「土佐日記解」と墨書。
○内題　「土佐日記」
○構成　上巻　遊紙（一丁）序（七丁）本文（四六丁）
　　　　下巻　遊紙（一丁）本文（四二丁）。墨附九五丁。一〇行（半丁）

書誌　京都大学文学部閲覧室蔵本『土佐日記　上（下）』
○大本二冊　自筆本　写本
○表紙　薄茶色。上下共　縦一九・一糎×横二五・七糎
○題簽　左肩にうちつけに「土佐日記　上（下）」と墨書。
○内題　「土佐日記」
○構成　上巻　遊紙（一丁）序（七丁）本文（四八丁）
　　　　下巻　遊紙（一丁）本文（四八丁）。墨附一〇三丁。
○上下共表紙に「風草芸堂弃とうちつけ書。「弃」の位置に「耘堂／図書」の押印。
ところで、稿本系の三本中、大阪天満宮御文庫蔵本は頭注が整備されている点で、つまり、頭注の行の切れ目のよいところで改行するなど、透き写しながら注意が払われているようであり、住吉神社御文庫蔵本と大阪府立中之島図書館蔵本より後の書写と考えられる。大阪府立中之島図書館蔵本は本文注で「ますら男」と記されている箇所

が住吉神社御文庫蔵本で「まのら男」となっており、後述するように『土佐日記』注釈中、キーワードとして大事なので、単に書写のみを行った筆耕者の不注意からくる誤りが見られる。大阪府立中之島図書館蔵本は祖本により近いと考える。よって三本中、大阪府立中之島図書館蔵本を引用する。

冒頭に

しつやのうしの土佐日記の注一巻世に落こほれたる有此ころ得て試むるにことわり直くかつこと少なゝらむをのミつとめたまひしかは橘の陰のやちまたなるまかひ路もあらてなむよミうへかりけるおほよそふみの注かゝむにはかくそあるへきを川のをちかた八十瀬わたるはし〳〵にはうつしやもらせしとおもふ事ともをおほゆるはいかにいにし難波の大城もりておはししあひたをり〳〵我いほりに問来まして何くれのふミともよミあはせつるに此日記をもろうしさためられし其ひとつふたつ耳にとゝまり心にしるせしをもおほ出てこたひ書そへ侍るなへにたま〳〵にはおのかひかこゝろなるさへかいつけたるはあし曳の山のましらかしわさにこそ

とある。

秋成自筆の京都大学文学部閲覧室蔵本・天理大学附属天理図書館蔵本ともに、少しことばの異同はあるものの上

記とほぼ同文の序に相当するものがあり、いずれも冒頭の文末に署名はないが

寛政二年きさらきこれの日長柄の浜

松陰のうつら屋にて写をさめぬ

とあることにより、秋成の筆写である。また巻末に「秋成（花押）」があり、明確に秋成の序であると確認できる。

大阪府立中之島図書館蔵本は、宇万伎の本文注に加えて、頭注に「大人いふ」「或説に」など書入れをもち、本文にはほぼ二字下げて漢字交じり片仮名文で、二段構えの注もみられる稿本である。秋成からして、この「大人」が誰をさすのであろうか。

池田論文では

朱注は「大人説」又は「師説」と標記のあるものであつて、一段高く記されてゐる。この形式は秋成本甲に於ても見られるところではあるが、それは一切朱書であるか、または墨書であるかであり、朱墨両様に区別されたものはない。墨書は宇万伎自身の注であり、朱書はその注の批判を、その師たる真淵に仰いだ時の真淵の説ではないかと思はれる。

と、真淵説と採る。はたしてそうであろうか。

本文に加えて、宇万伎注を記し、頭注に朱筆注が入っている。朱筆注は「大人云」と説が書入れられており、秋成の講義が記されている。秋成側近の弟子が秋成説を頭注に加えて清書したものと考えられる。

時期も下り、文政二年（一八一九）二月と四月の序を有する岸本由豆流の『土佐日記考証』において、本文の注に先立ち「諸抄論」に、次のように述べる。

土佐日記注ハ契沖阿闍梨と縣居翁との説なりそを藤原宇万伎がしるせるなり縣居の説はいかにもみづからきゝてしるせりと見ゆれど契沖阿闍梨の説ハもとよりとりてのせたりとおぼしいるこの両説をもこの書の標柱にあ

げたり

又一本縣居翁の説を宇万伎がしるせる本に上田秋成が序をくハヘミづからの説をもくハへたる本あり秋成が説もよしと思ハるゝをバミなあげたり

土佐日記打聞これも縣居翁の説を楫取魚彦がミづからの説をもくハヘ抄の説をもよしと思ふ所はくハヘてしるせるなり

宇万伎がしるせるとおなじことなれどかたミにたがへる所もあり

さて按するに魚彦がしるせるは縣居翁のはやくの説宇万伎がしるせるは後の説なるべしされど宇万伎がしるせるよりはことくハしこの説をももらさずあげたり

真淵説すなわち『土佐日記打聞』としてまとめられた講義、これを引く宇万伎説が秋成へ継承されていったことが窺われ、貴重である。

国学の、真淵の諸説を酵母とし、弟子・孫弟子たちへ継承、発酵される経路の資料を挙げた。

四

寛政十一年（一七九九）頃、『麻知文』に「正親町三条新中納言公卿の御需にて、土佐日記読みて聞え奉るに、読みはてがたに、御振ひどもの打つゞき給ふとて、春にもと御使たまはりしかば、承り侍る、」（『秋成遺文』）とあり、秋成も公則に『土佐日記』を講義していたのである。

まずは、真淵説および宇万伎説を引用し、どのように述べるかをみる。

『土佐日記考証』では

　真淵云こハ女児のうせたるををしむ
　あまりにいきてありしうちのかほさへ
　よかりしやうに思ふ也今うつゝにある
　うちハさも思ハねどもうせにたれバそを
　をしむあまりにかほさへよかりしと
　思ふ心人情さもありぬべし

宇万伎は『土佐日記新釈』の同箇所の注に

　女子をおもふか為におとなしからぬ事
　をもいひて親の贔屓目よと人にも
　あさけられんとなり

とある。

宇万伎注の中でも例は少ないながら、『校異／首書土佐日記』の「かつら川わか心にもかよはねどおなじ深さに」の頭注で

　此哥宇万伎説に京へかへるよろこびの心の深きなりといへりさも有べし

という例もあり、宇万伎の場合、口にすることはやはり希少ながら心情を深く読む方向は窺える。

このように、国学で人間の情を素直に感じる心が培われ、注釈の中で、徐々に心情を吐露するようになってきた様相が見得る。国学が文学として、用例を帰納的に引き、感情についても同様に取り扱う点を発酵させてきた中、

大胆に秋成は『土佐日記』注釈で次のように述べた。

大阪府立中之島図書館蔵本『土佐日記』の巻末の頭注にかくいう。

大人云彼はしめにいひ
し大伴の卿旅人の君
の還入故御家即作
歌三首
人もなきむなしき
家は草まくら旅にまさ
りて苦しかりけり

妹をしてふたりつくらし
我いへは木高くしけく
成にけるかも

わきもこがうへし梅
の木ミることに心むせ
つゝなミたしなかる

これハ妻をつくし

にて失ひし也こゝハ
土左にてかなし子を
むなしくせし也似たる
なけきなれハむかし
を思ひ出ておのつから
ならひしやうのミゆ
る也ならへりしといふ共
紀氏をおとしむるにハあら
ていにしへを見あきらめ
たる人のこゝろ也
又云彼おもてをますらを男にしてめゝしきを恥とする
そのかミの人こゝろ也子をいとをしと思ふ
こゝろはいかてめゝしといはん世のことはりとハこ
れらをこそ

秋成は旅人の『萬葉集』歌を三首挙げ、筑紫で亡くした妻への悲痛な悲しみに、貫之の土佐での愛子の死という〈個人〉に由来する「不遇」な事態に強い関心を重ね合せ、どうしようもない心情を縷々汲んで述べる。人情は表面が「ますら男」であっても、悲しい時には心は悲しいのであるからと「めゝし」を首肯する。『土佐日記』注釈史上、非常に画期的な注である。『土佐日記』で文学的にもっとも評価されるところは、貫之が任期中土佐で亡くした我子女児への哀惜の念であるが、秋成は人情の普遍性を汲み採った。

後述の「秋成と大伴旅人」（第Ⅳ部参照）に指摘するように、秋成が旅人の境遇について注目していることが、秋成の『萬葉集』の注釈からわかる。『萬葉集』注釈に先立ち、秋成は『土佐日記』の注釈で既に歌人旅人の用例を挙げ、「めめし」を素直に受け入れることを指摘していることは注目され、秋成の心の中でこの情は醸成していった、といえる。

秋成自筆の『土佐日記解』は、清書本に近い稿本が天理大学附属天理図書館蔵本であり、清書本が京都大学文学部閲覧室蔵本である。漢字、仮字に僅かな異同はあるが、同文に近い本文をもつ。

京都大学文学部閲覧室蔵本をひもとくと、その巻末に（天理大学附属天理図書館蔵本もほぼ同）

> うはへを「ますらを」たちてあかぬ悲しさを「めゝし」とするはそのかミの人心也子を惜と
> ひめをあたらしきものにしたひかなしふをい
> かて恥かハしとする也世のことわりとハ是に
> こそあれ

とあり、世の理を説きながら、悲しみの心を「めめし」とはいえない人情肯定説をとっているのである。

時期は下るが、九州大学附属図書館蔵本『土佐日記私釈』（写本）の遊紙に墨書書入れがあり

> 香川景樹カ其子ヲ悼ム思ヒヲヤランガタメニ書ケリ
> トイヒシハ達見ニシテ
> 二十七日、十一日ノ条又結末ニモシバ〱此事ヲイ
> ヘリ蓋シ此日記ヲ作リシ主旨ハ
> 任満チテ京ニ帰ル喜ヒニ引カヘテ其子ノ死ヲ悼ム心

堪ヘガタキヲ彼是滑稽ニ
マギラセシナリ

と、景樹の主旨が述べられる。

橘守部は天保十三年（一八四二）一月の『土佐日記／舟の直路』自序において、本文の途中に注釈を枠で囲い挿入してあり、巻末に

（彼ノイトホシト）見し（オサナ）人（ノヨハヒ）を松のちとせに見ましかば（生死ノ）遠くかなしきわかれせましや．（コノホカ）わすれがたく．くちをしき事おほかれど．（此日記ハタヾ．彼ノ失ニシ子ヲ嘆クト．人情ヲ述ルトヲ．文ノ経テトシ．例ノ口‐合ト．戯レ言ト．海賊ノコトトヲ．文ノ緯トシテ．船路ノ慰メニ．モノセレバ何コトモ大荒メニテ．）えつくさず．

とある。

これらもまた国学の、真淵一門からの系譜上にある注釈である。以上国学の様々な注釈を経て、『土佐日記』もまた文学として正しく読まれ得るようになったといえるのである。中でも、従来の研究で取りこぼされてきた感があるが、秋成の「ますらを」における「めめし」を大胆に首肯する論は画期的である、といえる。

五

大阪府立中之島図書館蔵本『土佐日記』は表紙見返しに「初代豊田文三郎氏／遺書」および「大阪図書館／明治三八年八月三十一日」の朱印を有し、豊田文三郎没後当図書館に納入されたことがわかる。

豊田文三郎（『東区史』第五巻　人物篇）は高麗橋越後屋と称する糸商に嘉永六年に生れ、人となりについては

人と為りは、家督を嗣がなかつた経緯の示す如く温良謹直であつたが、又事に当つては激逸能弁であつた。時方に明治維新の後、百事一時に勃興する際であつたので、一身を挺して邦家の為に尽さんとし、明治九年同士と共に大阪演説会を創め、自由民権の政治運動に寧日なかつた。これ東区に於ける政談演説の嚆矢である。同十五年五月大阪府会議員となり、府政の為め尽力する一方、又教育衛生の事に最も心を砕いた。

と述べられ、一八九六年八月に四十四歳で没した人物であった。いかなる経緯で当本を入手したかは不明である。住吉神社御文庫蔵本『土佐日記』上・下巻ともに、裏表紙見返しに墨書「奉納　森本専助」と書入れがある。奉納者「森本専助」とはどのような人物であろうか。

専助は、大阪天満宮社務所の「御文庫書籍目録」によると、『読史贅議』『孝経国字解』『韓詩外伝』『日本楽府』『錦繡段』『陳龍川文抄』『栗園文稿』『謝選拾遺』『うたふくろ』『国意考』などを奉納した記載が現存している。

住吉神社御文庫について、梅原忠治郎編『住吉の史蹟名勝』（大阪染料商壮年会　一九三四年）の中で、次のような紹介がある。

○御文庫（建坪八坪四六）住吉古来の珍書、近代の献本を秘蔵せらる。その数夥し毎年五月二十日大阪の書籍商組合委員が打寄りて曝書す。享保八年九月、大阪の書林敦賀屋九兵衛（松村氏）吉文字屋市兵衛、大野木市兵衛外京都、江戸の同業者に依りて建設したのだが、明治維新の際、大に内部が散乱したので、明治七年最初の大阪市書籍商組合頭、松田正助（編者の実祖父）及び石田和助等再興、此を管理し、（当時世話掛といふ）次いで森本専助、鹿田静七、赤志忠七、編者先考忠蔵など専ら管理して居つたが、相次ひで世を去り、爾来十余年専意統一するものがなかつた。近来大阪書籍商組合は其要を感じ、大に秩序回復に努力せらる。

明治初、専助は書肆の中でも大阪市書籍商組合の二代目の世話掛として活躍したことがしのばれる。『難波大阪　歴史と文化』（講談社　一九七五年）の「大坂の有名書林」の項で敦賀屋九兵衛は敦賀屋の本家で、九兵衛（松村氏）、その別家に敦専、森本専助、敦為（金屋為七）があり、森本専助家（松泉堂）は今の武田薬品工業会長・森本寛三郎氏の祖先である。

とあり、以来、大阪書林の、本家敦賀屋九兵衛からの別家として独立し、書肆を営んでいたことがわかる。

大阪天満宮蔵本『土佐日記静舎抄』においては、裏表紙見返しに、墨書による「明治七戊年／十月／奉納人／大坂書林／会社中」との書込みがあり、明治七年（一八七四）に書籍商「大坂書林」による奉納がなされたのであった。

住吉神社蔵本では上巻序一丁オおよび下巻一丁オに朱印「住吉神社御文庫／奉納書籍禁売買」、大阪天満宮蔵本でも巻末に朱印「天満宮御文庫奉／納書籍不許売買」の押印があり、売買を禁止し散逸が防がれている。

ちなみに、享保八年（一七二三）大阪の住吉神社に、大阪最古の「住吉御文庫」が建てられ、貴重な書籍や文化遺産などの奉納を受け、ついで、享保十五年（一七三〇）大阪天満宮にも「天満宮御文庫」が建築され、同様書籍などが奉納され庶民に供せられた歴史を有しているのである。

上田秋成――システム上の和歌

一

上田秋成は文化六年（一八〇九）六月二十七日、七十六歳で生涯を閉じる。秋成は最晩年にいたるまで和歌を詠じ、大部なものとして浅野三平『秋成全歌集とその研究』（桜楓社　一九六九年）には二千四百五十四首の和歌が収録されている。『上田秋成全集』（第十二巻　中村幸彦・神保五彌・植谷元・日野龍夫・長島弘明編　中央公論社）は歌文篇三の発行である。

秋成の和歌は国学研究と小説制作の、網状のかなめかなめに詠まれ、蜘蛛の巣のように張り巡らされた糸と糸の網目の接点上に和歌が点在しているかのごとき様相をみせる。網の構造からシステムへ、時に研究の対象、時に文学制作の主役あるいは脇役として、秋成の和歌はその時々に応じ自在な姿をあらわす。秋成と和歌の関係を慮るに、秋成は和歌を好み、国学研究や文学制作を含む自己あるいは他者を含む生活をシステムとみるとき、必然のものとして、和歌を口ずさみ詠歌したようにみえる。では、秋成は和歌をどのように考えていたのか。あるいは詠歌をどのようになしていったのか。詠歌の方法をもふくめて探っていきたい。

そして晩年、秋成は国学研究の最初の著述『萬葉集会説』に

我は世の中に拘はらず、私に親しき友とかたらひ、且百年の後の友を待つのみとぞ。

（『上田秋成全集』中央公論社）

と〈隠者〉と称する生活に没入し、学問に対する姿勢を語った。これに基く人生観と、年齢に応じ老いの歎きを透映した和歌を頻繁に詠むという、和歌転換の詠みぶりも秋成の和歌の世界を大きく拡大し、深化させ、独自の境地を開花させたといえるのである。

ひるがえって秋成の和歌集や小説類の著述から和歌を一覧し、特徴を挙げていこう。

秋成の和歌は『萬葉集』の語彙が導入され、多用されている。枚挙に暇がないほどである。『源氏物語』からの語彙や場面の使用もまた多く特徴的である。『萬葉集』および『源氏物語』が大部なゆえに単に使用例が比例して多いといった問題ではなく、秋成が意識し意図して使用した結果であると思われる。『古事記』『日本書紀』の語彙は『萬葉集』語彙とは異質であるがゆえに別に扱う必要があろう。本章では主として秋成の使用した『萬葉集』の語彙を中心に取り上げていく。『秋成全歌集とその研究』に収録された和歌の大半は萬葉語彙で、萬葉語彙でないものは極少である。ついで秋成の和歌と小説との関連についてもふれる。

さて具体的な秋成の詠歌の方法をみていこう。

秋成の和歌全体をみていき特徴的な詠法をランダムに挙げていく。

まず、〈畳語あるいは畳語のスタイルに類似した言葉使いの詠法〉がみられる。

　　按摩取

・春の海は　岩根こしうつ　波のおとの
　ねむりをさそふ　ゆたにたゆたに

　　摑舷泛棹

・春の海を　ゆたにたゆたに　漕出て

沖の軟よ友舟にせん

『萬葉集』の用例をみていく（塙書房）。

万十一　海原の　路に乗りてや　我が恋ひ居らむ
　　　大舟の　ゆたにあるらむ　人の児ゆゑに（二三六七）

万十二　かくばかり　恋ひむものそと　知らませば
　　　その夜はゆたに　あらましものを（二八六七）

万十四　あせかがた　しほひのゆたに　おもへらば
　　　うけらが花の　色に出めやも（三五〇三）

『萬葉集』では三首とも「ゆたに」という語で詠まれている。

また、おなじく『萬葉集』

万七　大き海に　島もあらなくに　海原の
　　　たゆたふ波に　立てる白雲（一〇八九）

という用例も挙げることができる。

秋成の「ゆたにたゆたに」は『萬葉集』の「ゆたに」と「たゆたふ」を併せたような用例である。

そしてまた、『萬葉集』には秋成の「ゆたにたゆたに」の用例と一致するものが

万七　我が心　ゆたにたゆたに　浮きぬなは
　　　辺にも沖にも　寄りかつましじ（一三五二）

と、一例みえる。「ゆたに」と同様、気持ちが大きく揺れて定まらないさまに使われている。

秋成の二首目の歌は、春の海の、春光にキラキラ揺らめくのどかさの海上に舟で漕ぎ出し、沖の軟を友に迎えよ

うという和歌である。大海に対比した小舟と白い小さな軟をわが友と考える作者がまことにのどかにゆったりと陽光の春の海に遊ぼうとする、時間的空間的に日常から完全に遊離した世界がスケールの大きさとともに詠まれ、自然とほのぼのした人間味が感じられる和歌である。

ここで、同時代の与謝蕪村の、人口に膾炙された俳諧が想起される。

春の海　ひねもすのたり　のたりかな

秋成と蕪村両者ともに、春の海のうねりや波の様子が畳語あるいは畳語の類語によって増幅され、感情の動きも非常にゆったりとした同じ波長の快さを増幅させている。次の解釈を参考に挙げよう。

「のたりのたり」という擬態語は、悠然とした動きを表わすと思われるので、波打ち際の海のさまよりも、むしろ沖の海の緩やかな起伏を指すのであろう。（揖斐高注『蕪村集　一茶集』ほるぷ出版　一九八六年）

なぜ、ここで蕪村を採り挙げるのか。蕪村を挙げる必要性もなくはないが、両者の関係について少しふれておく。秋成は蕪村と交友関係もあった。蕪村は秋成より十七歳年長で、松尾芭蕉の亡きあと〈俳諧中興の祖〉として活躍していた（山下一海「蕪村の出発――蕉風がよみがえるとき」『文学』四八巻　岩波書店）。蕪村は秋成と関わりもあり、心にかけた人物であったらしく、久しく秋成の姿が見えないと、安否を気遣って弟子に様子を尋ね聞くという書簡が残っている（藤田真一注『蕪村書簡集』岩波文庫）。

また文人としての両者の関係を、窺わせることとして、秋成は蕪村が六十八歳で没した追善の句を

かな書の　詩人西せり　東風ふかば　　浪華　無腸　（『から檜葉』）

と、蕪村の資質を適確に詠み込んでいる。時に秋成は五十一歳であった。年齢差はあるものの、相互に相手の存在を確かに認める間柄であったようだ。秋成が人間として魅力を感ずる数少ない人物の一人であったと考えられる。

秋成の詠歌と蕪村の俳諧とが自然に想起されるほどに、気風が相通じ興趣に共通の特徴があり、和歌に類句を見い出すことができるので挙げておく。以下、本章で採択する蕪村の俳諧は次の通りである。

『蕪村集　一茶集』（暉峻康隆・川島つゆ注　岩波書店　一九五九年）
『蕪村連句全注釈』（野村一三注　笠間書院　一九七五年）
『與謝蕪村集』（清水孝之注　新潮社　一九七九年）
『与謝蕪村の鑑賞と批判』（清水孝之注　明治書院　一九八三年）
『蕪村集』（藤田真一注　和泉書院　一九八四年）
『蕪村集　一茶集』（揖斐高注　ほるぷ社　一九八六年）
『蕪村集　一茶集』（栗山理一・暉峻康隆・丸山一彦・松尾靖彦注　小学館　一九八九年）

なお、畳語を使用した秋成の和歌と『萬葉集』の関係などをみていく。

・白雲に　心をのせて　ゆくらゆくら
　秋の海原　思ひわたらん

も上記の和歌と同趣の、のびやかな心のゆったりした歌である。

　海辺春

・うらうらと　春日（かげ）ろふ（ママ）　波のうへに
　かすみながるる　墨の江の浜

　万十九　うらうらに　照れる春ひに　ひばり上り
　　心悲しも　一人し思えば（四二九二）

『萬葉集』に一例のみ、「うらうら」の用例を挙げ得る。

一例の用例があるということはおろそかにできない。当時の詞の反映を示し、大変なことである。唯一以上の意味を含むのである。

　　草木萌

・霞たち　めも霧原の　若駒の
　はむとするする　草はもえけり

　　土塊

・あし引の　やま田の岸の　つちくれの
　ほろほろなかる　昔しのへは

　万十九　天雲を　ほろにふみあたし　鳴る神も
　　　今日にまさりて　恐けめやも（四二三五）

『萬葉集』に「ほろに」の一例はあるが、「ほろほろ」の形は見当たらない。
秋成同様、蕪村の俳諧にも効果的に畳語の詠法が用いられる。

欠け欠けて　月もなくなる　夜寒哉
ほきほきと　二もと手折る　黄菊哉
朝霧や　杭(くいせ)打音　丁々(たうたう)たり
そこそこに　京見過しぬ　田にし売
雨ほろほろ　曾我中村の　田植哉
歌なくて　きぬぎぬつらし　時鳥
　探題実盛

名のれ名のれ　雨しのはらの　ほととぎす

はらはらと　霰ふり過る　椿哉

韻の問題、強調、聴覚・視覚の研ぎすましなどの効果と同時に作者の心の抑揚が詞と響き合っていよう。

二

秋成の和歌詠法に〈歴史的情景を想像した和歌・古典趣味〉がみられ、一つの世界観を形成している例を挙げていく。

同時期に活躍した蕪村の俳諧にも歴史的情景を想像した和歌や古典趣味の和歌が共通している世界観ゆえ、考えていく。

・たか車　葵かかれる　した簾

かさねえならぬ　袖もみえけり

秋成のこの和歌は『源氏物語』「葵」の巻の葵祭の車争いの場面を展開したような華麗な絵巻を想像させる。牛車の簾の下からはみ出した、貴人の袖の襲の色目と、たきしめた香の匂いを漂わせるような王朝絵巻をみているような和歌である。

『源氏物語』の「葵」の巻の、葵上と六条御息所の車争いの、人口に膾炙した場面が展開していく、嵐の前の静けさの中に際立って目につく見物車の様子を描写した原文を引用しよう。

日たけゆきて、儀式もわざとならぬさまにて出でたまへり。隙もなう立ちわたりたるに、よそほしう引き続きて立ちわづらふ。よき女房車多くて、雑々の人なき隙を思ひ定めて、皆さし退けさするなかに、網代のすこしなれたるが、下簾のさまなどよしばめるに、いたう引き入りて、ほのかなる袖口、裳の裾、汗衫（かざみ）など、ものの色いときよらにて、ことさらにやつれたるけはひしるく見ゆる車二つあり。

（『新潮日本古典集成』）

秋成が典拠を『源氏物語』において、この和歌を詠んだとするならば、あるいは秋成の意識下にあったとするならば、この場面のドラマ性をさらりと「葵かかれる」の語句で表現しているようだ。一首の和歌が典拠を採ることによって、より一層の深化と興趣を感じさせる和歌となるのである。

ところで、蕪村には、牛車の中で恋の語りごとをなしている王朝的な雰囲気の美しい句がみえる。蕪村の句の場合は同乗の男女の恋情のささやきが聞こえてきそうである。両者ともに絵画的な手法の中に歴史的情景が生きている。すなわち、次の句である。

ゆく春や　同車の君の　ささめごと

また、秋成は幻想的な竹取伝説も和歌に詠んでいる。

・竹の中に　うまれし君が　故さとに
かえる夜清し　秋の中空

『竹取物語』のかぐや姫の天への帰還の場面を清々しいタッチで詠じた和歌である。

また浦島伝説を詠んだ和歌として、

浦島子を
・ふるさとと　おもひしものを　年へては
しらぬ国にも　我はきにけり
・浦島が　箱ゆたなびく　白雲の
天にもゆかな　老いに老いては

万九　水の江の浦島の子を詠む一首（長歌）（一七四〇）

（末尾）若かりし　肌もしわみぬ　黒かりし　髪も白けぬ　ゆなゆなは息さへ絶えて　後つひに
命死にかける　水江の　浦島の子が　家ところ見ゆ

などがある。伝説や物語の世界に浸った、秋成の好きな佳境であったといえる。一首の和歌の世界に、物語世界を凝縮した歌であり、秋成の物語論である「ぬばたまの論」が秋成の和歌作法にも適用できると考える。虚実の中の真実を秋成は凝視しているのである。

秋成の物語論『ぬばたまの巻』の虚実論の有名な箇所ではあるが、次に引用しておく。

そも物がたりとは何ばかりの物とか思ふ。もろこしのかしこにもかかるたぐひは。ひたすらそらごとをもてつとめとし。専ら其実なしといへども。必ずよ。作者のおもひよするところ。或は世のさまのあだめくを悲しび。或は国のついえをなげくも。時のいきほひのおすべからぬを思ひ。くらゐ高き人の悪みをおそれて。いにしへの事にとりなし。今のうつつを打かすめつつ。おぼろげに書出たる物なりけり。彼源氏物がたりも。これがたぐひにて。ふかくはかり。遠くおもひやりて。つくり出たれど。さすがにめめしき心ざまもて書なしたれば。専らわたくしごころおほく。あだことをまめごとにつとめたるを。あながちによみふけりて。しひたることわりどもも。よろしうおもひなりては。又わたくしごとのみもて。ときなすものなり。それらの人のいへることわり。皆はらひすてて。さて秋の夜のながきをあかしかぬる。心なぐさには成ぬべき物ぞとこころうべきをと。猶言ずくななるが。にくくなりて。かの物がたりの中なる詞に。源氏の君の。古物がたりどもを判じたまふとて。物がたりといふものは。いかにもいかにもあだあだしきやうなる物なれど。神代より。世にある事どもを。しるしおきけるなり。日本紀などはただかたそばかりの書（ふみ）にて。くはしき教へのかたはあらあらしく。かへりて物がたりといふ物にこそ。人の道々しき事は尽したれ。他（ひと）の国の文（ふみ）のつくりざまも。実（まこと）しきと虚（あだ）めくと。

その体（さま）かはりたれど。才ある人のこころ用ひたる。ゆめゆめしさはかはらずなん。むかしの日本紀のまめまめしきと。今の物がたりのあだあだしきと。いづれまこといつはりのけぢめこそあれ。心とどめてよまん人は。是まことならずとてかいやらんは。かへりて浅はかなり。

（『上田秋成全集』第五巻　中央公論社）

秋成の和歌の詠法の一つが、物語、浮世草子、読本など小説のジャンルとして一括し称するとして、小説つくりに共通した詠み方をしていると指摘できる。

霞隔行舟
・領巾ふりし　昔ながらに　かすむかな
松浦のうみの　沖すぐる舟

万五　遠つ人　松浦（まつら）佐用比売（さよひめ）　夫恋（つまごひ）に
領巾（ひれ）振りしより　負へる山の名（八七一）

秋成の和歌は『萬葉集』の松浦佐用比売の伝説に基づいていよう。

この伝説の初見は山上憶良の『萬葉集』歌で、長い詞書をもつ。大伴狭手彦（さでひこ）が百済救援のため、渡海するとき、断腸の思いで見送っていた佐用姫が鏡山に登り領巾を振った。傍らの人々も涙を流さないものはなかったという惜別の和歌である。

さらに、〈小説的構想和歌〉を挙げる。

秋成
・度会の　内外の宮の　みつ墻（かき）に
咲くやさくらも　小忌衣着て

『伊勢物語』の伊勢の斎宮の昔おとこの恋を匂わす和歌つくりである。

・御渠水　花そ流るる　大宮の
内にも　春は　とまらさりけり
蕪村
ゆく春や　逡巡として　遅桜
ゆく春や　おもたき　琵琶の抱心

蕪村の句と内容が一致するわけではないが、秋成は宮中の優雅典雅さと春を詠み、蕪村は春のすぎゆきをゆったりと詠み、両者のことば遣いも一首の世界にも王朝的な雰囲気を漂わせているところは共通している。

江戸中期の特徴であるが、円山応挙の若い美女の幽霊絵の流行もまた、文学の活動に合致していることはいうまでもない。

中国白話小説の影響からも読本制作がおこなわれるが、次の詠歌にも時代の特徴を巧みに導入した、新機軸ともえる和歌、俳諧を例として挙げることができる。

ここで、〈幽界の歌〉をみておこう。

秋成
　　窮鬼
・ねたしとて　夜毎いひよる　いきす魂
しもとうちしく　明ちかきまで

虚構の世界観が、人間の執着を捨て切れない未練を残すかたちで生き生きと活動して詠まれるのである。

しもとの用例は憶良の、実生活の鞭の意味である。

万五　しもと取る　里長が声は　寝屋戸まで

来立ち呼ばひぬ（八九二）

この萬葉語彙が秋成の歌ではいきす魂の打つ凄絶な鞭音を響かせるものになっている。

蕪村

かやごしに　鬼を笞うつ　今朝の秋

蕪村も同様な発想の句を詠んでいる。お化けに興味をもち、大胆に自由な発想をしている。人間の想像力の豊かさを感じさせる。

ばけさうな　傘かす寺の　しぐれかな

ボロボロの傘をお化けとみる、お化けに対する同時代の興味がユーモアをもって詠まれている。

公達に　狐化けたり　宵の春

秋のくれ　仏の化けたる　狸かな

河童の　恋する宿や　夏の月

「夏の月の夜、いかにも河童でも棲んでいそうな川のほとりに一軒家があって、かねて、その家のきれいな娘に思いをかけている河童は、月の光の中でそっとその家を窺っている。」（山下一海注『国文学』一九八七年九月）

と、想像上の河童のほのぼのとしながら、人間の心の幽界を描写した、これまた蕪村の秀句がある。

幽界を秋成は本領として読本に、蕪村は俳諧に腕を奮った。幽界も人の心の真実が虚構の世界に繰り広げられる展開である。

三

秋成が自己を国学者と考え、『萬葉集』を重点的に研究したが、〈和歌詠法における景物と国学の在り方〉について本章で採り挙げる。

秋成

蜘

・よの中は　かくこそありけれ　軒わたる
くもの巣かきに　秋のかせふく

絵に

・軒こほれ　瓦くたけし　古寺の
蜘のゐかきに　月もかかりて

万五　こしきには蜘蛛の巣かきて（八九二）

『萬葉集』の憶良の「貧窮問答の歌一首」（長歌）の一節の、こしきが空になった日常生活の極貧を詠んだ歌である。秋成は憶良の和歌の日常性から脱した、蜘蛛の巣のなんとも破れそうなはかなさに秋風を配し、世の中とはこのようなものだという比喩の一首に仕立てている。

本章で蕪村についてふれたので、蕪村の句法を概括すると、高踏的であり、複雑で古典趣味や支那趣味、漢詩風・漢詩調や絵画的であったり、小説的構想であったり、近代的感覚が詠まれていたりする。

烏

（明烏）

・夜がらすと　たのめし声を　いぎたなき
枕に明る　しののめの空

（鳴烏）

・暮はてて　水にをくらき　沓松の
やどりからまし　野からすの声

・乎泥夜の　かけ路の烏と　人のいふ
あしたを告る　音をや聞つる

・野鴉の　羽吹の風に　散らされし
名残りの枝の　梅かをるなり

万十四　烏とふ　おほをそどりの　まさでにも
来まさぬ君を　ころくとそなく（三五二一）

万十六　ばら門の　作れる小田を　はむ烏
まなぶた腫れて　はたほこにをり（三八五六）

万十二　朝烏　早くな鳴きそ　わがせこが
あさけのすがた　見れば悲しも（三〇九五）

万七　あかときと　夜烏鳴けど　このもりの
木末（こぬれ）が上は　いまだ静けし（一二六三）

蕪村の句に

烏稀に　水又遠し　せみの声

烏や蜘蛛や蝦蟇などが少数ながら和歌に詠まれ歌語といえる。『萬葉集』に詠まれた烏・蜘蛛などの景物は『古今集』以降、美の範疇からずれた景物としてみなされたのであろうか、用例は少なくなるが、国学における『萬葉集』の見直しによって、萬葉語彙を導入する詠歌法が秋成の例にもみられるのである。また、俳諧の世界における景物の多様化が和歌の世界にも影響し、蕪村の俳諧性の雅俗意識すなわち離俗の追求が江戸時代中期の、蕪村と秋成の詠法相互の関連が結果的にみられるのではなかろうか。秋成も若いころ俳諧を嗜み、俳諧世界の影響も総合的に考えられる。つまり、和歌世界と俳諧世界への互いの世界への影響の在り方も含め、俳諧中興のきざしは文人に刺激的であったであろう。

景物に焦点をあてて、秋成と蕪村をみると

蕪村

猿どのの　夜寒訪ゆく　兎かな
名月や　兎のわたる　諏訪のうみ
子狐の　なににむせけん　こはぎはら
水仙や　狐遊ぶや　宵づく夜
ことりくる　音うれしさよ　いたびさし
雪の暮　しぎはもどつて　いるやうな
みのむしの　古巣に添ふて　梅二輪
短冊は　わすれてもよし　花と鯛
鶯や　なにごそつかす　藪の霜

冬鶯　昔王維が　垣根かな
蚊の声す　忍冬の花　散るたびに
ふぐの面（つら）　世上の人を　にらむかな
かはうその　月になく音（ね）や　崩れ梁かな
飛蟻（はあり）とぶや　富士の裾野の　小家より
蝙蝠（かはほり）や　佐田にとまれと　夕かな

と、多様に景物を詠んでいる。生物に限定して採択した。

秋成の場合も馬、牛、犬、猫、猪、猿、狐、魚など景物の多様化がみられるが、俳諧における景物ほどではないまでも、歌材が多様化しているといえる。

ここで断っておきたいのは、あくまでも和歌と俳諧を区別なく論じようとしているのでなく、事実を即物的に、かつ物に即して観察することを俳諧と考える。あるいは蕪村の「俳諧は俗語を用ひて俗語を離るるを尚ぶ」（『春泥句集』）ことを精神とすることを理解した上で、江戸中期における文人の興趣の在り方に注目するのである。

萬葉に一例用例のみえる、蟹が従来、詠歌の対象から越えて、秋成は自己の、幼い頃に患った痘瘡による指の奇形を思いに込め、字（あざな）に蟹の異名「無腸」を使用して次の和歌を詠んだ。

秋成は自己の墓石に蟹の形を使用しており、秋成の思いのほどが計り知られる。自虐の意をこめて、自己を蟹と称したのである。

蟹

・蘆原の　ことば茂来て　かひなげに
世にすむ我と　人も見るがに

・津の国の　なにはにつけて　うとまるる
芦原蟹の　横走る身は
・蘆蟹の　あなうと世には　在りわびて
かげとむへくは　おもはざりしを

蕪村もまた蟹を詠んだ用例があるが、この場合は

短夜や　芦間流るる　蟹の泡

すなわち、蟹の泡と詠むことにより俳諧としたのである。秋成と蕪村と、このような相違はもちろんみられる。和歌の世界においても、冷泉家中興の祖とされる冷泉為村の詠草にも蟹の用例が見える。従来詠まれることの稀な景物も和歌に摂取され枠が拡大している。

以上のようなことを踏まえた上で、秋成と蕪村の共通の景物について挙げてきた。

江戸中期、国学の発達と俳諧中興とは、ものの考え方を自由に、精神を自由に遊ばせる働きを果したように思う。政治経済的な閉塞にあって、人々は空想の世界、虚構の世界、幽界の世界、小説的構想の世界など、その枠内で、より新しい発見、真実などを求め、文学活動も含め、行動したようにみえる。

四

秋成は〈萬葉語彙〉を小説の中でいかに使用したか。

秋成は『萬葉集』における萬葉語彙を小説で使用する場合、『源氏物語』の表現を加味したような、複合的表現をとる。たとえば『雨月物語』「白峰」の文章の一例を挙げると

荊棘薛蘿にうづもれてうらがなしきを

とある。「うばら」「うづもれて」「うらがなしき」の頭韻「う」の音で統一され美しく響く。そして、『萬葉集』に「うばら」は「うまらかりそけ」、「薛蘿」は「やまかづらかげ」とある萬葉語彙である。「うづむ」は『源氏物語』幻の巻で「うづみたる火」という用例がみえ、「うばらかづら」という痛々しくもはびこったものに「うづもれ」た状態の「かなしさ」が倍増するような景色が設定されている。

あるいは

木のくれやみのあやなきに、夢路にやすらふが如し。

という文を例に引く。『萬葉集』の「このくれやみ　うづきしたてば　夜隠りに　鳴くほととぎす　いにしへゆ語り継ぎつる」の状況を増幅、具体的に景物に心情を重ねて描写している。そして、「木のくれやみの」の「や」、「あやなきの」の「や」、「やすらふ」の「や」のヤ行音の韻が効果的にリズムをかなでるのである。

あるいは

出雲の国にまかる路に、飢えて食を思はず、寒きに衣をわすれて、まどろめば夢にも哭きなかしつつ、

という表現を例に挙げる。「まかる路」は『萬葉集』の巻六「ひなへに罷る」（一〇一九）での萬葉語彙であり、「飢えて」以下、中国の白話小説の『死生交』にみられる用例を秋成は引く。

つまり、秋成は歌語と小説や物語との文章を重ねることによって、典拠の重奏をはかり、複雑にかつ心理描写を深化させる。

虚構としての、小説体を堅固に成立させていくといえるのである。ことに『雨月物語』におけるこの傾向は強い。

また、秋成が〈和歌と小説をどのように関連して考えていたか〉をみていく。

秋成が黄金を歌材にした和歌がある。詞書は漢文で

　世人結交用黄金

とあり

・交りを　こがねにむすぶ　世の人の
　つひのこころぞ　つねなかりける

と詠む。世人が交りを金銭のために結ぶことへの批判を歌にしたものである。当和歌を具体化し、小説化したものに、寛政三年（一七九一）秋成が五十八歳で脱稿した『癇癖談』がある。

○むかし、やんごとなき家にはあらぬ人の。世の中の事。はかはかしくもまなびしらぬが。ただ金銀おほく持ちたりければ。御前さらずの。御髭（おひげ）の塵助等はもとよりさるものにて。しるしらぬ人までも。うらやみ。たふとがりけるほどに。いつしかと。おもひほこりつつ。恩見せぬ世の人までに。無礼（なめ）になめらしけり。国の守といふ御あたりよりも。あまりにまはゆきまで。あしらひもてはやさせたまふは。みちのくの小田のやまより。さそく出金の花をさかすにぞ。利足の外に。扶持かたをたまはり。何格何の席などと。武功の家がらのひさをものりこえて。いとをこかましく。いみしきふるまひなどもありて。腹ふくらしけり。

　萬葉集に　大きみの、御代さかえんと、あづまなる、みちのく山に、こがね花さく

（『上田秋成全集』第八巻　中央公論社）

金力に傘をきた人の浅はかさ、金次第の世の風潮を批判し、『上田秋成全集』第八巻（中央公論社）の解説では「『癇癖談』は、寓言の矩を越えるほどに風刺性が露わ」という。

秋成は『萬葉集』「賀陸奥国出金詔書歌一首併短歌」の反歌三首の内の三番目の歌を典拠とした。

万十八　すめろぎの　みよさかえむと　あづまなる

みちのくやまに　くがねはなさく（四〇九七）

大伴家持の作である。当歌は秋成の小説の俎上に幾度も姿を変えて、『雨月物語』「貧福論」、『春雨物語』「血かたびら」「捨石丸」に黄金の価値を扱い、作品にも登場させている。『萬葉集』の真名児の場合も例は省くが、素材として多用したことと等しい。

秋成

・ななそぢの　我は真名児ぞ　をさなくも
五十の親の　をしへ守れば
　　静談古人
・いにしへの　文のこころに　しめされて
とふもかたるも　道にかなへる
　　古学
・いにしへの　絶えにし事も　露わけて
改めけりな　野中古道

師が教へし野中古道。たとたとしくてのみ。二十余年を経るほとも。この集を。幾度ならねと読かへしつつ。おのれひとり節を撃事も有を。眼くらき病者の筆。走らすへくもあらて過ぬるにも。猶心動きて。是に又煩はさるやうなれは。今歳此金砂十巻。口を銜て。出るままを書あらはしぬ。

（『金砂剰言』、『上田秋成全集』第三巻　中央公論社）

桓武天皇が「いにしへの　野中古道　あらためば　改むらんや　野中古道」と延喜四年曲宴で古歌を誦し、寵愛していた女官百済王明信にこれに和するよう命じるが、明信は答歌をなすことが得ず、天皇自ら和して詠んだ歌として「君こそは　忘れたるらめ　和霊（にぎたま）の　手弱女われは　常の白玉」が代わって詠まれたとある（『類聚国史』）。秋成著述に「いにしへの　野中古道　……」を何度か使っており、古道を反芻辿っていたことを知るのである。

秋成の学問姿勢の如実な表現である。古道を「改めけりな」と詠嘆的に希望を意志強固に打ち出すと同時に、柔軟に和歌の世界にも歌材という点からも、和歌世界の古風を破る働きを果たした。一つの詠歌法と同様、素材の調理法を手をかえ品をかえ存分に利用し、試用したのではなかったかと思う。

だが、秋成の和歌観は

> 人はまことに生に苦しむ。風をくらひ。露を飲み。麋鹿を友とし。ましらと住なんには。遊魂の生にまされる事むへ也。ここに安んし。ここに居れとは。もしや怨霊のたたりをすらんとも。我をも人をも思ひつつなくさむる歌と。あまりてはいひもしつへし。旅人あはれのおほん。妻もあらはとかけし涙。にき霊の。衣さむらに。髪も乱りたるをと云てのみ。言を尽さねと。尚たえたえにも命のうちならは。心つよくやあらむ。言はをかしくもかなしくも。おのれおのれか才のほとにつけて。世の人の感するまては打いつへけれと。まことのかきりにいたりては。後よりうかかひて。いふかしむへきにあらす。詞華言葉とて。人の心を動かするは。打出るも。聞人も。尚ふかきにいたらぬ玩ひ草そかし。（『金砂剰言』、『上田秋成全集』第三巻　中央公論社）

といいつつ、秋成は心眼をもって尋思し、文学制作に打込むのである。

秋成は『萬葉集』の注釈『金砂』十で、憶良の「沈痾自哀文」の「ますら雄やむなしかるへし万代にかたりつくへき名はたたすして」の歌注で

> 勝地に遊ひて文藻をつらね。恋情にうかれて。夜かれを歎く徒には。たとへ詞章のおとるとも。悲歌慷慨の感におきて。日を同しくかたるへからす。まして題詠の仮粧をのみ。歌よむと思えたる人の。窺ふへき境にあらす。（略）

大夫の作は。事に臨みて。喜怒哀楽を尽すに。言をいたはらす。意を尽されたり。我常に此手ふりを学ふへく思へとも得す。

（『上田秋成全集』第三巻　中央公論社）

という。秋成は意をつくし老いの嘆きの和歌には、心の叫びを心底うたい、上記さまざまな詠法を尽くして詠んだ和歌を脱却し、転換した和歌を最終的に多数詠んでおり、感動させられる。

秋成は憶良の詠歌法の、喜怒哀楽という感情を、表現に先立って重視する手ぶりを学ぼうとするが、まだ得ていないと述べており、詠歌にもその姿勢を反映しようとしたと考えられる。和歌と小説の関わりにも、秋成の歌論を考える上で示唆的である。

そして、最終的には

老ては。思ふ事のかきりをは便につきて。あきなくもくゆり出たる。命のきはのくり言なるを。よしよし。人見たまへとにもあらすなん。

（『金砂』九、『上田秋成全集』第三巻　中央公論社）

という言で閉めている。秋成が文化四年（一八〇七）七十四歳の秋、井戸に自己の著述を投げ捨てるという凄絶な行為の蔭に、心情表現を和歌に委ねた秋成がいた。本章は秋成の文学制作というシステムに張り巡らされた和歌詠法の一端を多少なりともみておきたかったのである。

上田秋成と『論衡』
──「秋成」の号をめぐって──

一

上田秋成が、人間の不幸・不運にこだわり続けた人であったということ、そのことを論ずる際に「遇不遇」「命禄」という言葉をしばしば用いたということ、その言葉とその物の考え方の背後には後漢の王充の『論衡』があるということについては、長島弘明「秋成と『論衡』─「命禄」を中心に」(和漢比較文学叢書七『近世文学と漢文学』汲古書院 一九八八年)において一応の整理がなされている。しかし、このこだわりが、彼自身に始まって、歴史上の人物から、さらには非情の事物に至るまで、およそ存在するすべてのものについて「遇不遇」を問わせずにはいなかったほど、秋成の精神の奥深くに根ざしていたことを考えれば、問題はなお多く残されていると思われる。以下に述べるのも、秋成と『論衡』の関係の一面についてのささやかな考察である。他に適当な題を思いつかないまま、メインタイトルが同じになってしまったことを、始めにお詫びしておきたい。

本章では、『論衡』それ自体について論ずる必要はなく、勿論筆者にその能力もないが、行論の都合上、「遇不遇」「命禄」という言葉が『論衡』でどのような意味を込めて用いられているかということを、ひとわたり見ておきたい。

「遇不遇」については、『論衡』第一篇の「逢遇」の冒頭に「遇不遇は時なり」とあるあたりが引用するにもっともふさわしく、原文は前掲論文に白文のまま引かれているので、ここでは新釈漢文大系『論衡上』（明治書院　一九七六年）の山田勝美現代語訳を掲げる。

賢明か否かは才能の問題であり、めぐり会えるか否かは時運できまるからである。いかに才能や操行がりっぱでも、その人がきっと尊貴な身分になれるとは請け合えない。また、いくら才能や操行が劣っていても、その人はきっと卑賤な地位に陥るとは予測できない。りっぱな才能や操行の人でも、めぐり会えなければ、下位に左遷されてしまうこともあるし、劣った才能や操行の人でも、めぐり会えれば、昇進して衆人の上に立つこともある。

「命禄」は、『論衡』第三篇の「命禄」という篇名から来た語である。「命禄」と熟した形は「命禄」篇に見えないが、貴賤が「命」によって決まるのに対して、富貴は「禄」によって決まると述べられていて、「命」と「禄」は要するにほとんど重複する概念である。ここでは「命禄」篇冒頭の「命」についての説明を引く（以下、『論衡』の引用は新釈漢文大系の読み下し文による）。

凡そ人の遇偶と及び累害に遭ふとは、皆命に由るなり。死生寿夭の命有り、亦貴賤貧富の命有り。王公より庶民に逮ぶまで、聖賢より下愚に及ぶまで、凡そ首目有るの類、含血の属は、命有らざる莫し。命、貧賤に当れば、之を富貴にすと雖も、猶ほ禍患に渉り、其の富貴を失ふ。命、富貴に当れば、之を貧賤にすと雖も、猶ほ福善に逢ひ、其の貧賤を離る。故に命の貴なるは、賤地に従ふも自ら達し、命の賤なるは富位に従ふも自ら危し。故に夫の富貴は神助有るが若く、貧賤は鬼禍有るが若し。

すなわち、「遇不遇」幸運にめぐりあえるかどうかは、その人の賢不賢などとは無関係で、時運（「逢遇」篇の原文では「時」）という偶然によって決定される。しかし偶然として現象する運命は、その人に生まれついている「命」によって支配されているのであるから、偶然は必然であるともいい得る。『論衡』の「遇不遇」「命禄」の論をこの程度に要約しておいてよかろう。

さて、秋成の著述中の「遇不遇」「命禄」の語の用例が、長島論文には全部で十八例、時代順に掲げられている。これによって、秋成がこの問題を、折にふれ時につけ、自分の境遇を慨嘆諦観し、古人の上に思いを馳せ、くり返しくり返し考えていたさまが如実にうかがわれる。たとえば長島論文の用例⑦、これは山上憶良の『萬葉集』巻五の八四八番歌「雲に飛ぶ薬はむとも都見ばいやしき我が身又落ちぬべし」についての『楢の杣』の評釈であるが、随分省略して引いているので、全文挙げてみる。憶良は、才識ありながら不遇な生涯を送ったとして、秋成がわが身の不遇を重ねて深く思い入れしてやまない人物であった（吉江久弥「秋成と憶良―憂悶の歌―」、『歌人上田秋成』桜楓社　一九八三年）。

> 淮南の劉安が仙薬の臼に遣りたるを、犬鶏の嘗(なめ)て共に雲中に吠しと云故事を取たるにて、憶良既に七旬に齢を経て、西辺の任にある事を常に悲しむあまり、此宴にあひ諸人の遊ぶを見れば、都しぞ思ふと云歌を聞なべに、情願のまゝによみ出し也、今は老朽(くた)ちぬれば仙薬を嘗るとも、又地上にかひなく落べしと云、いやしき我身と又くり言するにも、あはれは催さるゝ也。此人才識有といへども、老の果まで辺役に在事、王充が云不遇の人也。
>
> （『楢の杣』五、『上田秋成全集』第二巻）

長島弘明も、「遇不遇」という時、秋成はもっぱら「不遇」について考えているのである。

二

長島論文で挙げられた十八例のうち、もっとも早いのは、天明二年（一七八二、秋成四十九歳）の『山裹』に「そも高き卑しき、時に遇ひ遇はぬ、或はさかしおろかをも言はじ、……」（傍点長島）とあるものであるが、長島論

文で

秋成が自己の不遇薄命を切実に認識するに至るのは、五十七歳、寛政二年夏の左眼失明以後のことである。……「時に遇ひ遇はぬ」の語は、天明二年の『山裹』に既に見えるが、「命禄」「遇不遇」の論を、失明以後、己の境涯に徴して再発見したといってよい。

と述べられる。

左眼失明が秋成に与えた重大な衝撃からして、秋成がそのことを契機にして「命禄」「遇不遇」の論を再発見したという御指摘は、首肯されるものであるが、では「再発見」以前の、「発見」の時期はいつであろうか。秋成と『論衡』の最初の出会いはいつ頃のことであろうか。天明二年の『山裹』から、さらにさかのぼり得るのではないだろうか。そのようにいうには、ほかならぬ「秋成」という号が『論衡』に由来するのではないかと考えられるからである。

高田衛『上田秋成年譜考説』の安永元年（＝明和九年〈一七七二〉秋成三十九歳）の項に、「十二月三日、藤家時の秋成講義聞書『古今序聞書』が成った」として、その書の奥書

明和九辰年十二月三日上田秋成門人藤提蕪

が挙げてある。秋成自身が書いたものではないが、これが「秋成」という号の今日知られる初出例らしく、秋成が秋成と名乗ったのは明和・安永の交と考えてよいであろう。

「秋成」とは「秋に穀物が実る」の意に相意なく、その限りでは典拠がなくとも思いつきそうな名前ではある。しかし、この当時、わが上田秋成以外にも二人ほど「秋成」を名乗った人が存在したようで（日野龍夫「三人目の秋成」、『混沌』第四号）、典拠なしに、つまり勝手に号をつけて、同時代の三人もの人間においてそれが一致するというのは、偶然に過ぎよう。「秋成」が何かしかるべき典拠を有する語であるなら、その偶然も納得できるのであ

る。

しかるべき典拠としてまず考えられるのは、『爾雅』の「釈天」の章の「秋を収成と為す」という一節である。『爾雅』は儒学の重要な古典であるから、上田秋成以外の秋成は、あるいはこれによって自分の号をつけたのかも知れない。しかし、「秋」を「成」の季節とする文章が『論衡』にも見出され、しかもそれが不幸を論ずる文脈においてであるとなると、少なくとも上田秋成については、号の典拠は『爾雅』ではなく『論衡』なのではないかと、考えてみる方が至当ではなかろうか。

その文章は、『論衡』第二篇の「累害」に見られる。

> 凡そ人、仕宦の稽留して進まざる有り、行節の毀傷せられて全からざる有り、罪過の累積して除かれざる有り、声明の闇昧にして明かならざる有り。才下るに非ず、行悖(もと)るに非ざるなり。又知昏(くら)きに非ざるなり。策昧きに非ざるなり。外禍の之を累害するに逢遭すればなり。唯に人の行のみに非ず、凡そ物皆然り。生動の類、咸(みな)累害を被る。累害は外よりし、其の内よりせず。夫れ累害の従りて正起する所に本づかずして、徒だ責を累害を被る者のみに帰するは、智明かならず、理に闇塞せる者なり。物は春を以て生じ、人之を保んずれば、「以秋成」（秋を以て成る）。人必ず之を保んずる能はず、率然として牛馬根を践み、刀鎌茎を割れば、生ぜし者育たず、「至秋不成」（秋に至りて成らず）。成らざるの類は、害に遇ひて遂げられず、生ずるを得ざればなり。

人のみならず、生きとし生きるものすべて、外からやってくる「累害」のもたらす不幸を避けられない。万物は春に生じ、人がこれを大事にすれば、秋に成熟する。累害をこうむると、人はこれを大事にすることができず、秋になっても成熟しない。ここで「秋成」とは、物事が不幸にわずらわされず、順調に存在を続けるさま、すなわち秋成が「遇不遇」「命禄」という語を用いた時に思い浮かべている状況と正反対の状況を象徴する語となっている。あえていえば、不遇が秋成の現実であるとすれば、秋成にとって反現実の理想ないし願望を託し得る語となっている。

ちなみにいえば、前述の『爾雅』の「秋を収成と為す」という一節は『論衡』第五十二篇の「是応」に引かれているから、王充が右の「累害」篇の「人之を保んずれば、秋を以て成る。云々」という文章を書いた時、『爾雅』の一節が意識されていたかも知れない。しかし「秋」と「成」はもともと結びつきやすい概念であるから、『爾雅』によらなければこの文章が書けないというわけでもない。この点についてはなんともいえない。

また、『論衡』にはもう一箇所、「秋」という字と「成」という字が接近して出てくるところがある。それは長島論文にも引用されている、「逢遇」篇の

春種（しょう）して穀生じ、秋刈りて穀収まり、物を求めて物を得、事を作して事成るは、名づけて遇と為さず。

という文章である。これは秋の収穫を作為として否定するという文脈であるが、「秋」と「成」が直接結びついているわけではないので、「秋成」という語ないし号について考える際には考慮の外においてよい文章かと思われる。

「不遇が秋成の現実であるとすれば」と述べたが、秋成が「秋成」と名乗り始めた明和・安永の交とは、秋成の人生の上でどういう時期だったであろうか。秋成は明和八年三十八歳の正月、火災で家産を失った。それを機に養父から譲られた紙油商の店を廃して医学を修業し、安永二年、大坂北郊の加島村に居を定めて医を開業した。性格的に向かない商人から脱し、医業のかたわら、好きな国学にうちこめるようになったのであるから、はた目には、この人生の大転換は秋成に幸福をもたらしたように見えるし、秋成自身も幸福を感ずる時がなかったとはいえないであろう。

しかし、火災保険があるでもない当時において家産を失ったという不安と、大坂の町家に人となった者として、しかも養子の身で、譲られた暖簾を守り通すことができなかったという心の傷とは、現代の我々が想像もつかないほど大きいものだったのではなかろうか。後年の秋成は、わが身の不幸を回顧する時に、必ずこの火災に言及する。

遂ニ回禄ニ家ヲ失ヒ、産ナク居ナク……

（寛政十二年八月十日附　実法院宛書簡。長島用例②）

ほどなく類火に係りて家産共に滅ぶ。

（『楢の杣』五。同⑤）

恐らく秋成には、類火以前から、出生の秘密や手指の畸形、自己を偽って従事する商人稼業等に由来する、漠然とした不遇意識があった。それが類焼を契機にはっきりと自覚されるようになったと考えることに、無理はないであろう。そうした時期の秋成が「秋成」という号を選び取ったということの説明として、前述したような、『論衡』においていて「秋成」という語が担っている役割は、まさに恰好のものである。新しい人生を踏み出した今、医者として、国学者としてのこれからが、「累害」をこうむることなく、「秋を以て成る」ものであるようにとの祈りをこめて、秋成は「秋成」と名乗ったのではなかろうか。

やがて不遇の深まりと、『論衡』への理解の深まりとが重なって、「累害」も「不遇」も、「命禄」という必然に支配されていて、祈ったところでどうなるものでもないことを、秋成は痛切に悟る。しかし、秋成という名が世間に定着してしまったという現実的な理由もあったであろうし、その名にこめた若い日の祈りが自分ながらいとおしくもあったのであろう、祈らなくなってからも、秋成という名を変えることはしなかった。

この推測がもっと説得力を持つためには、秋成が、長島論文で「遇不遇」のもっとも早い用例となっている天明二年の『山裏』から十年さかのぼるこの時期に、すでに『論衡』に接していたということが、別な形で論証されることが望ましい。次節でその論証を試みよう。しかし、その論証がなくとも、『論衡』において「秋成」という語が担っている役割を知ってみれば、「秋成」という号とこの時期の秋成との結びつきは、『論衡』を介する以外に説明のしようがないように思われるのである。むしろ「秋成」と名乗ったことそれ自体が、秋成の『論衡』への親近を物語るのではなかろうか。

三

『論衡』の「遇不遇」「命禄」の論とは、もう一度述べると、「命禄」篇の前引箇所に続くくだりに

是の故に才高く徳厚きも、未だ其の必ず富貴なるを保すべからず。知寡なく徳薄きも、未だ其の必ず貧賤なるを保すべからず。或いは時に才高く徳厚きも、命悪なれば、廃せられて進まず。知寡なく徳薄きも、命善なれば、興されて超踰す。

とあるように、人の遇と不遇とは、その人に生まれついた「命」によって決定されるのであって、その人の才能や徳性などには関係しない、とするものである。この思想は、善人必ずしも栄えず、悪人必ずしも滅びないという、人の世にしばしば見られる不条理を、「命」という原理に基づいて説明することができる。

ところで、この不条理こそは、秋成の早くからの関心事であって、処女作『諸道聴耳世間猿』にはそれをテーマにした作品が幾つかある。代表的なものは、巻二之一「孝行は力ありたけの相撲取」であろう。播州高砂の相撲取り相生浦之助は大変な孝行者で、相撲に出ない時も身も粉にして働いて、両親に尽すが、両親が大酒飲みの博打好きの上に弟が梅毒になり、無為徒食の三人を抱えた浦之助は、貧窮に心労が重なり、賞金目当ての相撲にも負ける。最後には、正体を表した貧乏神にまつわりつかれて

それからの病みつき、天道人を殺すのか、高砂や此のうら船に病ひ船がつきて、いがみにいがみに尉と姥、千とせの鶴首ほしげに、万代の亀の首すつこめて暮すのも、天なるかな、命なる哉。

と、締めくくられる。

これはまさに「才高く徳厚きも、未だ其の必ず富貴なるを保すべからず」という人生の好例で、主人公の善良な

青年の悲運はあまりにも救いがなく、滑稽な筆致で描き出されているだけにかえって、読者を暗澹とさせずにはおかない。

このような作品があるからといって、秋成が処女作のころから『論衡』に接していたということにはならない。人生の不条理は、秋成自身の上にも、周囲にも、いくらでも実例が見出せたはずであるから、思想書を読んで勉強しなくとも、真実を直視しようとする精神がありさえすれば、この作品を書くことはできたであろう。ただ、人間は、不条理が不条理のままであることには耐えられない。不条理を見た人間は、その不条理を自分に納得させてくれる「原理」を求めずにはいられない。『論衡』はまさに不条理の原理を説く書物であったから、この作品を書いたことが、秋成と『論衡』との出会いを必然のものにした、というふうにはいえるであろう。

人生の不条理を経験ないし見聞しないで済む人は少ないであろうが、それを直視することを誰もがするわけではない。『諸道聴耳世間猿』を書いた時の秋成は、まだ嶋屋仙次郎と称する大坂堂島の紙油商であったが、近世中期の町人にとって、直視はとりわけ困難であったに違いない。彼等を包みこんでいる享保以来の滔々たる庶民教化の風潮とは、たとえば『田舎荘子』（中巻「蟬蛻至楽（せみがらのしらく）」）に

何を至楽といふ。無欲にして足ることをしり、至公無我にして、物と是非を争そはず。我心の本然を知りて、生死禍福のために惑はず。生は生に任せて、其通を尽し、死は死にまかせて、其帰を安むず。貪貴をうらやまず、貧賤をいとはず、喜怒好悪念をとむることなく、吉凶栄辱其あふ所に随て、悠々として、造化の中に遊ぶ者は天下の至楽なり。

というがごとく、「分」を守っていれば幸福が保証されると信じようとするものだったからである。

分を守っていても不幸になることがあるという真実を直視した時の秋成は、右の公認され、広く浸透した「常識」の海の中で孤立していたのであるから、自分の見たものこそ真実であると説明してくれる原理を求める思いは、

いよいよ強まらざるを得ない。懐徳堂に通ったかどうかは知らず、インテリ町人だったことは間違いない秋成は、『論衡』の書名と内容の概略くらいは当然聞き知っていたであろう。とすれば、その書への関心をかき立てられなかったであろうか。

次に取り上げたいのは、『雨月物語』の「貧福論」である。これは、金銭を大切にする武士岡左内と黄金の精霊との対話を通じて、秋成の金銭観を展開した作品で、議論の中で踏まえられている漢籍として従来指摘されてきたのは、『史記』の「貨殖伝」や『五雑俎』などであるが、本章の立場で見直すと、『論衡』によるのではないかと思われる箇所がある。それは、岡左内が

今の世に富めるものが、十が八ツまでは貧酷残忍の人多し。……また君に忠なるかぎりをつくし、父母に孝廉の聞えあり、……（そういう善人が貧窮孤独におちいり）汲々として一生を終るもあり。

と、悪人にして富む者と善人にして困窮する者とを対比して、その不条理についての儒仏の説明の是非を問うたのに対し、黄金の精霊が

我もと神にあらず仏にあらず、只これ非情なり。非情のものとして、人の善悪を糾し、それにしたがふべきいはれなし。

と、儒仏をともに否定し、自分は人の善悪には関知せず、金銭固有の法則に従って動くのみであると答えるくだりである。

『論衡』を読んでいなければこの問答は書けないということはなく、また議論の中に「遇不遇」「命禄」を始めとする、『論衡』を典拠とする言葉が一切出てこないので、断定的なことはいえない。しかし、秋成がすでに『論衡』に接していたとすれば、この議論を着想しやすかったであろうことは確かである。

特に、黄金の精霊の答えの中に示されている、貧富は人の善悪にかかわらないという主張は、そのことが自明の

道理となってしまっている現代社会の感覚でとらえてはならないものである。万事に倫理が貼りついていた近世社会において、このように乾いた認識を公刊の書物の中で述べるということは、決して容易なことではなかったであろう。それは、西鶴の町人物にも、たとえば『通俗経済文庫』に収録されている致富手引書の類にも、見出せない。生活の実感だからといって、いきなりそれをそのまま筆にすることができるものではない。秋成にそのことが可能であったのは、実感を真実であると保証してくれる理論的支柱をすでに手に入れていたからに違いない。『論衡』以外に、支柱になり得たものは考えられないのではなかろうか。

本節は、前節で述べた「秋成」の号の由来についての推測を補強する論証のはずであったが、本節もまた推測の域を脱しなかったようである。しかし前節と本節を合せれば、秋成が『論衡』に親近し始めたのは、明和・安永の交、『雨月物語』推敲の頃からであったということの、少なくとも可能性は提示できるであろう。

上田秋成と大伴旅人

一

上田秋成の『萬葉集』研究についての研究は、前野貞男『上田秋成の萬葉学』（明治書院　一九五九年）が先駆をなすものと思われるが、内容は『萬葉集楢の杣』や『金砂』を紹介し、金刀比羅宮図書館蔵本『萬葉集打聴』を翻刻するという域にとどまっている。

それに続く新藤知義『上田秋成の萬葉学』（桜楓社　一九七四年）は、現代の研究の水準に立って、秋成の研究の不十分さを批判することに終始した著述である。久松潜一『萬葉集注釈書の研究』に、「その他真淵の系統を引いた上田秋成の金砂の如き萬葉集会説のごときすぐれたものもあるがこれを略した。」（『萬葉集の研究』（二）　至文堂一九七六年）とあるように、研究としてはやや特異な性格をもっているせいか、『萬葉集』研究史の上では、秋成の業績は除外視して考えられる傾向にあった。少数の研究者を除いては従来、秋成の『萬葉集』研究を取り上げ、積極的に評価することは皆無に近い状況にあった。

確かに、公平に見て、『萬葉集』研究に対する秋成の寄与は、僧契沖・賀茂真淵・本居宣長などに比べれば、貧しいものでしかないであろう。しかし秋成の側に立って眺めれば、『萬葉集』研究は秋成の文学活動の中では大きなウエイトを占めている。そのことについての考察を述べてみたい。

秋成が、『萬葉集』について本格的な研究に取組むのは、晩年六十歳を越えてからのことで、七十六歳で没するまでに幾つかの著述を残している（『萬葉集会説』『萬葉集打聴』『萬葉集旁注書入』『冠辞続貂』『萬葉集見安補正』『萬葉集楢の杣』『金砂』『金砂剰言』など）。

秋成の『萬葉集』研究は、秋成の〈個人〉と強く結びついているという点で特徴的である。そのことのよくうかがえる例として、『萬葉集』の中の、妻の死を痛み悲しむ歌に強い関心を示すということが挙げられる。秋成は六十四歳の時に妻の瑚璉尼を失うが、その際の悲痛なばかりの哀惜の念は『麻知文』によって知られる通りである。その体験以後の『萬葉集』注釈『萬葉集楢の杣』『金砂』に、右の特徴は顕著である。たとえば、柿本人麿の「柿本朝臣人麿、妻の死にし後に、泣血哀慟して作る歌」の長歌

あま飛や。加留の道は。吾妹子が。里にしあれば。ねもごろに。見まくほしけど。不止ゆかば。人目を多み。まねくゆかば。人知ぬべみ。さねかづら。後もあはんと。大船の。思ひたのみて。玉蜻（カゲロフ）の。岩垣淵の。こもりのみ。恋つゝ在に。わたる日の。暮行が如。照月の。雲隠つごと。おきつ藻の。靡きし妹は。紅葉の。過ていにしと。玉づさの。使のいへば。梓弓。音のみ聞て。いはんすべ。せんすべしらに。おとのみを。きゝて在えねば。吾恋る。千重の一重も。思ひやる。心もあれやと。わぎも子が。常に出て見し。軽の市に。我立きけば。玉だすき。うね火の山に。鳴鳥の。声も聞えず。玉ぼこの。道ゆき人も。ひとりだに。似てしあらねば。すべをなみ。妹が名よびて。袖ぞふりつる。（巻二・二〇七）

に附された短歌一首

秋山の　もみぢを繁み　まどはせる　妹をもとめん　山道しらずも（巻二・二〇八）

について

小叙。人丸妻死之後。泣血哀慟作歌とあれど。是はしのび女なれば。書べき様もあらんを。後人の書くはへし

故に。叙は尽さぬ事多し。軽の里におもひ女のありて。時々かよひけり。しき〳〵には逢がたきさはりや有けん。人目つゝましく。思ふばかりはえゆきかよはざりしほどに。俄に失しとて。使の告来たりしかば。何心もせず。まことにや。譌なれかしと思ひつゝ。在にありえねば。まどひ出にけり。常に出てあひ見し軽の市に来て。立きけど。其けはひなる人もたゝず。似たる面ざしの女には行あはねば。すべのすべなさに物狂はしく。妹が名を声に上て。魂よばひをなんしけると也。猶くるほしくまどひありて。畝火山にやいきのぼりて。をちこちまよひ入けん。秋の色の茂き比なれば。山路も寒く。悲しさ身にしむばかりなるべし。（『金砂』七）

と、注するがごとくである。「尽さぬ事多」き叙（題詞）に代って、人麿の心中を長々と敷衍する。語釈に終始することの多い近世の古典注釈において、このように率直に感傷を吐露する例は珍しいであろう。

二

この、『萬葉集』研究と秋成の〈個人〉との結びつきということを、萬葉歌人大伴旅人の作品の注釈に絞って見ていきたい。大伴氏についての秋成の理解の概略は、『冠辞続貂』（『上田秋成全集』第六巻　中央公論社）の「大伴の」の項に

さて其冠言のよしは、其かみ大伴氏は、代々大連の重職にありて、此摂河の両国を食地にや領せられけん、（中略）此氏人を寿詞せし歌、萬葉集に見ゆ、「靫かくる伴の男ひろき大伴に国さかえむと月は照らし、」と云歌は、是大伴の領国なる由なり、

とあるなど、古くからの畿内の豪族であったが、旅人の歌

旅人卿

浅茅原　つばら〳〵に　物思へば　ふりにし郷の　おもほゆるかも（巻三・三三三）

に注して

抑大伴氏は。遠祖道臣命（ミチオミノミコト）の功勲によりて。筑坂に宅地を賜ひ。畝火のかし原の皇居の近衛（チカツマモリ）となさせ給ひしが。世移りて。物部。蘇我の勢ひに壓れ。今は藤さく陰にかくれて。かく西辺の任につかふまつる事をや思し歎かせけん。注とて物いへば。あらぬ心をそふる事。我のみならず多かり。（『金砂』三）

とあるように、家運が衰えかかっていた、というものである。

大宰帥に着任した旅人は、藤原氏が権勢の拡大をはかり、着々と手を打つありさまを見て、自分は態のいい左遷同然の身であるという思いをかみしめていたと、秋成は同情する。

以上の理解に格別新しい点はないが、太宰帥時代の旅人の望郷の念について、秋成は注目すべき注釈をほどこしている。それは『金砂』一に

旅人卿

わすれ草　我紐につく　かぐ山の　ふりにし里を　忘れぬがため（巻三・三三四）

是も故郷をしのぶは。又みそか言なるから。衣の下紐に着たるべし。末の句。忘れぬが為といふを。さまざま解わづらへど。末の句。忘れんが為といはでは事叶はず。

是は藤原の都なりし時。かぐ山近くて在しを。後に思しやりて。打ながめられし也。

○蘐草をわすれ草とよむ事。稽康の閑居賦に。蘐草忘憂。合歓蠲忿と云は。各其物の功能を奏すに非ず。稽叔夜は世に過ざる人故に。志を失ひて。長大息せる時に。此花々の。簷や垣下に咲しをふと見て。心とゞむともなしに。しばし憂を忘れ。忿を蠲と云文義かと思ゆるを。この物々しるし有に云は。文苑の常なり。時鳥を聞

て。思ひねをなぐさむ人の類に。其時に臨みて悶（オモヒ）を遣（ヤ）り。憂を忘る、事。何物にも有べし。と、語られているものである。興味のひかれるのは、「稽叔夜は世に遇ざる人故に。志を失ひて。長大息せる時に。云々」という記述で、旅人が、「不遇な稽叔夜」、つまり竹林の七賢の一人である稽康に重ね合わされてとらえられているのである。

なおこの歌は、末句の「不忘之為」について、『校本萬葉集』に

　○不忘之為、ワスレヌカタメ。仙、「ワスレシカタメ」（古点）ヲ否トシ「ワスレヌカタメ」トス。考、「不」ハ「将」ノ誤。訓「ワスレンガタメ」。

と述べるように、「不」が問題になる。『萬葉考』では誤字説を立て、秋成も「不忘の不の字は衍歟、又将忘と有しにや」（『萬葉集楢の杣』）と、真淵説に同調している。契沖は「不忘之為」を「ワスレヌカタメ」と読むものの、「不」の字についてとくには言及していない。宣長は「わすれぬ故にといはんが如し、然れは、わすれぬ故に、いかにもしてわすれんとて、萱草を紐につくる也、」（『萬葉集玉の小琴』）と解している。

ところで、稽康には「閑居賦」という題の作品はない。秋成の引いている一節は、『文選』巻五十三の稽康の「養生論」の中に見えるもので、「養生論」のことを、「閑居」での憂いを述べるという内容から、このように称したと考えられる。

この歌の注に稽康の「養生論」を引く先例はすでに、契沖の『萬葉代匠記』に次のごとく見えている。秋成は『萬葉集会説』の中で、自分が見たのは初稿本『萬葉代匠記』であると記しているので、それに従うと（『契沖全集』第二巻）

　わすれ草わかひもにつくかく山の　毛詩云。焉得諼草、言樹之背。毛萇詩伝云。萱草令人忘憂。兼名苑云。萱草一名忘憂。名医別録云。萱草是今之鹿葱也。嵇叔夜養生論云。合歓蠲忿、萱草忘憂、愚智所共知也。第四に、

わすれ草わか下ひもにつけたれとおにのしこ草ことにし有けり。第十二に、わすれ草わか紐につく時となくおもひわれはいけりともなし。大伴氏先祖道臣命、橿原宮のあたりに宅地を賜られけるを、相伝して領せるなるへし

とある。「毛詩云」として引かれているのは、『詩経』衛風の「伯兮」という詩である。

焉得諼草　焉ずくにか諼れ草を得て
言樹之背　言れは之を背に樹えん
願言思伯　願うて言れが伯を思えば
使我心痗　我が心をして痗ましむ

「〈わが憂いを忘れるために、〉どこかでもの忘れをする草をみつけ、それを裏座敷にうえたい。一生けんめいあなたのことばかり思いつめていると、わたしの心は病気になりそう。」

（読み下しと訳は吉川幸次郎『詩経国風』上〈岩波書店〉による）

契沖は単に「忘れ草」という言葉を用いた漢詩の例として「養生論」を挙げているに過ぎなかったが、秋成は一歩踏み込んで作者嵆康が「不遇」の人であったということに関心を寄せている。

金刀比羅宮図書館蔵本『萬葉集打聴』は表紙見返しに「上田秋成講説」と記されており、秋成の『萬葉集』研究の中では早い時期の『萬葉集』講義の記録である。この講義筆録は、寛政七年（一七九五）以前にすでに行われていた（『上田秋成年譜考説』）、と推定される。この段階では

○萱草我紐――不忘之為ノ不ハ衍カ

と、述べられているだけで、稽康については触れられていない。

そして、『萬葉集打聴』に続く秋成の『萬葉集』注釈として、『萬葉集旁注書入』という資料がある。これは秋成

の『萬葉集』講義を弟子の越智魚臣が版本『萬葉集旁注』に書入れたものである（静嘉堂文庫蔵）。

この資料は、従前、書名の紹介はあるものの、内容については、煩瑣な書入れ本ゆえか、ほとんど触れられていない。秋成説を中心に契沖・真淵の説も多く採られ、ついで宣長、建部綾足・長瀬真幸・谷川士清・稲懸大平・伴蒿蹊・田中道万侶・安藤為明・荷田東万呂・橘経亮などの説が書入れられている。これは講義の中で秋成が先人の説を挙げたものであろうし、魚臣が独自に書き入れたものでもあろう。その区別はつけがたい。秋成の説は「鶉居云」という形で示されることが圧倒的に多いが、「鶉居説」「鶉」と記す場合も見られる。魚臣の自説も「魚臣按」「魚臣」として書き入れられている。同書の巻一末尾に「寛政七年乙卯十二月二十一日検閲　越智魚臣」とあり、秋成の講義は寛政七年から同十二年頃まで続けられている。

当該歌の秋成の注を紹介すると

○不忘之為ハ香具山ノフルサトヲ思コトヤマサレハ忘レン為ト云ヲ不忘之為ト云ヘリワスレサルカタノワスレントテ萱草ヲ紐ニ附ルトナリ嵆叔夜養生論合歓蠲忿萱草忘憂

香具山――大伴ノ卿ノ家宅コノ辺ニアリシナルベシ

不忘――衍ナラン　鶉

とある。ここで、嵆康の「養生論」の名が初めて挙げられるが、単なる紹介に留まっている。

寛政十二年（一八〇〇）（秋成六十七歳）四月に起稿された『萬葉集楢の杣』（七月には執筆が挫折する）になると

不忘の不の字は衍歟、又将忘と有しにや。萱草は憂を忘ると云、是を衣の紐に着て思ふ事共を忘れんとする也。諼草忘レ憂、合歓蠲レ忿とは、嵆康閑居して離慮閑思の間(ヒマ)無き時垣ね軒端に殖おきし花の咲(エメ)るを見てしばし忿憂を忘るゝか其花々の必験有にはあらじ。

と、嵆康の「しばし忿憂を忘るゝ」ことを欲する状況への関心が明瞭になってくる。そして、これを受けて、前掲

『金砂』のごとき、稽康の「不遇」と大伴旅人の「不遇」とを重ね合わせるという解釈が打ち出されることになったのである。

以上、現存の資料を見るかぎりにおいて、四段階の過程を経て、説を次第に成熟させていったことがうかがえる。

参考までに、現代の注を一わたり見ておくと、澤瀉久孝『萬葉集注釈』巻第三（中央公論社　一九五八年）に、「養生論」を挙げつつも、「これらの文献によつて既に支那で「わすれぐさ」と考へられてゐて、我が国でもそれによつたものと思はれる。」とのみ述べられる。

ところで、『文選』のテキストでは、この一節の「忿」の字について異同は見られない。寛政二年和刻本を例に引くと

合歓蠲㆑忿萱草忘㆑憂愚‐智所㆑知也

とある。

ところが、現代注は澤瀉注を除き、軒並みに原本の「忿」の字を、「念」としており、どこかで誰かが誤ったのを、孫引きによって踏襲して行ったかと思われるのである。

たとえば、山田孝雄『萬葉集講義』（宝文館　一九三七年）に

合歓蠲㆑念、萱草忘㆑憂、愚智所㆓共知㆒也」とありて、支那にては、人をして憂を忘れしむるものといへるより訳して名としたるものと見ゆ。

と記されているがごとくである。

「養生論」に対するこのように冷淡な状況は、萬葉集の側からすれば、この歌と嵇康を結びつける必然性がないこと、必然ならしめているのは秋成の〈個人〉であることを、示していよう。

秋成が旅人に重ね合わせようとした嵇康とは、どのような人物だったのだろうか。

嵇康は三国・魏の文人で、竹林の七賢の一人として知られる。親友の呂安が仲の悪い兄の呂巽の策謀によって投獄されるという事件に連坐して、投獄され、景元三年（二六〇）、処刑された。獄中にあって詠じた「幽憤詩」（『文選』巻二十三　哀傷の部）に、自己のいたらなさのために、巻き添えを食い、獄につながれるに至ったことを憤り、かつ自己を責めた心情を切々と吐露している。

こうした嵇康の生涯を踏まえて、秋成は右のような注釈をほどこしたのであろう。すると、秋成のこの着眼の背景には、晩年の秋成をとらえていた「不遇」ということに寄せる強い関心があると思われる。

三

旅人の他の作品に対する秋成の注を見てみると、注目すべきものに『萬葉集』巻三の「大宰帥大伴卿讃酒歌」（三三八～三五〇）という十三首の連作に対する注がある。「讃酒歌」には儒仏否定という思想的な主張が託されているという真淵の独特の解釈を受けつぎ、更に増幅したもので、日野龍夫「秋成と復古」（『文学』一九八一年六月号、後『宣長と秋成』筑摩書房　一九八四年）ですでに取り上げられるが、たとえば

今の世に　楽しくあらば　来世（コンヨ）には　虫にもとりにも　吾は成りなん（巻三・三四八）

悪報福果を説て人の性を蕩かすよ、来世は鳥にも虫にもなれ、現世に心丹（アカ）くて宮づかへせん楽しさには何かは迷ひ惑はんと也。蘇我の馬子がなす所聖徳の御こゝろのあしくまさぬも、後無きに見れば、陰徳陽報過善悪報皆何のかひかある、たゞ吾此すゝむる酒をのめかし。

（『萬葉集楢の杣』、『上田秋成全集』第二巻）

と解釈するといったものである。

「讃酒歌十三首」を思想史の資料のように扱うこの解釈も、それとして興味深いものであるが、本章ではそのことは取り上げない。

本章において重視したいのは、「讃酒歌」のうちの

いにしへの　七のかしこき　人ども、
ほりする物は　酒にしあるらし（巻三・三四〇）

の歌について

晋の世に。七賢と称せられし人〻も。唯〻酒酊てのみ遊びしと云り。さらばこの国ならぬ教へに。さかしら言せす。酌て遊べと云。彼七人は世に遇ぬ心から。酔中にありし也。卿は官位も軽からざりしかど。昔は大伴氏こそ宰臣の重職なりしを。今は他姓の盛なるに踰らるゝ事を。下歎きして。「不遇」の人〻の。酔中に有し如く。あらんとおぼせし歟。（「讃酒歌十三首」、『金砂剰言』）

と述べていることである。ここでも旅人は「不遇の人々」に重ね合わせられている。

『金砂』は、全十巻のうちの最終第十巻を『萬葉集』巻五に宛てていて、秋成の『萬葉集』巻五重視の姿勢をありありと窺わせている。『萬葉集』巻五は憶良の家記とされ、旅人・憶良の有名歌が多くみられる。憶良の歌では、「貧窮問答」「沈痾自哀文」などを取り上げて、秋成は、ここで熱意をこめて憶良の「遇不遇」「命禄」について、語っている。巻十冒頭に

大夫。博学学才。且気介有て。当世の人傑也。「不遇」薄命にして。壮年病に繋がれ。官途進まず。老に到て。妻に別れ。愛児を失ふ。悲傷いとまなし。儒士はかゝるを天命に帰し。釈氏は是を因縁に托す。其理知べからず。

と述べるがごとくである。

憶良の「不遇」対する秋成の強い同情については、すでに吉江久彌『歌人上田秋成』（桜楓社　一九八三年）に秋成自ら憶良の境涯に異常なばかりの共感を寄せ、さらに自らの境遇を悲歎していることは先に見た通りであり、それについてはまた、人に「遇不遇」があって人力の如何ともしがたいことも繰り返し随処に述べられている。これを以て見るに、憶良の貧と薄命は即ち秋成自身の貧と薄命であり、憶良がその心情を吐露したのが以上の歌群なのである。この種の歌は憶良に倣い、その影響下に成ったものと考えてよいのではなかろうか。

という指摘がある。「遇不遇」「命禄」などが秋成にとって非常に重要な意味を持つ言葉であったことは、後漢の王充の『論衡』との関連において、「上田秋成と『論衡』――「秋成」の号をめぐって――」（第Ⅳ部参照）に記述した。

旅人に対しても、秋成は憶良に対するのとほぼ同様の見方をしていた。『金砂』十の冒頭に旅人の

　太宰帥大伴卿。報二凶問一歌。

禍故重畳。凶問累集。永懐二崩心之悲一。濁流二断腸之泣一。相依二両君大助一。傾命纔継耳。

筆不レ尽レ言。古今所レ歎。

世の中は　むなしきものと　しる時し

　いよゝます〳〵　かなしかりけり（巻五・七九三）

という歌を挙げ

大夫筑前守に任ぜられて。下向有て。ほどもなく。北室は病に係りて逝去せられしと聞。帥君の許より。凶問の使をつかはれしに。こたへし也。依二両君大助とは。帥と。今一人。太宰府の官人の使と。相伴ひて到れるなるべし。（中略）○大夫の博見。「世の不定」。「人命の数の知られぬ事」は。この時にあたりてこゝろ得たるにさへ。愈ゝ益も悲しと云也。した心には。帥君もしからんと。心を添たるべし。

と注している。

　ここで「大夫」というのは憶良を指し、「帥君」というのは旅人を指す。つまり秋成は「大夫」憶良が筑前下向後間もなく、「北室」その妻の死に遭遇し、「帥君」旅人が訃報を聞いて、弔問の使を遣わした、そして憶良がそれに答える歌を詠んだ、と解しているのである。
　この歌の作者が旅人であることは、題詞から明らかであるから、秋成は大きな誤解をしていることになる。『金砂』以前の『萬葉集楢の杣』では
　　卿の正妻筑紫に在て逝去の事、第三に見ゆ。凶問の使所々により到る中に、此小序に両君と指すは、前に勅ありて卿の病を問るゝ使の稲胡丸の人々の歟。
と「卿」すなわち旅人の作と解している。
『萬葉集』巻五冒頭の、ある人の死を悼む歌群（七九三・「日本挽歌」と題する長歌七九四・および反歌七九五〜七九九）については、没したのが旅人の妻なのか、憶良の妻なのか、今日に至るまで説が分かれており、北村季吟は憶良の妻の死（『萬葉拾穂抄』）とするが、契沖（『萬葉代匠記』初稿本）真淵（『萬葉考』巻九）は旅人の妻の死と採っている。それに対して、秋成は二人が時を同じくしてそれぞれの妻を失ったという解釈を立てている。それは、右の引用で中略した部分に
　　帥の夫人も。ことし春の末にや逝去ありけん。朝廷より。石上朝臣堅魚を使として。喪を弔ひ。賻物を賜りし事。第八巻に見ゆ。堅魚其時の歌。
　　　ほとゝぎす　来啼とよもす　卯の花の
　　　　ともに来しと　とはましものを
　　　　　　　　　　　　　　　　　　　旅人卿
　　　　こたへ
　　橘の　花ちる里の　ほとゝぎす

かた恋しつゝ　なく日しぞおほき

勅使は。四五月の間に筑紫に来たるべし。大夫が妻は。次に。妹が見しあふちの花は散ぬべしとよめるには。五六月の間にや。むなしくならせけん、相つゞきて同じ悲しみにあへるを。問もこたふも。あはれ切めたることの比也。

とあることによって知られる。これは『萬葉集』注釈史上、秋成だけの極めて特異な解釈で、前述の秋成の〈個人〉に由来する「妻の死」という事態に対する強い関心と、旅人・憶良を同等の「不遇」の人と考える意識とが結合して生み出されたものと思われる。

二人が共に妻を失い、共に「不遇」の人であるならば、極言すれば、この歌の作者はどちらであってもよい。誤解の背後にあるのは、秋成のこうした考え方であったであろう。この誤解は「(憶良は) した心には師君もしからんと心を添えたるべし」と述べるように、秋成が憶良と旅人を同じ種類の人間、――つまり、「不遇」の人――ととらえていたことを、この上なく雄弁に物語っている。秋成の憶良に向ける関心は見やすい形で示されているが、実は秋成は旅人に対しても同様の関心を向けていたのである。

書名索引

人名索引

き

く

け

こ

後　語

本書における初稿一覧を示す。著述当時の資料への意識を尊重し変更は最小限に留めた。

賀茂真淵の『古今集』注釈―内閣文庫本『續萬葉論』の位置―
（原題「賀茂真淵の古今集注釈―内閣文庫本『続万葉論』の位置―」『近世文芸』一九八二年十一月号）

賀茂真淵の「ますらを」考
（原題「真淵の「ますらを」考」『江戸文学』一九九一年十一月号）

賀茂真淵の思想「凌雲の志」（原題「真淵思想の一面―神話的世界と徳川社会との狭間―」『国語国文』二〇〇三年二月号）

賀茂真淵の心理解釈―『源氏物語』「若紫」の巻をめぐって―
（原題「賀茂真淵の物語注釈の心理的方法―『源氏物語』「若紫」の巻をめぐって―」『金蘭短期大学』一九九六年十二月号）

賀茂真淵の『枕草子』考―真淵自筆書入れ『枕草子春曙抄』注釈―
（『賀茂真淵とその門流』續群書類従完成會　真淵生誕三百年記念号　一九九九年二月）

『萬葉新採百首解』私見―真淵の和歌観をさぐる―
（原題「『万葉新採百首解』私見―真淵の和歌観をさぐる―」『芸文東海』一九八四年二月号）

新出和歌「賀茂真淵等十二か月和歌」攷
（原題「新出和歌「賀茂真淵等十二か月和歌」攷―〈古へふり〉と〈神祇〉―」『鈴屋学会報』一九九九年十二月号）

賀茂真淵の弟子高家横瀬貞隆
（原題「賀茂真淵の弟子高家（こうけ）横瀬貞隆」『金蘭短期大学』一九九九年十二月号）

龍草廬と彦根藩の文化
（『芸文東海』一九八七年六月　一九八七年十二月号）

加藤宇万伎著『種々問答』攷　（『鈴屋学会報』一九九一年七月号）
加藤宇万伎著『十二月の名考』攷　（『芸文東海』一九九一年六月号）
加藤宇万伎著『雨夜物語だみことば』攷　（『梅花短大国語国文』一九九一年七月号）
加藤宇万伎の「岐岨路之記」と秋成・与清　（原題「宇万伎の「岐岨路之記」と秋成・与清」『混沌』一九九二年六月号）
加藤宇万伎の下坂　（『共同研究秋成とその時代（論集近世文学　5）』勉誠社　一九九四年十一月）
賀茂真淵の国学と著作観　（『千里金蘭大学』二〇〇八年十二月）
本居宣長と加藤宇万伎　（『金蘭国文』一九九八年三月号）
賀茂真淵と本居宣長の学問　（『千里金蘭大学』二〇〇五年十月）
上田秋成の『土佐日記』注釈―「ますらを」観の一系譜―
（原題「秋成の『土佐日記』注釈―「ますらを」観の一系譜―」『すみのえ』二百号記念特集号　一九九一年四月号）
上田秋成―システム上の和歌　（原題「秋成―システム上の和歌」『金蘭国文』一九九七年三月号）
上田秋成と『論衡』―「秋成」の号をめぐって―
（原題「秋成と『論衡』―「秋成」の号をめぐって―」『国語国文』一九八八年十一月号）
上田秋成と大伴旅人　（原題「秋成と大伴旅人」『読本研究　上』渓水社　一九九一年九月）

江戸中期、国学が台頭し真淵によって新世界観が古代の直きこころ〈すなお、まこと〉の回復という形で唱導される。学問の旧注・古注から新注への転換は国学の出発である。当時暗雲被さる人々に心の指針となる生き方を文学を通して提示する。真淵は時代の子として当代の影響を垣間見せる。真淵の思考過程を窺わせる古文辞学派からの影響「……徴」を受けた真淵の古典文学の注釈は転用されその痕跡を記していた（国立公文書館蔵第一章）。この指摘は従前の研究を通じて見出せないものであった。この時点からわたくしの研究への叩門が始まる。まず日野龍夫『徂徠学派』（筑摩書房、一九七五年）の教えはわたくしを研究の道程に導いてくれた。

立てて下さった煎茶の美味と共にラングからパロールの意味、文学や人生の生き方考え方を教わる（川端善明）。国学が生命の価値観の発見をしながら江戸期に消滅してしまう体質を考えていた。符合して普遍に向けての哲学思考の教示を得る（上野洋三）。また一論文中に敬称の混在を戒め、学一本に貫くことが学への恩であることを教示（長島弘明）等単なる論文批判ではない御意見等を得、他に一々の学恩を爰で挙げない御寛恕を賜りつつ、すべての御縁に感謝するものである。

さらに京都大学大学院博士課程で学ばせて戴き安田章、日野龍夫、木田章義の当時の先生方から賜った学恩は一生の宝となっている。研修員もさせて戴き合わせて計九年の在籍中、旧文学部木造校舎の文学・哲学・史学の閲覧室と書庫への自由な入室は沈静静寂の中に醸す空気を感じ一冊ずつ手にとり見る享受を味わう。生涯で言い難い至福の時を過させて戴いた。学恩を多大に賜った日野龍夫博士より京都大学博士（文学）を賜った最後の学生となる。有り難くその学恩に深謝の念をもって献辞にかえさせて戴きたい。

長い歴史の彫琢を経て継承されてきた国文学が場当り的に捨象し攪乱されてはならない。ここ十年大学の改組が学問疲弊化を招きその渦中に居た。大学最古の歴史をもつオックスフォード大学は学問を守るための生死をかけた壮絶な闘争の歴史を経て今在る意義をわたくしは見てきた。日本の考える力の基礎は国文学国語学に規定される。国文学に携わり今在ることの深い感謝の意を再度表したい。

考える潜在力の燈火を輝かしいものにと心から祈念するものである。

二〇一一年一月

原　雅子

■**著者紹介**

原　雅子（はら　まさこ）

京都大学大学院文学研究科博士後期課程研究指導認定
京都大学博士（文学）
千里金蘭大学教授
大学共同利用機関法人 人間文化機構　国文学研究資料館
　文献資料調査員
大阪夕陽丘学園短期大学非常勤講師

「藤原定家真筆『基俊集』断簡—大阪天満宮御文庫「定家卿色紙」—」（『大阪の歴史』大阪市史編纂所　一九九一年六月）
『京都大学蔵　大惣本稀書集成　第三巻』（「勧善桜姫伝」「勧闡風葉編」担当）臨川書店　一九九四年）
『京都大学蔵　大惣本稀書集成　第十三巻』（「掃奇草」担当）臨川書店　一九九六年）
『冷泉為村と攝津富田本照寺』（自照社出版　二〇〇一年）
『江戸の鬼才　上田秋成』（中経出版　二〇〇七年）
「浦島子の受容と変容—文学源流と仏教の潮流の合流—」（千里金蘭大学紀要　二〇一〇年一二月）
「世界遺産「海印寺国宝大蔵経、大蔵経木殿」と言霊」（千里金蘭大学紀要　二〇一〇年一二月）

研究叢書422

賀茂真淵攷

二〇一一年九月二〇日初版第一刷発行
（検印省略）

著者　原　雅子
発行者　廣橋研三
印刷所　亜細亜印刷
製本所　渋谷文泉閣
発行所　有限会社　和泉書院

大阪市天王寺区上之宮町七ー六
〒五四三ー〇〇三七
電話　〇六ー六七七一ー一四六七
振替　〇〇九七〇ー八ー一五〇四三

ISBN978-4-7576-0599-2 C3395

研究叢書

411 源氏物語の方法と構造 森一郎著 一三六五〇円
412 世阿弥の能楽論 「花の論」の展開 尾本頼彦著 一〇五〇〇円
413 類題和歌集 付録 本文読み全句索引エクセルCD 日下幸男編 二九四〇〇円
414 源氏物語忍草の研究 本文・校異編 論考編 自立語索引編 中西健治編著 一八九〇〇円
415 平安時代識字層の漢字・漢語の受容についての研究 浅野敏彦著 九四五〇円
416 文脈語彙の研究 平安時代を中心に 北村英子著 九四五〇円
417 平安文学の言語表現 中川正美著 八九二五円
418 『源氏物語』宇治十帖の継承と展開 女君流離の物語 野村倫子著 一二六〇〇円
419 祭祀の言語 白江恒夫著 九四五〇円
420 日本古代文献の漢籍受容に関する研究 王小林著 八四〇〇円

（価格は５％税込）